계류자들

계류자들
요괴에서 좀비, 영혼 체인지, 포스트휴먼까지 아시아 귀신담의 계보

최기숙 지음

현실문화

차례

9 　 프롤로그: 귀신은 무엇으로 사는가

1장　왜 다시 귀신인가
22 　 21세기 아시아 귀신이란?
31 　 귀신의 신체, 형상과 재현
36 　 감각체로서의 귀신과 젠더
40 　 사유체로서의 귀신과 포스트휴먼
46 　 아시아 귀신의 행동 미학

2장　관리되는 귀신, 퇴치되는 공포
54 　 사망배달부, 저승사자, 호스피스: <아파트>
60 　 귀신과 인간의 공조 진화: <바리공주>
67 　 신출귀몰 천문의 해석가: 『음양사』
82 　 인·귀·요괴의 공존과 경계 분리: 『백귀야행』
91 　 글로벌 악령: <검은 사제들>

3장　귀신과 교섭하기, 로맨스와 공생
102 　 귀신과 로맨스: <주군의 태양>,
　 　 <오 나의 귀신님>
112 　 귀신과의 공생·동거: 요시모토 바나나와
　 　 무라카미 하루키의 소설

4장 생동하는 귀신, 회생하는 전통

141 금지된 전통, 살아 있는 영과 귀:
     가오싱젠의 소설과 희곡

149 여자 귀신의 자기계발과 역사 쓰기:
     『눈에 보이는 귀신』

5장 중간자 귀신과 생사의 임계지

164 생사 경계와 중간계: <조명가게>

172 완전한 죽음의 조건:
     <원더풀 라이프>와 『우세모노 여관』

181 귀신, '인간-되기'의 통과의례: <싱글라이더>

186 천년 귀신의 한과 사연들: <호텔 델루나>

194 현생의 빅데이터 업경: <신과 함께: 죄와벌>

6장 아시아 전통의 귀신

206 한국 고전의 신선과 귀신: 『어우야담』

219 중국 고전의 원혼과 귀신: 『원혼지』, 『요재지이』

240 일본 근대의 귀신담과 그로테스크: 『야창귀담』,
     「벚꽃 만발한 벚나무 숲 아래」

7장 귀신의 증식과 포스트휴먼

271 **강시, 부식된 죽음의 유희**

281 **은유로서의 좀비: <부산행>, <창궐>, <킹덤>**

297 **뱀파이어, 안티-비체와의 조우: 『렛미인』**

303 **AI와 안드로이드의 딜레마:**
     <그녀>, 필립 K. 딕의 소설들

326 **귀신의 기시감과 시간여행:**
     <말할 수 없는 비밀>, <지금, 만나러 갑니다>

344 **에필로그: 아시아 귀신의 미학과 문화 동력**

358 **주**

프롤로그
귀신은 무엇으로 사는가

아시아에서는 보이지 않는 존재를 통해 다차원의 사각지대를 사유하는 문화적 전통을 이어왔다. 사각지대는 감각적 취약공간이다. 은유적으로는 존재론적·사회적 소외를 의미한다. 단지 잘 보이지 않을 뿐인데 없다고 여겨질 때가 많다. 바로 거기서 위험이 발생한다. 애초에 못 본 척하고 신경 쓰지 않은 이들의 잘못이다. 무시와 혐오에 대한 반감은 신체를 가진 인간에게만 관여되는 게 아니다. 투명한 것들은 힘이 세다. 존재감을 과시하지 않으면서 강한 힘을 발휘한다. 귀신이 바로 그런 존재다. 귀신은 공기나 바람처럼 투명하지만, 존재감이 확실하다. 평소에 보이지 않는 귀신은 타자와 접촉함으로써 모습을 드러낸다. 목격자의 눈과 귀를 빌려 세상에 자신을 알린다. 단절되어 있던 생사의 문이 귀신의 출현으로 화들짝 열린다. 생과 사의 마찰력이 귀신 출몰의 배경이다.

형상을 지닌 귀신은 출현 자체가 메시지다. 귀신은 할 말이 있어서 생사의 벽을 통과해 시간을 거슬러 왔다. 이런 상상력은 현실이 죽음 세계로부터 완전히 차단된 안전지대가 아니라는 것을 폭로한다. 현실에서 귀신의 뜻이 전달되려면 산 사람의 공감을 얻어야 한다. 귀신은 정의justice와 감성 차원의 공감이라는 이중의 조건을 통과해야 현실에 자기 의지를 구현할 수 있다.

귀신은 계류자다. 죽을 수도 살아갈 수도 없기에 생사의 문턱을 넘지 못하고 임계지에 계류되었다. 그 사연은 인간 세상의 불편부당함과 연결된다. 아무도 귀신을 돌보지 않았기에 생에 대한 자기책임성을 완수하려고 현실로 귀환했다. 탐욕, 방관, 협잡, 외면은 귀신의 계류를 지연시키는 조건이자 환경이다.

귀신의 출몰은 인간 세상이 얼마나 불완전한지를 폭로한다. 현실은 죽음 세계와 끊임없이 연결된다. 생사의 경계에 반투명한 문이 있다. 부당한 사유로 죽음에 이르렀다면 언제든지 이 문을 열고 현실에 나타나 목소리를 전할 수 있다. 그런 의미에서 귀신의 출현은 위험 신호가 아니라 오히려 불완전한 현실을 교정할 수 있는 기회가 된다. 단, 정의의 사각지대에 사람들이 관심을 기울일 때만이 귀신의 음성은 메시지가 된다. 불의와 모순이 은폐된 곳에 귀신이 출몰하는 것은 역사화된 법칙이다. 누군가를 억울하게 만든 힘은 존재론적이고 사회적인 부정의와 접속한다. 그곳에 귀신이 나타난다. 투명한 귀신의 역습이다. 귀신의 처소는 상처 입은 현실의 불완전성을 표시해 치유를 요청하는 좌표다. 억울하게 입은 상처, 부정부패, 부정당성, 악은 현실의 추함을 드러낸다. 그 위치를 폭로하는 게 귀신이다. 귀신이 미적 주체가 되는 이유다.

21세기에도 아시아 귀신은 여전히 공포의 대상이지만, 미학적 저변은 확대되었다. 한의 주인공이라는 계보를 잇지만, 생사의 단절성을 사유하고, 삶의 가치를 되묻는 성찰성을 확장하는 중이다. 변혁과 창신의 주체가 된 것이다. 그 결과 현대의 귀신은 잠재력 있는 문화 콘텐츠의 캐릭터로 거듭나고 있다. 의학과 과학기술의 눈부신 발전에도 불구하고, 귀신 서사는 여전히 흥미롭다. 생사의 경계성 존재인 귀신은 은폐된 인간 문제와 삶의 진실을 전하는 데 유리한 위상을 가진다. 이 세상의 불편부당함과 연결된 모든 경계가 해체되지 않는 한, 귀신은 끝없이 현실에 출몰해, 유연성이 배제된 지식과 관습, 경화된 제도에 균열을 일으켜 문제적 세상에 대한 암시를 줄 것이다. 이런 의미에서 귀신은 불안과 공포의 신호라기보다는 사회적 안전망을 위한 미적 센서에 가깝다.

나는 2010년에 『처녀귀신』이라는 책을 출간한 적이 있다. 조선시대 귀신이 성별에 따라 현실에 나타난 이유가 다르고, 산 사람과 맺는 관계도 다른 점에 주목했다. 조선시대 문학에 재현된 자살의 성비가 여성에 집중된 이유도 탐구했다. 귀신 이야기는 그들이 억울함을 하소연하는 장치였으며, 이를 듣고 현실을 변화시키려는 사회적 건강성을 내포하고 있었다. 사후 세계에 대한 상상은 현실을 투사한다. 문자화된 귀신은 문화적 상징계라 할 만한 영역을 구축한다. 문학이라는 장르와 작가, 독자가 어둠의 목소리를 경청할 준비를 갖추었기에, 귀신 이야기는 단지 감각적 공포물이 아니라 사회정의를 되묻는 성찰의 매개다.

그 책을 출간한 후 10년이 지나는 사이에 귀신에 대한 아시아적 상상력은 놀랍도록 확장되었다. 사유의 깊이도 심화되었다. 21세기의 귀신은 장르와 매체를 달리하여 리메이크될 뿐 아니라, 현대의 새로운 이슈를 품고 창신한다. 소복을 입고 붉은 피를 흘리던 처녀귀신은 전문성과 개성을 갖춘 능력자가 되어 시청자와 동시대적 갈등을 공유한다. 생사의 경계를 뚫고 잠깐 나타나는 일시적 존재가 아니라, 림보와 같은 임계지를 만들거나 일상 안의 경계 지역에 정주하며 지속적으로 현실에 관여하는 계류자의 모습으로 귀환한다. 21세기 귀신은 낯선 존재가 아니라 현실의 어디에나 존재하고, 인간과 교섭하며 삶을 바꾼다. 서구에서 과학기술 기반의 SF 콘텐츠가 디스토피아적 미래를 디자인하는 동안, 아시아에서는 전통 기반의 귀신과 유사 귀신들이 현생의 가치와 방향을 되묻는 성찰적 역할을 지속했다.

이 책에서는 21세기 귀신을 둘러싼 문학과 문화 분야의 상상력을 감성과 미학 차원에서 이해하기 위해 소설, 희곡, 영화, 만화, 웹툰, 드라마를 포괄한다. 국적과 언어 차원에서는 한국과 일본, 중국, 타이완, 홍콩 등 아시아 귀신 콘텐츠를 아우르며, 부분적으로 글로벌 서사와 콘텐츠를 참고한다. 세계화 시대를 맞아 국적, 인종, 언어 등 다차원의 경계 넘기가 일상화된 현실에 응답하기 위해서다. 쓰기 방식으로는 학술서와 교양서의 경계 넘기를 시도한다. 디지털미디어를 통해 세계의 지식과 문화 예술의 유통 속도가 빨라지면서 집단지성이 강화되고 문화 수용에 대한 대중 역량이 현저히 높아졌음을 실감한다. 인터넷이나 모바일 앱을 통해 번역기가 상용화되고, 디지털미디어 플랫폼을 통해 세계 각국의 콘텐츠가 다국어로 발신되며, 열정적인 네티즌의 무보수 번역 노동으로, 글로벌 대중 스스로 초국가적, 초문화적 문해력을 강화하는 추세다. 글쓰기의 윤리를 지키기 위해 사소한 인용을 할 때조차 다국적의 원작을 검토해 밝혔는데, 원고 수정을 거치면서 일부만 주석에 남겼다. 사소한 개념이나 분석조차 정밀한 논증이 필요하다는 연구자적 판단과 독자가 과정의 복잡성을 접하는 데 피로도가 있을 수 있다는 저자로서의 판단을 조율한 최종 결과다.

일본 요괴에 대한 참고문헌 탐색은 연세대학교 언더우드학부의 이헬렌 교수님의 도움을 받았다. 중국 콘텐츠에 대한 정보 검색의 일부를 연세대학교 대학원 한국학협동과정의 원방초 박사과정생이 도와주었다. 이 자리를 빌려 감사를 전한다. 독자의 시각에서 글을 써보려고 출판사의 편집자가 오픈한 줌 강의를 몇 차례 수강하며 감각을 익혔지만, 논문 쓰기에서 저서 쓰기로 이월하는 것은 '쓰는 몸'을 바꾸는 작업이었기에, 원고를 수정하는 데만 1년여의 시간이 필요했다. 최근 10여 년 동안 연구

논문 쓰기에 집중해왔는데, 이 책을 시작으로 인문학자로서의 방법론적 실험이나 새로운 글쓰기로 방향 전환을 해보려 한다. 이 책의 출간을 지원해주시고 집필 과정에서 원고를 리뷰해주신 아모레퍼시픽재단과 원고의 일차 독자이자 편집자로서 꼼꼼하게 읽어주시고 여러 차례 의견을 주신 현실문화의 김수기 대표님과 편집팀에 깊이 감사드린다. 원고의 정보 오류를 바로잡아주신 『음양사』의 작가, 오카노 레이코 님께도 감사를 전한다. 이 책은 아시아 여러 작가의 글, 그림, 포스터, 사진을 포함하기에 편집과 제작 과정에 어려움이 많았는데, 현실문화에서 작가 및 콘텐츠 에이전시와 적극적으로 소통하고 접속해주어 필자의 아이디어를 최대한 실현할 수 있었다. 노고에 진심으로 감사드린다.

문학에서의 귀신은 신체성을 지닌 영혼의 존재이기에, 사람이 죽어서도 포기할 수 없는 영적 가치가 무엇인지 알려주는 유의미한 상징이다. 귀신은 법, 사회, 마음이 억압한 어두운 그림자를 비춘다. 귀신이 윤리와 법의 주체가 되는 이유다. 귀신은 인간이 죽음으로 삶을 종료하기 직전, 일생을 정리할 기회를 주는 신체성과 시간성에 대한 실험을 거듭했다. 21세기 귀신의 존재론적 근거는 원천적으로 전통적 맥락과 다르지 않다. 상처, 폭력, 트라우마, 질투, 악연 등은 여전히 유효하다. 여기에 인간과 협력하는 공존 법칙을 추가했다. 영성, 성찰성, 감성 등 인문성의 요소가 접속의 매개다. 생과 사의 중간계를 설정해 계류자의 정체성을 강조한 점도 21세기적 특징이다. 체제를 들어올리는 메가 사이즈의 에너지는 없지만, 온전한 개인으로 자기실현을 하려는 주체성만큼은 시대가 지나도 양보되지 않는 귀신의 고유한 정체성이다. 사회나 체제에 흡수되지 않고 정의를 실현하려는 의지는 귀신답다기보다는 인간다운 것이다. 귀신이 인간의 자기책임성을 사유하는 매개가 되는 이유다. 귀신은 그것을 공감 가능한 형태로 타자와의 동의의 체계 속에서 수행한다. 귀신의 행동 미학은 철저하게 감성적 공감과 윤리에 바탕을 둔다.

귀신은 질문하는 신체다. 말하는 몸이자 행동하는 주체다. 여전히 여자 귀신의 출현 빈도가 높다. 21세기의 귀신은 젠더적 차원의 모순과 상처에 대한 발언권을 놓지 않는다. 귀신은 생각, 말, 행동을 시차 없이 동시에 수행한다. 고민과 갈등은 이승에서 충분했으니, 귀신이 되어서는 속전속결로 실천하자는 행동 문법을 암묵적으로 공유한다. 행동의 순서와 심리적 인과성이 뒤틀리고 압축된 행로를 보이기에 공포를 안긴다. 귀신은 실천하는 자다. 정체성의 핵심은 수행성이다. 직접 나서서 행동해야 했기에 망자가 귀신으로 소생해 생사의 경계를 넘었다. 누구도 대신할 수 없어 직접 나타났기에 귀신은 주체적이다. 귀신의 행동 미학에 주목하게 된 이유다.

세계화 시대의 귀신은 이제 국적, 인종, 종교, 지역, 성별 경계를 넘어, 세상에 존재하는 무수한 경계가 내포하는 차별과 혐오에 저항하는 아이콘으로 거듭날 것이다. 과학기술 시대의 귀신은 인간 이후, 즉 포스트휴먼에 대한 상상력을 통해 인간됨의 의미를 되묻는 성찰의 몫을 이어갈 것이다. 귀신은 바깥의 존재이지만 기억, 마음, 감성으로도 살고 있다. 겉으로 웃고 있지만 그림자가 울고 있다면, 그저 돌아보는 것만으로 충분하다. 보는 행위는 삶을 바꿀 수 있다. 눈을 마주친 사람은 서로를 결코 외면할 수 없다. 감각이 성찰로 이어질 때, 감성의 돌봄은 지속가능한 일상이 되어 번다한 마음과 삶, 관계를 평안히 정돈해줄 것이다. 세상의 불편부당함과 외면, 방치 속에 억류된 계류자는 정의적 공감 속에 해방의 주인이 되어 자유와 평화의 증인이 될 것이다. 이 책을 통해 세상에 숨겨지고 가려진 존재, 대상·감각·영역의 사각지대에 대한 성찰을 독자들과 공유하고, 사람으로서 할 수 있는 일상적 행동 미학이 무엇인지 모색하는 기회가 되었으면 한다.

1장
왜 다시 귀신인가

삶의 등불을 켜주는 이는 죽은 자들이다.
─크리스티앙 보뱅[1]

귀신은 인간의 사후적 존재로서, 보이지 않는 세계를 사유하는 아시아의 아이콘이다. 귀신은 인간이었던 전생과 신체적 연결성을 지니며, 기억, 감각, 관계에 얽힌 시간의 그물에 구속된다. 흐트러진 몸, 상처, 피, 눈물은 귀신의 출몰에 정당성을 부여하는 신체 기호다. 귀신은 생애 시간의 감정, 생각, 인연을 몸에 아로새긴 정보 기록체다. 사인死因이 귀신의 정체성을 결정한다. 귀신은 내러티브다. 귀신이란 실재했던 인간이 사망한 뒤에도 이승에 남은 경계성 존재다. 귀신의 등장으로 생사 경계의 확정성은 무력화된다. 생사는 엄연히 분리된 것인데, 귀신의 출몰로 그 경계의 문이 열렸음이 폭로된다. 귀신이 금기시되는 이유다.

21세기 아시아의 귀신은 그것이 재현되는 각 텍스트에 구조화된 서사 문법과 규칙을 따른다. 작가의 창작물이지만 수용자에게 받아들여지려면 공감하게 하는 장치가 필요하다. 각 텍스트는 귀신이 어떻게 살고 무엇을 지향하며 어떤 선택을 하는지에 관한 행동 문법을 재현하며, 이에 관한 미적 설계도를 갖춘다. 아시아 귀신의 신체, 감각, 사유에 접근하기 위해서는 이러한 장치들에 대한 이해가 필요하다. 이 글에서는 각 텍스트에 구조화된 귀신의 생리 구조, 행동 문법, 언어와 생태계를 살펴보고, 귀신 아이콘을 둘러싼 서사 장치와 공감대의 배경에 접근한다.

한국, 중국, 일본, 타이완, 홍콩[2] 등 아시아 각국에서 귀신을 지칭하는 어휘는 서로 다르다. 유교, 불교, 도교적 전통과 문화적 감수성을 공유하던 시기에도 귀신에 대한 명칭은 나라마다 달랐다. 단적으로 말해, 형상으로서의 인물에 '귀신'이라는 단어를 지속적으로 사용한 것은 한국이 유일하다. 중국과 일본, 대만, 홍콩 등에서는 '귀'와 '신'을 따로 쓴다. 한국어의 '귀신'에 해당하는 중국어와 일본어는 '귀鬼'다. 그러나 그것 역시 완전히 일치하는 개념은 아니다. 현대에 이르러 귀신에 해당하는 형상물이 언어권별로 번역되고 공감대가 형성되면서 각국의 상상력이 교환되고 서로 영향받아 새로운 감수성이 형성되기도 한다. 귀신이 출몰하는 맥락이나 이유에 대해서는 차이점보다 공통점이 많다. 귀신을 통해 정의를 지향하고 현실의 모순을 교정하려는 점도 공유된다. 귀신의 억울함을 신원시켜서 삶의 건강성을 회복하려는 것이 서사의 동력이다. 이 책에서는 한국의 귀신을 중심에 두고 언어권별, 국적별 비교를 시도한다. 현대사회는 인터넷 기반의 번역과 미디어 플랫폼이 발달해 언어권별 번역의 속도가 빨라지고 감성 공유와 문화적 소통이 가속화된다. 동시대 아시아의 콘텐츠에 제시된 귀신의 개념, 정체성, 행동 문법, 지향 가치를 살피는 것은 현대 아시아의 생명관과 가치관에 접근하는 유력한 방법이다.

21세기는 과학기술의 발달로 인간의 수명이 유례없이 연장되고, 생명 관리 산업이 확장되는 추세다. 인간 신체의 역량 강화와 인공 보철의 문제가 일상화되면서 포스트휴먼이 단지 상상이 아니라 산업적 차원에서 사회적 설득력을 얻고 있다. 신종코로나바이러스감염증(COVID-19) 발생 이후, 인간중심주의에 대한 새로운 성찰이 제기되고, 환경 문제와 지구 공생주의에 대한 관심도 높아졌다. 인간 중심의 문명화를 성찰해 새로운 휴머니즘을 제시해야 한다는 목소리도 높다. 근본적 차원에서 귀신 서사는 인간중심주의 '이후'이자 '바깥'의 설계라는 점에서 포스트휴머니즘과 통한다. 전통적으로 아시아에서는 인간과 유사 인간, 또는 비인간(귀신, 요괴, 인간으로 변신한 여우 등)에 대한 상상을 통해, 인간중심주의를 성찰하는 문학적 활동을 이어왔다. 귀신을 매개로 한 아시아 전통의 상상력이 현대에 이르러 어떻게 변혁과 창신을 거듭하며 새로운 문제와 결합하는지 사유해 볼 때다.

이 장에서는 21세기 아시아 대중문화에 재현된 귀신 서사와 콘텐츠를 살펴보고, 아시아 귀신의 신체, 감각, 사유, 포스트휴먼의 상상, 행동 미학에 접근하는 성찰과 사유의 계기를 제안해본다. 각 절에서 제안된 관점과 사유는 2장에서 7장에 이르는 내용을 이해하는 길잡이가 될 수 있다. 이 과정에서 귀신의 형상화를 둘러싼 성찰적 사유와 감각, 미학적 의미에 다가갈 수 있을 것이다.

21세기 아시아 귀신이란?

동아시아 전통에서 귀신은 형이상학적 생사관에서 정의된다. 사람이 죽고 사는 것을 몸에 깃든 기氣가 뭉치고 흩어지는 것으로 보아, 몸은 죽어도 기는 남는다고 여긴다. 귀와 신은 생명의 작용이다. 귀신이 인간의 사후에도 자기동일성을 유지하는 이유다. 이는 이념적 기반에 따라 유교적·불교적·도교적 맥락을 갖는다.

　유교적 전통에서 사람이 죽으면 신神, spiritual beings이 되고 '귀신'은 자손의 제사를 받는 대상이 된다. 단, 신원이 불확실한 귀신은 퇴치 대상 또는 미신으로 간주된다. 가부장제 사회에서 혈연과 가문 중심으로 계보화되지 않는 존재는 거부되고 배제된다. 귀신은 명계의 무소속, 불법체류자이기에 혐오 대상이다. 불교적 관점에서 사람은 죽어서 전생의 업에 따라 윤회전생한다. 후손은 천도재를 지내 망자의 극락왕생을 기원한다. 그러지 않으면 영혼은 떠도는 귀신이 된다. 영생불사를 추구하는 도교에서는 귀신보다 신선이 더 중요한 개념이다. 신선은 신체적·정신적 수련을 통해 영생 가능성을 현실화한다. 민간 풍속의 차원에서 귀신은 숭배 대상이 되거나, 미신으로 배척된다. 그 때문에 귀신에 관한 이야기는 음지에서 양산되고 전파된다.

조선시대에 귀신을 둘러싼 관념은 사상과 학문學, 지식知, 문학文의 차원에서 복합적 의미망을 형성했다. 이들은 상호 충돌하는 모순 속에서 다층적 아이러니를 구축한다.[3] 언어 구조로 보면, '귀신'이란 '귀鬼'와 '신神'의 합성어다. 『중용』의 「귀신장」에서 귀신이란 보이지도 들리지도 않지만 만물을 체현시키며, 성대한 덕을 지닌다고 규정된다. 중국의 송대 사상가 장횡거張橫渠는 『중용』을 주석하면서 귀신을 기氣의 움직임으로 설명했다. '귀'는 돌아오면서 수렴되는 기이고, '신'은 나아가면서 펼쳐지는 기다.[4] '귀'는 음陰의 영靈이며, '신'은 양陽의 영이다.[5]

육신을 가진 모든 생명체에는 혼魂과 백魄이 있다. 혼은 양이고 백은 음이다. 사람이 죽으면 혼백이 육신을 떠나, 혼은 위로 올라가고 백은 땅으로 내려간다. 귀신은 혼백이 헤어지지 못하고 뭉쳐져서 이승을 떠도는 존재다.[6] 한국에서는 귀신이라는 단어를 쓰지만, 중국, 타이완, 홍콩, 일본에서는 '귀신'이라는 단어는 사용하지 않으며, '귀鬼', 또는 '귀혼鬼魂'이라고 쓴다. 언어권별로 조금씩 다른 쓰임새에 관해서는 뒤에서 자세히 서술한다. 귀신을 둘러싼 개념적 이해는 형이상학적 바탕에서 출발했지만,

문학과 문화의 차원에서는 형상을 지닌 인간의 사후적 존재로 간주되어 이야기 속 인물로 등장한다.

문학 작품의 귀신은 말 못 한 사연을 들려주려고 현실로 귀환한 메신저다. 귀신의 생명 동력은 신원(억울함을 풀다)이므로 귀신은 법적 주체가 된다(이 장의 세 번째 절을 참조하라). 한국 고전에서 여자 귀신은 한의 주체로 등장하며, 중국 고전에서 여자 귀신은 욕망 주체로 상상된다. 일본 근대의 고전에서 귀신은 세태 풍자를 이끄는 그로테스크한 표상이다. 남성적 시선이 매개된 결과인데, 문학사의 전개 과정에서 이미지와 상상이 전승되기에 귀신에 대한 젠더적 탐색은 중요하다.

문학의 차원에서 조선시대 사대부는 허구와 환상을 비판했고, 같은 맥락에서 귀신을 부정했다. 이러한 비판의 맥락은 지배 이념으로 설명하기 어려운 이방인·신·괴물을 타자화하는 과정과 유사하다.[7] 소설에는 종종 귀신과 사후 세계가 등장한다. 유학자들은 이를 비판했는데, 그 저변에는 당사자가 이런 이야기를 읽었다고 고백하는 모순이 내재한다. 조선시대 사대부는 소설 속 귀신은 배척하면서도, 가족이 죽으면 조상신으로 숭배하는 제례 문화를 유지했다. 이는 귀신이나 환상을 비판하는 태도와 충돌 지점을 형성한다. 문학 작품에 등장하는 귀신이 비판받은 가장 큰 근거는 신체성을 지닌 가시적 존재로 형상화되었기 때문이다(제사를 지내더라도 조상신이 직접 모습을 드러내는 경우는 없다. 조상신은 생사의 경계를 해체해 자손을 놀라게 하지 않는다. 꿈에 나타나는 것은 예외다.). 한편, 지식과 교양의 차원에서는 귀신을 비롯한 환상 요소를 박물학적 지식으로 포용했다. 민간 속설일지라도 문화적 구속력을 갖는 교양'지知' 또는 풍속'지'로 받아들인 것이다.[8]

한국에서 생사의 경계성 존재를 대표하는 형상물은 단연코 귀신이다. 그러나 서양 문화가 유입하면서 'ghost'의 번역어인 유령, 사람의 피를 빨아먹고 생명을 유지하는 흡혈귀vampire, 죽었는데도 신체를 가지고 살아가는 좀비zombie 등 다양한 상상체가 등장한다. 중국 고전에 원전을 둔 강시僵尸가 영상물에 등장해, '뱀파이어 시체'에 대한 아시아적 상상을 공유했다. 이들은 소설, 영화, 웹툰, 만화 등의 장르에 등장하는 인간 형상이지만, 사람이 아니라는 점이 귀신과 같다. 그러나 독자적 이류異類 생태계를 형성하기에, 정체성과 생존 방식에 차이가 있다(이에 관해서는 7장에서 다룬다).

중국 고전문학에 등장하는 여우는 인간과 동물의 경계성 존재로, 귀신과 호환되기도 한다. 요괴, 귀신鬼, 인간의 관계에는 섹슈얼리티가 매개된다. 행동 성향을 좌우하는 것은 남성의 욕망이다. 문화혁명 이후, 중국에서는 비과학적인 담론이나 상상력을 규제하고 검열하는 규범이 법제화되어, 21세기를 배경으로 한 문화 콘텐츠에는 귀신이 등장하지 않는다. 배경이 전근대인 경우는 예외이지만, 이때에도 심신의 자기동일성을 유지한 귀신이 아니라 타임슬립을 활용한 '영혼 체인지' 형식으로 변환된다(이 책의 6장 두 번째 절과 7장 다섯 번째 절 참조). 타이완과 홍콩에서 '귀신'에 상응하는 표현은 '귀'와 '혼'이다. 타이완 소설에서 '귀신'은 '귀혼'으로 표기되며(이 책의 4장 두 번째 절을 참조) 홍콩 영화에 등장하는 귀신은 '귀', '혼', '그(들)'(해리 포터 시리즈에서 볼드모트가 '그것'으로 불리듯이)로 명명된다. '귀'라는 글자만으로 '귀신'을 표현한 것은 중국 전통의 언어 관습과 일치한다.

일본어로 한국의 귀신에 상응하는 존재는 모노노케怨靈/物の氣/物の怪, 오니鬼, 쓰쿠모가미付喪神, 바케모노化物, 또는 오바케お化け, 가미神, 유레幽靈, 요카이妖怪 등이다. 영, 혼, 모노노케 등으로 표기된 영적 존재는 인격화된 요괴다. 헤이안 시대에는 으스스하고 설명할 수 없는 것들을 모노노케라고 했다. 위험, 불확실성, 공포의 감성과 연결된다. 헤이안 시대의 오니는 모든 종류의 혐오스럽고 위협적인 존재를 지시하는 단어였다. 반드시 인간의 형상인 것은 아니다. 모노モノ가 오니의 형상으로 나타나 나쁜 일을 하는 경우도 있으며, 인간이 살아 있거나 죽어서 오니로 변신하기도 한다. 온갖 오니들의 밤행차를 의미하는 백귀야행이라는 개념에도 오니가 차용된다. 오니는 '鬼'라는 한자가 일본에 전래되기 이전부터 'オニ(오니)'로 존재했으며, 인간에게 바람직하지 않은 모든 속성이 부과된다. 고대와 중세의 요괴는 오니라는 개념으로 포착할 수 있다. 쓰쿠모가미는 일상적 물건이 요괴로 변신한 것인데, 악기·그릇·요리도구 등 일반 가정용품이 움직이는 괴물로 변신한 것이다. 백귀야행 그림에는 사물이 변

신한 쓰쿠모가미도 포함된다. 바케모노 또는 오바케는 변신 능력을 갖춘 요괴다. 변신의 방향은 무섭고 기이하며 변칙적인 속성과 연관된다.[9]

가미는 만물에 영혼이 깃들어 있다는 애니미즘에서 유래한다. 자연만물에 존재하며 숭배되거나 기도할 수 있는 대상인데, 전능한 유일신은 아니다. 반드시 도덕적으로 선하지는 않으며, 다혈질에 폭력적인 가미도 있다. 신과 악마의 경계가 명확하지 않고, 인간의 관점에 따라 해석이 달라진다. 대체로 가미는 인간에게 도움이 되고 바람직하며 숭배받는 존재로 여겨진다. 이와 달리 요괴는 바람직하지 않고 귀찮은 존재다. 나쁜 요괴가 선한 일을 하면 가미로 수용되기도 한다. 가미와 요괴를 구분 짓는 것은 그들과 상호작용하는 인간의 관점이다.[10]

유령, 즉 일본어의 '유레'는 영어로 ghost로 번역되는데, 오바케, 또는 바케모노 등 넓은 의미에서 요괴에 포섭된다. 오바케나 바케모노가 특정 장소에 출몰하는 특성이 있고, 유령은 특정한 사람을 쫓는다는 견해도 있으나, 예외적 사례가 많아 현재는 더 이상 지지받지 못하는 해석이다.[11] 근대 이후, 유령이 주로 죽은 인간과 관련된다는 점에 주목해, 요괴의 부분집합, 또는 요괴의 동류이자 하위 개념으로 정의한다.[12]

일본 문화에서 모든 종류를 포괄하는 존재이자 대표격 명칭은 요괴다.[13] 요괴는 기이함, 신비, 의혹을 뜻하는 두 개의 한자, 요妖와 괴怪의 결합이다. 단어의 기원은 중국이지만, 일본에는

8세기부터 문서 기록에 나타나 에도시대 중기에 사례가 확장된다. 오늘날 요괴는 괴물, 혼, 악마, 유령, 미스터리한 존재, 설명할 수 없는 일의 발생 등을 총칭하는 환상적 용어의 대표격이 되었다. 요괴의 특징은 경계성 존재라는 점이다. 요괴는 어슴푸레한 저녁 시간에 나타나며, 다리, 터널, 출입구, 문지방 등 경계를 표지하는 공간에 출몰한다.[14] 현재 일본에서는 요괴 연구가 활발하며, 미신으로서가 아니라 인간의 상상력이 만들어낸 문화 자원으로 접근하려는 시각이 정립되어 있다.[15] 요괴를 둘러싼 산업적 가치도 높다. 일본의 요괴는 1980년 이후 일종의 문화적 붐을 일으켜 캐릭터화된 형태로 각 지역의 관광 산업에 활용된다. 게임, 만화, 애니메이션, 피규어, 각종 상품 등 주요한 문화산업의 소재로 재생산된다.[16]

일본의 다양한 요괴들은 번역과 콘텐츠 공유를 통해 아시아와 세계에도 알려졌다. 한국의 경우, 일본의 요괴나 유사 존재, 또는 하위 범주가 배타적으로 구분되는 것은 아니다. 예컨대, 일본의 오니를 도깨비로 번역하기도 하는데, 한국의 도깨비와 오니는 모습도 속성도 다르다. 한국의 도깨비는 장난스럽고 변덕스러우며, 일본의 오니와 같은 잔혹성이나 폭력성은 띠지 않는다.[17] 일본의 유레와 한국의 귀신, 서구권의 유령도 속성에 차이가 있다.

일본 영화 〈학교괴담學校の怪談〉 1~4(1995~1999)에 등장해 공포를 자아내는 인물은 한국적 개념의 귀신이지만, 일본어로는 오바케お化け, 망령亡靈, ぼうれい, 유령幽靈, 죽은 사람의 영혼死んだ人の靈으로 명명된다. 요괴와 귀신 또한 존재론적으로나 문화적으로 같지 않지만, 문화번역을 통해 종종 혼용된다. 예컨대,〈센과 치히로의 행방불명〉에 등장하는 '가오나시顔無し'는 이름 그대로 얼굴 없는 존재(얼굴顔이 없다無し는 뜻)다. 가면을 쓰고 다니며, 닥치는 대로 먹어 치우는 괴력을 발휘한다. 보통명사로 칭할 때는 귀신이라고도 하고 요괴라고도 한다. 귀신과 요괴를 통칭하는 경향성을 보인다. 이마 이치코의『백귀야행百鬼夜行抄』이나 유메마쿠라 바쿠夢枕獏와 오카노 레이코岡野玲子의『음양사陰陽師』에도 한국적 의미의 귀신이 등장한다. 각 텍스트에서 이들은 요괴, 원령, 생령, 귀, 요마 등으로 불린다. 모두 사망한 존재의 현현체다. 출현 맥락과 인물의 이해도에 따라 명명이 달라진다.

무리한 문화 번역을 추구하기보다는 아시아 고유의 전통과 문화를 인정하되, 상호관련성과 고유성을 지니는 현상에 주목했다. 언어권별 소통과 문화 간 교섭을 통해 상호 영향을 주고받아 자국의 상상력 자체가 변하는 시대를 살아가기 때문이다. 일본의 학교 괴담이 구비문학, 드라마, 영화로 만들어지고, 한국의〈여고괴담〉에 유사 에피소드가 다루어진다든지, 할리우드 영화〈조 블랙의 사랑〉(1998)에 아시아적 관점의 저승사자가 등장하는 것은 문화 간, 언어권별 교섭이 활발해지면서 나타난 현상이며, 아시아적 공통 감각의 발현이다.

이 책에서는 망자가 생사의 경계를 넘어 현실로 귀환한 인간

웹툰 〈바리공주〉 9화에 등장하는 손말명. 소복을 입고 머리카락이 헝클어진 전형적인 처녀귀신이다. 부식된 눈이 죽음을 표상하지만, 핏빛 입술은 복수심에 찬 생기를 드러낸다.

웹툰 〈바리공주〉 17화의 청계 귀신은 광대가 죽어서 된 귀신이기에, 탈을 썼다. 사연이 있는 남장 광대. 탈을 쓴 모습은 성별과 생사 경계를 넘나드는 이중의 페르소나를 상징한다.

웹툰 〈바리공주〉 22화의 새타니, 아이 귀신. 무당에게 속아 양부모에게 버림받았다고 오해해 원귀가 된다. 나무에 깃들어 산다.

형상의 문학적 창조물을 귀신으로 명명하고, 이와 유사한 개념, 캐릭터, 서사가 어떤 특성과 행동 문법을 갖는지, 그 미학적 특징과 공감적 요소는 무엇인지를 살피는 방식으로, 21세기 아시아 귀신의 개념·정의·신체·감각에 접근해본다.

귀신의 신체, 형상과 재현

귀신을 둘러싼 21세기 아시아의 감성계를 파악하기 위해, 귀신의 신체를 재현한 미디어와 문학작품, 대중 장르에 주목해보자. 귀신은 실체 없는 상상의 존재이기에, 귀신 형상을 어떻게 그렸는가를 통해 창작자의 이해와 수용자의 공감에 접근할 수 있다. 논리적으로 보면 귀신은 육체가 없다. 사람이 죽으면 장례 절차에 따라 육체를 무덤에 안장하거나 화장하기 때문이다. 그러나 문화적·문학적 존재로서의 귀신에게는 형상성, 즉 신체가 있다. 귀신의 목격자는 귀신이 여전히 생전의 모습과 형상적 동일성을 유지한다는 점에 놀라게 된다. 시간의 역행을 의미하기 때문이다. 시신을 묻었는데 썩지 않고 나타난다든가, 생명이 멈추었는데 관을 열고 나타나는 경우, 또는 화장火葬했는데도 분말 이전의 육신으로 되돌아가는 등 시간의 역전이 발생하는 경우가 그것이다. 인간에게 예외 없는 시간의 법칙을 귀신은 따르지 않는다. 우리가 귀신에 대해 공포를 느끼는 이유가 여기에

웹툰 〈바리공주〉 20화에 등장하는 귀신들. 원귀가 된 새타니에게 희생된 귀신으로, 성별, 연령, 신분이 다양하다. 혼자 있는 새타니가 외로워서 같이 놀려고 귀신이 되게 했다.

있다. 귀신은 현현 자체로 현실 법칙을 전복시킨다. 귀신은 소멸된 신체성을 정신과 합체한 형상물이다. 귀신의 정서적 흡인력은 막강하다. 목격자는 공포감에서 벗어나려고 경험을 진술한다. 공포는 흥미로 자리바꿈해 구비전승된다. 귀신의 모습은 온전히 목격자의 감각으로 재현된다.

한국의 대표적 고전 『춘향가』의 눈대목 '옥중가'는 "쑥대머리 귀신 형용"으로 시작된다. 옥에 갇혀 고초를 당한 춘향의 머리카락이 헝클어지고 모습이 귀신처럼 변했다는 내용이다. 귀신 형용은 고난과 역경의 신체를 표상한다. 그 실체는 무엇일까? 조선 중기의 문헌 『어우야담』에 실린 귀신은 "쑥대머리 귀신 형용"을 재현한 듯 산발한 머리에 눈동자가 형형하다.[18] 미디어 플랫폼 넷플릭스에 공개된 한국 드라마 〈킹덤〉(2019; 2020)에서 글로벌 수용자의 눈길을 끈 것은 조선시대의 각종 모자(갓)다. 머리를 단정하게 하고 모자를 쓰는 것은 정체와 소속을 사회화하는 주요 수단이다. 귀신은 머리를 장식하지 않는다. 버림받은 모습, 스스로도 돌보지 않는 처지를 산발한 머리로 재현한다. 타이완 작가 리앙李昴의 소설 『눈에 보이는 귀신看得見的鬼』에서도 귀신은 '눈, 코, 입 등 일곱 구멍이 보이지 않는' 하얗고 밋밋한 형상으로 묘사된다.[19] 원작의 '귀혼鬼魂'을 한국어판에서는 '혼귀魂鬼'로 번역했는데, 이는 한국어 '귀신'에 해당한다. 눈, 코, 입 등 감각 기관이 없는 귀신 형상은 부식된 시간을 표상한다.

대중문화 콘텐츠에 등장하는 귀신의 종말은 소멸이다. 한을

여고생 정유희 귀신(웹툰 〈조명가게〉 30화). 자신이 귀신인 줄 모르기에 겨울에도 여름 교복을 입고 있다. 그 모습이 독자의 연민을 자아낸다.

품은 귀신은 해원하여 사라지고 악귀는 퇴치된다. 자신이 죽은 걸 모르는 귀신은 연민을 자극하기도 한다. 이 유형은 고독한 현대인의 심성 체계를 자극한다. 스스로 귀신인 줄 몰랐기에 인간처럼 살다가 진실과 대면하는 순간 소멸한다. 비극성을 띠기에 연민을 자아낸다. 자기를 알고, 있는 그대로 인정하는 것은 산 사람도 어려운 일이다.

자신이 누군지 알아야 죽음이 완성된다. 장례 절차의 초혼 의례에서는 제일 먼저 망자의 이름을 부른다. 염라대왕도 망자 명부를 확인한다. 정체성 확인은 명계 소속을 확증하는 필수적 통과의례. 디지털미디어로 전송되는 영화와 드라마에서는 배우가 귀신을 연기한다. 귀신 분장이나 행동, 태도, 표정, 습관 등, 배우의 연기는 귀신에 대한 연기자/연출가로서의 해석을 보여주고, 시청자와 관객은 이를 감각적으로 수용해 동의의 체계로 만든다. 21세기에 와서 귀신 배역을 맡은 배우는 공포를 환기하는 데만 집중하지 않는다. 귀신의 활동과 감정이 다양해졌기 때문이다. 귀신의 번민, 갈등, 자신을 귀신으로 만든 현실의 모순을 교정하기 위해 고군분투하는 열정과 실수에 주목하거나, 사람과 함께 현실에 정주하는 거주자로서의 안정감과 희망 등 다양한 감정 연기가 펼쳐지는 이유다. 21세기 영상물에 재현된 귀신 캐릭터는 감정의 편폭이 확장되며, 행동과 지향이 다양화된다. 반드시 퇴치되는 것은 아니며, 일정 기간 인간과 협력, 공생, 동조하는 공동체의 일원으로 살기도 한다.

실체로서의 귀신에게는 신체가 없지만, 감각으로서의 귀신에게는 형체가 있다. 귀신의 정체는 반투명한 진실이다. 없지만 존재하는 것, 그것을 가능하게 하는 힘의 진실에 다가가는 것이 귀신 서사의 존재 이유다.

감각체로서의 귀신과 젠더

한국 귀신은 공포스럽다고 알려져 있지만, 이는 영상매체를 통해 재현된 근대 영화의 역할이 크다. 호러물로 회자되는 귀신 서사의 원전인 고전문학을 살펴보면, 귀신은 무섭다기보다는 말하지 못한 슬픔을 간직한 한의 존재다. 한이란 잘못된 법, 질서, 제도의 불합리성을 사회적 약자가 몸으로 감당해 발생하는 정서다. 일종의 정의적 감성이자 법 감정이다.[20] 한을 풀어주는 존재가 의로운 관리로 설정된 것은 한이 법 감정임을 시사하는 장치다.

귀신이 현실에 출현한 이유는 산 자의 관심을 끌기 위해서다. 하고 싶은 말이 있어서 들려주러 왔다. 귀신 목소리에는 현실이 외면한 진실이 담겨 있다. 듣는 이가 귀신의 말에 책임감을 느껴야 하는 이유다. 대체로 귀신 서사의 목격자는 죽거나 기절해 대면을 피한다. 귀신에 대한 사회적 책임을 감당할 수 없어서다. 책임감의 무게는 공포감으로 전이되어 회피를 정당화한다. 공포는 생존 본능을 환기하기도 한다. 귀신을 보고도 살았다면, 그/녀는 숨겨진 현실 문제를 감당하고 해결할 수 있는 능력자가 분명하다. 귀신과 독대해 문제를 해결하는 목격자가 관리, 경찰, 청년으로 등장하는 것은 이들에 대한 사회적 기대를 반영한다. 여기에는 사회 문제를 해결할 주체로 남성 권력자를 배치하는 젠더 권력적 시각이 작용한다.

소외와 억압으로 삶에서 쫓겨난 귀신의 성별은 주로 여성이다. 처녀귀신이 한국의 대표적 귀신 아이콘이듯, 공포를 환기하는 한국 귀신이 주로 여성인 이유는 무엇일까?[21] 여기에는 소외된 약자가 삶의 주권을 박탈당한 모순을 성찰하는 관점이 매개된다. 남성 중심의 가부장제 사회에서 여성의 권한은 주변화되었고, 목소리를 전할 기회를 찾기가 어려웠다. 귀신이 되어 목소리를 전하러 오는 행동 규칙은 이러한 역사적 맥락에 바탕을 둔다. 살아서 목소리를 낼 수 없었던 전근대 시대의 여성은 죽어서 귀신이 되어 진실을 밝히러 나타났다. 귀신은 억울한 감정을 신체로 재현한 형상이다. 피, 눈물, 상처, 곡성은 귀신의 정체를 감각적으로 표상한다. 21세기에도 여전히 미혼과 비혼 여성, 여자 청소년이 귀신 캐릭터로 자주 등장하는 것은 여성이 직면하는 모순과 억압에 대한 사회적 공감을 반영한다.

그럼에도 귀신의 젠더나 연령은 점차 다양해지는 추세다. 획일화된 성공 지표에 대한 강요와 억압으로 심성이 비틀린 청년이 악귀가 되는 스토리를 보자. 여기에는 사회적 분위기가 어떻

영화 〈싱글라이더〉(2016)의 주인공 강재훈은 귀신이다. 출세주의와 성공가도를 달리다가 주식 실패로 자살했다. 바닥을 향한 강재훈의 눈빛이 마치 자신의 실패를 응시하듯 참담해 보인다. 강 재훈은 귀신이 되고 나서 생에 대한 회한, 절망, 후회, 상실, 원망, 자책, 체념, 허무, 그리움 등의 감정 편력을 한다. 진솔한 미소를 띄고 대화해본 것도 귀신이 되어서다. 한을 품고 공포를 전하 는 전형적인 귀신과 구별된다.

게 개인을 사지로 몰아 비인간화하는지에 대한 사색이 담겨 있다. 극한 노동 현장의 사고사, 빈곤 노인의 고독사를 귀신 서사로 조명해 사회적 사각지대를 성찰하기도 한다. 출세주의에 젖어 성공가도를 달리다 사망해 귀신이 되어서야 참된 행복을 깨닫는 직장인 서사도 있다. 시대의 귀신은 사회적 조건과 상황, 이에 대한 성찰의 합작품이다.

귀신을 대하는 산 자의 대표적인 감정은 공포다. 무섭더라도 이를 거부하지 않는 힘이 또 다른 귀신의 탄생을 막는 정의로운 힘이다. 그런데 정작 귀신의 감정은 무엇일까. 한국의 경우, 널리 알려진 것은 한이다. 한은 비탄, 절망, 슬픔, 분노가 어우러진 복합 감정이며, 당연히 한국인만 느끼는 게 아니다. 한이 발생하는 소이는 사회적 환경의 부조리, 부정부패, 불의와 모순이다. 역사적으로 한을 품은 개인이 존재하지 않은 곳은 없다. 이에 대한 법적, 정치적, 사회적, 문화적 응대에 차이가 있을 뿐이다. 귀신은 피 흘리며 운다. 피는 상처다. 곡성은 슬픔이다. 슬픔이 오래되고 아무에게도 이해받지 못하면 증오가 된다. 귀신이 부정당한 감성을 품을 경우, 소외와 증오는 동시에 강화된다. 산 자의 공감을 얻지 못하기 때문이다. 증오가 깊으면 분노로 이어진다. 그것이 바로 악귀다.

악귀는 열등감과 애정결핍의 복합체인 '관종'('관심 종자'라는 속어로, 관심을 끌기 위해 튀는 행동을 하는 사람을 뜻하는 비칭)으로, 인간을 해친다. 드라마 〈호텔 델루나〉(2019)에는 거짓된 소문을 만들어 동료를 괴롭히고, 상대를 파멸로 이끌기 위해 자살하는 악귀(이다윗 연기)가 등장한다. 그는 성공한 아버지로부터 인정받지 못했다는 열등감이 있었다. 〈오 나의 귀신님〉(2015)에는 자신을 입양한 부모에게 친자식이 생기자 파양된 최성재(임주환 연기)가 있다. 그는 학교폭력에 시달렸고 악귀에 씐다. 분노와 증오가 몸에 쌓이면 악귀가 찾아와 숙주로 삼는다.

　귀신은 정동적 아이콘이다. 정동affect이란 감정이 촉발되어 행동으로 이어지는 변화와 움직임이다.[22] 감정은 단지 행동의 자극이 될 뿐만 아니라, 행동을 선택하는 데 적극적으로 영향력을 행사한다. 감정은 본능적이고 직관적이지만, 사유가 매개된 문화적 요소이며 역사화되어 있다. 여자 귀신이 여전히 사회의 모순을 성찰하는 유력한 아이콘이 되는 이유다.

사유체로서의 귀신과 포스트휴먼

이 책에서는 21세기 아시아 귀신을 포스트휴먼이라는 관점에서 접근하는 사유 실험을 제안한다. 포스트휴먼은 인간 이후의 존재, 즉 과학기술과 정보기술의 발달로 인해 현재와 같은 인간 개념이 변화하리라는 전망 속에서 제안된 개념이다. AI, 사이보그, 로봇, 안드로이드 등이 해당된다. 일상화된 IT 기기는 이미 인간보다 정보처리 속도가 빠른 속도적 초지능[23] 상태를 상용화했다. 이러한 기술의 진화 속도는 '수확가속의 법칙Law of Accelerating Returns'에 따라 증폭될 것이다.[24] 포스트휴머니즘은 인간과의 공생적 세계관을 담는다. 이론적으로 이는 인간의 DNA 정보가 컴퓨터 언어로 업로드되어 새로운 인간 존재 및 형태가 가능하다는 취지에서 인간의 생명기술적 강화를 추구하는 트랜스휴머니즘과 대립한다.[25]

귀신은 인간의 사후적 존재라는 점에서 인간human 이후post의 존재인 포스트휴먼에 속한다. 서구권의 포스트휴먼이 과학 기술의 발달에 따른 금속성 존재인 것과 달리, 귀신은 생전의 인간과 형상적 연속성을 지닌 반투명한 아날로그 형상이다. 귀신은 유사 인간이자 비인간, 포스트휴먼이다. 이 세 가지 개념을 통해 아날로그 귀신과 테크놀로지 기반의 포스트휴먼의 차이에 접근해보자.

우선, 일상 영역에는 수많은 유사 인간pseudo human 형상이 있다. 인간의 모습을 본뜬 인공물이거나, 인간과 DNA 유사도가 높은 생명체가 그것이다. 예컨대, 인간 형상이라는 뜻의 인형, 인간의 음성과 동작을 모방한 로봇, 사람과 외모나 습성이 흡사해 거부감이 드는 침팬지, 고릴라, 원숭이, 경우에 따라 소울메이트나 가족처럼 여겨지는 반려동물도 포함된다. 이들에게는 분명 사람다운 어떤 면이 있다. 외모, 감정, 역할, 습성, 행위, 표정 등이 사람을 닮았다. 인간을 닮은 타자 형상에 대한 감정이 결코 유쾌하지만은 않다. 인간이 인간이 아닌 존재를 볼때, 인간과 더 많이 닮을수록 호감도가 높아지지만 일정 수준에 다다르면 오히려 불쾌감을 느낀다는 '불쾌한 골짜기uncanny valley' 현상이 이를 설명한다. 이들이 등장하는 영화가 종종 호러물이나 전쟁물, 디스토피아 서사로 구성되는 이유다. 〈사탄의 인형〉(1988), 〈혹성탈출: 종의 전쟁〉(2017) 등이 그 예다.

귀신을 '비인간'이라는 '유類'의 '종種'으로 간주할 때, 귀신의 유사 종에는 여러 생·명·체가 나열될 수 있다. 실제로 생명이 있는 것(동물, 식물)에서부터, 생명이 없는 것(로봇, AI, 안드로이드 등), 또는 생명이 있다고 할지 없다고 해야 할지 망설여지는 것(유령, 요괴, 요정, 흡혈귀, 강시, 좀비, 사이보그 등)에 이르기까지 다양하다. 이들은 동류로 묶이지 않으며, 단지 인간을 흉내 내거나 차용한 것, 또는 인간에서 좀처럼 떨어지지 않는 파편으로 간주된다. 예컨대, 귀신은 한때 인간이었지만 지금은 아니다. 결합되었던 육체와 영혼이 분리되고 이탈했기 때문이다. 이런 발상은 무덤을 나온 모든 존재, 즉 귀신, 흡혈귀, 강시, 좀비 등 한때 인간이었던, 인간 이후의 존재post-human에게 적용된다.

다음으로 흡혈귀가 있다. 흡혈귀는 영어 뱀파이어의 아시아 번역어다. 사전적으로는 '밤에 무덤에서 나와 사람의 피를 빨아먹는다고 하는 귀신'으로 정의된다. '무덤에서 나온 자'란 곧 죽은 자다. 흡혈귀는 한때 인간이었던 포스트휴먼이자 유사 인간이다. 전염 행위를 통해 '유'를 확장하는 파괴적 속성이 핵심인 흡혈귀는 인간(성)을 파괴한다. 생명체이지만 존재 방식이 폭력적이다. 타인의 피를 빼앗아 명을 잇기 때문이다. 흡혈귀는 인간의 침입자인 적이며 기식자다. 한때 사람이었으나 이미 죽었다면, 사람의 형상이더라도 사람은 아니다. 사람의 정체성은 외형적 동질성이나 과거의 실존성만으로 담보될 수 없다. 자기책임성과 사회적 소속감, 제도와 법적 자격을 획득해야 사람이다.

다음으로 귀신처럼 인간을 존재의 기원으로 삼는 유사 존재로 강시僵尸와 좀비가 있다. 강시는 중국 청대에 기록이 보이는데, 대중문화 아이콘이 된 것은 1980년대 홍콩발 강시 영화를 통해서다. 강시는 살아 있는 시체를 의미하며, 'Vampire'로 번역되어 영어권에 소개된다. 스톱 애니메이션 〈Corpse Bride〉(2005)는 한국에 〈유령 신부〉로 소개되었는데, 당시 중국 영화관에서는 상영된 바 없지만, 나중에 중국의 미디어 플랫폼에서 중국어로 더빙되어 〈강시신부僵尸新娘〉로, 홍콩에서는 〈괴이한 시체 신부怪誕屍新娘〉로 공개되었다. 몸을 가진 귀신을 강시로 불렀다. 강시는 개별성과 집단성을 동시에 지닌다. 인간을 물어뜯거나 잡아채 동류로 만든다. 이 점은 흡혈귀와 생리가 같다. 신체 있는 망자라는 점은 귀신과 통한다. 강시물은 공포감과 유머를 결합하고 배우의 신체 동작을 아시아 무술과 연결시켜 홍콩 특유의 장르 미학을 구축했다. 죽지 않은 시신이 간직한 사연보다, 이를 퇴치해 평화를 찾는 데 초점을 둔다.

좀비는 이보다 후발 주자이지만, 21세기를 맞아 생명력이 강화되는 추세다. 서구에서 출발했지만 한국에서도 장르물이 성행해, K-좀비의 글로벌 발신에 대한 입지를 굳혔다. 좀비는 죽은 인간이 사망을 인정하지 않고 작동하는, 생명 장치가 고장난 징후다. 귀신과 달리 좀비에게는 삶의 이유가 없다. 맹목적이고 무차별적이다. 무조건반사적인 좀비의 행태는 성찰 없이 질주하는 현대성을 환유하는 장치다.

좀비는 타인을 공격해 동류로 만든다는 점에서 흡혈귀와 같지만 차이가 있다. 흡혈귀는 단독자로 야행하며, 정체 은닉을 위해 행동을 조심한다. 흡혈귀는 타자 인식이 분명하다. 때로 인간을 배려하며 오직 생명 유지를 위해 피를 탐한다. 흡혈귀는 잉여분의 피를 미리 저장하지 않는다. 흡혈귀는 스스로 비인간임을 인지하며, 자기 한계와 행위를 자각한다(이 책의 7장 세 번째 절을 참조). 이에 비해 좀비는 테러리즘이다. 집단성을 띠며, 밤낮을 가리지 않고 무차별적으로 가해한다. 좀비는 파렴치한이고 무뢰한이다. 좀비는 바이러스로 본성(좀비성zombieness)을 전염시킨다. 좀비는 에로티시즘과 거리가 멀다.[26] 좀비는 이성이 마비된, 관성적 마성이다. 좀비의 자기동일성은 행위가 아니라 징후symptom에 있다. 좀비를 둘러싼 연구에 종종 자본주의와 신자유주의라는 개념이 결부되는 이유다. 성찰성은 좀비와 인간을 구별짓는 결정적 요소다(이 책의 7장 두 번째 절을 참조).

인간이 없다면 귀신은 존재하지 않는다. 귀신과 인간은 공의존 관계다.[27] 공의존 관계란 생존을 위해 절대적으로 공생관계를 맺는 경우로, 상호 의존성이 필수적이다. 여기서 다음과 같은 질문을 할 수 있다. 귀신은 인간을 필요로 하지만, 인간에게 귀신은 불필요할뿐더러, 도리어 해롭지 않은가? 귀신은 미신이므로 인간과 '공의존' 관계라고 하는 것은 부당하지 않은가? 물론 귀신 없이도 인간은 살 수 있다. 그런 생각은 일면 사후 세계의 부정을 뜻한다. 귀신을 부정하면 문화적 차원의 조상신 개념이 부정된다. 유교 문화권에서 존중해온 제례 의식이 무의미해지는 것이다. 민간적 차원에서 공유해온 불교적 인연론이나 명계의 상상도 무력화된다(형이상학적 불교 이해는 별개의 문제다). 종교나 사상에서 출발한 개념과 지식이 문화적 상상계에서 작동한다.

아시아에서 귀신은 생사 관념을 이해하는 매개다. 귀신은 인간 세계를 숙주 삼아 생명을 유지하며, 인간은 귀신을 매개로 사후 세계에 대한 종교적이고 철학적인 사유를 완성한다. 귀신은 생전의 인간이 미처 정리하지 못한 삶을 떠안은 연장체이자 그 정치적 부수물이다. 귀신은 산 사람이 감당해야 할 부채다. 동시에 심리적, 정서적으로 의존하는 삶의 지지대이자 보안 장치다. 상상계의 귀신은 죽음을 미리 사색하게 하고 삶을 준비시키는 경고장이다. 귀신이 제안하는 것은 죽음의 청사진이 아니라, 삶의 행위 내역서다. 귀신의 몸 안에 윤리, 정치, 경제, 문화, 감정이 얽혀 있다. 상상계의 귀신은 스토리와 주제 선택에 따라 내부에 얽힌 문제를 분할 정산한다.

아시아 귀신의 행동 미학

귀신은 말하는 몸이다. 할 말이 있어서 현실에 나타났다. 몸이 곧 생각이며, 현현 자체가 메시지다. 할 말 없는 귀신은 현실에 나타나지 않는다. 귀신은 반드시 행동한다. 우물쭈물하다가 아무 선택도 하지 않는 어리석음이 귀신에게는 없다. 귀신은 목적을 이룰 때까지 나타난다. 열정적이고 집요하다. 나타난 자리가 차갑고 오싹하기에, 귀신은 '차가운 열정'이라는 모순 형용의 주체다. 귀신에게는 계획이 있다. 로드맵도 있다. 1안이 실패하면 곧장 2안을 실행한다. 뜻을 이룰 때까지 가능한 n개의 계획을 가동시킨다. 귀신의 계획은 이생의 인과론에 대한 다차원 시뮬레이션이다. 귀신의 행위 정당성은 윤리에 바탕을 둔다. 귀신은 정치적 올바름을 지킨다. 귀신에게는 공감 가능한 명분이 있기에, 귀신의 차가운 열정은 이승에서 용납 가능한 공포다.

귀신은 어둠의 존재다. 어둠은 혼돈과 무질서를 표상한다. 귀신은 음의 존재이기에, 양기를 대표하는 빛과 양립할 수 없다. 귀신이나 요괴가 출몰하는 공간은 감각적, 윤리적, 정서적 사각지대다. 숲과 들판, 마을과 집의 어두운 공간이 근대 개발과 도시화로 인해 음영이 없는 균질적 공간으로 대체되고, 건물, 포장도로, 공원 등 인공적 공간이 제2의 자연을 형성하면서 전근대에 활보하던 비-인간은 자취를 감추게 된다.[28] 그럼에도 불구하고 현대인의 심성 체계에는 유령이나 망령에 대한 감각이 남아 있다. 학교, 병원, 교통사고 현장, 불 꺼진 방, 지하주차장, 외딴집, 아파트 계단, 혼자 기다리는 버스정류장 등 사람의 출입이 한정되거나 고립된 장소를 배경으로 귀신, 유령, 망령에 대한 공포 괴담이 생성된다. 공간적 사각지대는 윤리, 사회, 심성 차원의 배제와 소외를 사유하는 매개다. 귀신은 인간이 폐기처분한 것을 소환한다. 인간의 의식과 말이 빛의 영역이라면 무의식과 내면은 어둠의 영역이다. 문학에서의 귀신은 삶과 분리불가능한 죽음의 흔적, 불멸을 사유하는 생명 장치다.

귀신은 온전히 목격자에 의해 그 존재가 증명된다는 점에서 타자 의존적이다. 본 사람이 없다면 귀신은 없다. 귀신은 산 사람의 감각과 증언에 기대어 산다. 생명, 삶, 현실이 귀신의 숙주다. 귀신은 독자적인 존재 증명이 불가하며, 현실계에 공인된 소속이 없다. 귀신은 단독자다. 죽어서 새로 조직을 만들거나 연합하지 않는다(생전에 속한 조직이나 연합은 유지할 수 있다. 예컨대, 영화 〈알 포인트〉[2004]). 귀신의 최종적 존재 근거는 사인에 못 박혀 있다. 석연치 않음, 의혹, 원한은 귀신의 반투명한 생명을 지탱하는 자기동일성의 근거다. 그러므로 귀신이 구현하는 타자성이 어떻게 미학적 형상, 의미, 맥락성으로 구성되는지 탐구해야 한다.

귀신은 철저하게 감각의 존재다. 강렬한 카리스마로 목격자에게 존재감을 각인한다. 귀신은 스스로를 창조하며, 존재를 증명할 '거울 타자'를 찾는 데 능하다. 귀신을 본 자는 선택된 자이며, 그에 따른 책무가 있다. 신체를 압박하는 놀라움의 감각은 목격자의 정신과 혼, 마음을 동시에 흔든다. 공포와 전율은 이에 대한 최종 감정이다. 그렇지만 그 불쾌함이 귀신 자체의 것인지, 귀신과 관계 맺는, 또는 귀신이 전하려는 메시지의 불쾌함에서 연유하는지, 아니면 거짓 감정인지에 대해서는 구체적인 텍스트를 통해 파악할 수 있다. 귀신은 인간의 상상적 구성체이기 때문이다. 귀신에 대한 공감대는 귀신의 정의적 감수성을 인정하는 데서 발생한다. 귀신이 나타난 데는 반드시 이유가 있다고 생각하기에 목소리와 행동에 주목하게 된다. 귀신은 진상 파악이 반드시 필요한 미제 사건이다. 귀신의 출현이 곧 행동 미학이 되는 이유다. 이에 대한 공감대가 현재까지 이어진 것은 귀신을 둘러싼 아시아 공통의 미적 감수성 때문이다.

2장
관리되는 귀신,
퇴치되는 공포

사람이란 자기가 상처를 입힌 사람을 두려워하게 마련이다.
자기가 상대방을 제압할 수 있는 힘을 지닌 상황에서조차도.
—마거릿 드래블[1]

21세기 아시아의 귀신은 전통적 귀신으로부터 진화된 생태계를 구성한다. 귀신에 대한 전통적인 대응 방식은 완벽한 퇴치를 통해 생사의 단절성을 사수하는 것이다. 21세기적 상상력은 여기에 균열을 가해, 귀신과의 교섭 방식을 긍정과 부정, 양자의 혼성으로 다원화한다. 무엇보다 귀신이 현실에 일정 기간 계류하는 것을 기정사실화한다. 이때 귀신은 사람처럼 현실의 구성원이다. 귀신을 보는 전문가도 설계된다. 애초에 현실은 귀신이 살기에 적당치 않았다. 현실은 귀신을 환영하지 않으며 소속감을 주지도 사회보장을 해주지도 않는다. 귀신도 그것을 알고 있다. 다만 미해결의 문제가 남아 떠나지 못한 것이다. 귀신은 그저 도움을 필요로 하는 존재다. 처참한 형상은 불행의 표식이다. 그것이 무서워 피하는 것은 불행을 거부하는 혐오 감성과 통한다. 귀신은 억울함을 풀어야 이승을 떠날 수 있다. 21세기의 콘텐츠는 귀신의 소리를 듣고 이해하는 다양한 관리자를 창조했다. 웹툰이나 만화, 드라마 같은 대중 장르가 여기에 기민하게 반응해 독자의 공감을 얻었다. 음양사나 퇴마사 등 전문가에게 의뢰하거나, 경찰, 천문가, 무당, 사제 등과 파트너십을 이루어 팀플레이를 한다.

귀신이 가야 할 곳은 저승이다. 산 자로서는 알 수 없기에, 저승은 줄곧 상상의 장소였다. 죽음을 수용하는 게 쉽지 않은 것은 사후 세계를 모르기 때문이다. 무지는 공포 발생의 근거가 되기에, 귀신 서사는 공포를 수반한다. 강풀의 웹툰 〈아파트〉에는 죽음을 배달하러 다니는 택배기사가 아파트 주민으로 등장한다. 그는 죽음을 배달할뿐더러, 사망 직전의 사람들에게 죽음이 무섭지 않다고 설득하는 호스피스 역할을 한다. 이런 상상력은 삶과 죽음을 편안히 이어주던 전통적 망자굿의 감성과 통한다.

귀신 콘텐츠의 흥미성을 확보하려면 극대화된 공포감의 유희와 퇴치 과정을 합리적으로 설계해야 한다. 익숙하면 무섭지 않기에 공포물의 형상은 언제나 창신을 거듭한다. 새롭게 환기된 공포는 현대사회의 모순, 부정부패, 부정의와 연결되어 현실 문제를 사유하는 성찰적 역할을 한다. 일정한 주제 없이 재미 삼아 엮은 공포는 공허해서 지속력 있는 공감을 얻지 못한다.

현대의 문화 콘텐츠에 재현된 21세기 귀신은 인간과 공조 협력하거나, 공생 동거하는 비중을 확장한다. 귀신을 산 자의 공생 파트너로 사유한 데에는 귀신이 인간에게 유익하고 분리 불가능하다는 상상력이 작용한다. 텍스트 속의 귀신은 세균이나 오염처럼 제거되지만, 어느 순간 다시 현현한다. 문제가 해결되지 않는 한, 귀신은 불멸이다. 귀신은 인간이 저버린 진실을 알고 있다. 귀신은 윤리적·정치적 차원에서 인간에게 경고한다.

다른 한편으로 현대의 귀신은 부정적 힘을 강화해 인간의 명을 잠식하는 중이다. 자신에게 호의적인 사람의 목숨을 빼앗아 동류를 늘리는 처신도 생겼다. 심리적 전이가 그것이다. 공감해서 도와주었는데 목숨을 빼앗거나 해를 끼친다. 공포가 강화되는 지점이다. 21세기 귀신은 어설픈 동정을 경계한다. 서구적 악령과 결합한 글로벌 귀신에 대한 상상도 새로운 국면을 맞이하고 있다. 귀신은 국적과 언어, 인종, 젠더 경계를 넘나들며 세계화된 존재로 거듭난다. 인간이 저버린 원시적 신성성을 탈환해, 미신이라고 모욕받은 정체성을 복원한다.

21세기의 귀신은 사후세계를 이승과 별도로 설정하지 않고 현실 안에 위치시킨다. 저승이 따로 있는 게 아니라, 귀신이 현실에 동거함으로써 현실을 중층화한다. 현실이 한 겹인 줄 알았는데, 보이지 않는 뒤쪽으로 엄청난 깊이가 생성된다. 다가갈수록 깊어지지만 끝은 있다. 이해와 공감, 정의의 회복으로 경계가 차단된다. 그러나 임시봉인된 차단막은 언제든 다시 해체될 수 있다. 귀신은 어둠을 쫓아낸 현실이 세계의 전부가 아니라고 말한다. 빛으로 가득한 양지는 어둠 속에 사는 소외된 이들을 내

쫓은 이기적 처소라고 고발한다. 21세기 귀신이 보여주는 새로운 생태계는 저승에 대한 전통 관념에 균열을 가한다. 현대의 귀신은 명계로 가지 않고 인간의 시공간에 현존한다. 귀신은 당당히 현실적 지분을 요청한다. 그 비용은 인간과의 공조·협력·파트너십이다.

사망배달부, 저승사자, 호스피스
: 〈아파트〉

포털사이트 '다음Daum'에 연재된 강풀의 웹툰 〈아파트〉는 귀신을 '살아 있던' 사람으로 조명한다. 비인간으로서의 귀신은 삶을 기억하며, 전생의 언어, 습관, 관계, 감정을 유지한다. 인간과 귀신의 만남은 상호 분리된 전생·현생·후생을 하나로 잇는다. 〈아파트〉의 귀신은 '지금도' 살아가는 존재다(이런 관점은 〈조명가게〉 같은 강풀의 미스터리 심리쎌렁물 시리즈에서 유지된다.).

　주인공은 29세 백수 고혁. 매일 밤 9시 57분이 되면 아파트에 일제히 불이 꺼지고 사람이 죽는다. 강력계 형사 양성식은 고혁이 신고한 사건이 연쇄 살인 사건과 관련됨을 직감한다. 사망자는 모두 죽기 전날 택배를 받았다. 택배기사는 자신이 저승사자라고 자백한다. 공포스러운 저승사자에 대한 일반적 이해와 달리, 〈아파트〉의 저승사자는 죽음을 납득시키는 안내자다. "그 사

이 새끼.. 이거..사람을 가지고 놀려는 건가..?

흐음.. 당신이 저승사자시란 말이지..? 그래..하시는 일은 뭐지..?

어쩌면..수법인지도 모른다.

그런 방법은 나한테 안 좋한다.

죽어야 할 사람이 아직 살아있을 때.. 그 사람의 주어진 인생이 다 했는데도 아직 살아있는 그런 사람들.. 가끔 그런 사람들이 있어요.

미친 소리..

유치한 소리 하고 있네..

그러면.. 어쩔 수 없이 그 사람의 주어진 수명대로 살게 하기 위해서.. 내가 갔니다..

이 새끼.. 이거..

호오.. 그렇다 치고.. 그런데 어쩌다 저승사자가 됬었나..?

지금 장난하자는 거냐..

혹시..정신병으로 인한 범죄는 아닐까

웹툰 〈아파트〉(4부 2화)에 등장하는 저승사자와 양 형사. 저승사자의 현실 직업은 택배기사다. 살인 사건 용의자로 체포된 저승사자가 양성식 형사에게 정체를 설명하지만, 형사는 이를 믿지 않는다.

웹툰 〈아파트〉(6부 4화)에서 저승사자가 양 형사를 구하고 추락사하는 장면. 양 형사는 자신이
그를 연쇄살인범으로 몰았는데도 구해준 이유를 물었다. 저승사자는 그가 아직 죽을 때가 아니
라며, 자신의 일은 사람을 죽이는 게 아니라, 그 사람의 인생을 온전히 다 살게 하는 거라고 말
한다.

람의 주어진 인생이 다했는데도 아직 살아 있는 그런 사람들"이 있다면, "어쩔 수 없이 그 사람의 주어진 수명대로 살게 하기 위해"(4부 2화) 방문한다. 저승사자의 직분은 사람이 인생을 온전히 다 살게 하는 데 있다. 〈아파트〉에는 저승사자를 알아보는 할머니도 있다. 할리우드판 저승사자 영화 〈조 블랙의 사랑〉에도 암 투병 중인 할머니가 저승사자를 알아본다. 노인은 지혜로워 임종을 직감할 수 있고, 죽음도 두려워하지 않는다는 생각을 반영한다. 동서양을 관통하는 상상력이다.

〈아파트〉의 저승사자는 검은 갓에 도포를 입은 공포의 이미지가 아니라 일상에서 쉽게 볼 수 있는 택배 노동자다. 그는 망자가 미련 없이 죽을 수 있게 돕는다. 어떻게 택배기사가 되었는지는 명확하지 않지만, 저승사자도 감정을 느끼고 죽음을 맞는다. 〈아파트〉의 설계에 따르면, 현실에는 사람, 귀신, 저승사자가 더불어 살고 있다.

저승사자를 공포로 인지하게 된 것은 현대의 미디어 탓이 크다. 한국의 무속 신화와 설화에서 저승과 저승사자의 이미지는 다양한데,[2] 망자굿에 등장하는 저승사자는 두려운 존재가 아니다. 웹툰 〈아파트〉와 〈신과 함께〉에서 이 점이 잘 고려되어 대중적 공감을 얻었다(둘 다 만화로도 출간되고 영화화된다). 〈아파트〉의 인물은 사망을 배달받으면 저승사자에게 도움을 청한다. 때로 그것은 선물이고 반갑지 않은 손님이지만, 거부할 수는 없다. 저승사자는 수취인에게 죽음을 납득시켜 귀신을 면하게 한다. 그는 죽음의 안내자, 평안의 사도, 현대의 호스피스다.

〈아파트〉의 귀신은 한의 존재이지만, 자신에게 호의를 품고 동정하는 이를 해치기도 한다. 한의 전이를 주제화한다. 704호에 사는 여자 귀신은 장애를 안고 태어나 부모에게 버림받고 고독 속에 자살한 처녀귀신이다. 여자 귀신이 한을 느낄 때마다 흰 원피스가 피로 물든다. 귀신의 아픔을 핏빛 옷이 상징한다. 어둠 속에서 혼자 웃는 귀신의 표정은 공포감을 자극하며, 아무도 돌보지 않는 고독감과 폐허가 된 마음을 표상한다. 여자 귀신은 슬픔을 이기지 못해 아파트 옥상 난간에서 자살기도를 한다. 그때 그녀에게 연정을 품은 고혁이 나타나 자신이 대신 아픔을 가져가겠다고 말한다. 그러자 여자의 붉은 옷이 점차 하얗게 변한다. 고백을 받은 귀신의 외로움이 치유되는 듯하다. 여기에 반전이 있다. 여자 귀신이 고혁에게 한을 전이시킨 것이다. 고혁은 "그래… 난 다른 사람의 고통을 겪다가 견디지 못해 죽었어!!"(〈아파트〉, 6부 5화)라고 절규한다. 급기야 고통을 이기지 못해 자살한다. 가공할 한의 파괴력에 연민과 동정은 희생된다. 귀신은 자신에게 호감을 보인 인간에게 감정을 전이시켜 동류로 만든다. 의도를 지닌 전이는 폭력이다. 귀신에 대한 진정한 공포가 여기에 있다.

웹툰 〈아파트〉의 메시지는 간단치 않다. 타인의 고통에 어디까지 관여할 수 있을까? 귀신을 모른 체하면 타인이 죽고, 귀신의 한에 동정하면 자신이 죽는다. 때로 공감은 저주다. 귀신은 내 아픔이 어디론가 사라지는 느낌이다..

내 아픔...내 외로움..내 고통...

이 사람의 말과 행동으로 어디론가 사라지고 있어..

웹툰 〈아파트〉(6부 5화)에서 붉은 옷을 입은 여자 귀신이 자살하려 할 때, 고혁이 나타나 당신의 아픔과 괴로움을 가져가겠다고 말한다. 여자의 외로움과 고통이 사라지면서 붉은 옷이 점점 하얗게 변한다. 공감해주는 이에게 한을 전이시키는 귀신이 공포감을 자아낸다.

동정심 깊고 배려 깊은 인간의 호의를 사취한다. 이것이 〈아파트〉에 설계된 목격자의 딜레마, 진짜 공포의 진원이다. 처치 곤란한 한의 감정 자체가 귀신이다.

귀신과 인간의 공조 진화
: 〈바리공주〉[3]

김나임 작가의 웹툰 〈바리공주〉[4]는 고전 서사무가 바리데기에 뿌리를 내리고 있다. 바리데기 무가는 본래 망자의 혼을 달래는 진오귀굿에서 무당이 부른 노래다. 웹툰에서 고전 원작은 서사의 출발을 알리는 기초 지식으로서만 활용된다. 원작이 일종의 '프리퀄prequel(전사前史)인 셈이다. 나머지는 모두 웹툰 작가에 의해 상상된 과거다. 전체 서사는 무당 바리가 귀신을 천도하면서 신격을 강화하는 성장담과 전생의 기억을 상실하고 환생한 바리와 무장승의 로맨스로 이루어진다.

웹툰 〈바리공주〉의 장르는 공포물이기에, 다양한 귀신이 등장한다. 귀신 형상은 그들의 억울한 인생, 상처, 한을 시각화한다. 눈이 하나 없고 이는 빠지거나 허물어지고 머리카락은 헝클어졌으며, 이마에 핏자국이 있고 코는 문드러지는 등 신체가 훼손되어 있다. 영화 〈조커〉(2019)의 주인공처럼, 웃는 모양의 입은 우는 것처럼 보인다. 입은 찢어지다가 어느 순간 얼굴이 펑 뚫

웹툰 〈바리공주〉. 초보 무당인 바리가 무장승, 도깨비 김선비, 구미호 대방마님, 삼신할머니, 저
승사자와 협력해 귀신의 한을 풀어주고 큰무당으로 성장한다. 에피소드별로 다양한 귀신이 등
장한다.

린다. 〈바리공주〉의 귀신 형상은 혐오스럽고 불편하다. 자기 보호가 우선이기에 귀신을 회피하는 것은 정당방위다. 바로 그 이유로 귀신은 이중으로 소외된다. 세상으로부터 버려지고 목격자로부터 외면당한다. 독자는 매회 새롭게 제시된 귀신 형상에 대한 공포를 댓글로 달아 공유한다. 장르가 호러인 만큼, 공포감의 표현은 곧 웹툰에 대한 호감을 뜻한다.

웹툰 〈바리공주〉는 원작을 프리퀄로 활용하면서, 초보 무당이 큰무당이 되는 성장기로 재구성된다. 〈바리공주〉에 나오는 귀신의 정체는 미혼과 기혼의 여성, 아동, 이혼 남성 등 성별과 연령대가 다양하다. 신분도 양반, 노비, 나무꾼, 무당, 광대에 이르기까지 광범위하다. 잉어, 고양이, 구렁이 등 동물 귀신도 있다. 만물에 정령이 깃든다는 애니미즘이 바탕이 된다. 바리는 귀신의 사연에 공감하고 문제를 해결하며 성장한다. 바리의 성장은 귀신의 해원과 등치적이다.

등장하는 귀신도 다양하다. 첫째는 미명귀다(1~4화). 시어머니의 음모와 남편의 방관으로 자살하거나 살해당한 귀신이다. 아들이 자식을 낳지 못하자, 시어머니는 며느리들에게 자살을 강요하거나 자살로 위장해 살해한다. 바리는 숨겨진 가정사를 알게 되어, 며느리의 해원을 돕는다. 둘째는 겁탈을 피해 도망치다 사망한 처녀귀신 손말명이다(9~11화). 셋째는 남장을 하고 남사당패에 있다가 병에 걸린 광대인 청계 귀신이다(16~19화). 빈사 상태의 영혼이기에 엄밀히 말하면 유체 이탈한 생령이다.

웹툰 〈바리공주〉의 몽달귀신(12화). 혼인하지
못하고 죽은 총각 귀신이다.

웹툰 〈바리공주〉의 상사귀(61화). 상사병으로
죽은 귀신이다.

웹툰 〈바리공주〉의 미명귀(2화). 결혼한 젊은
여자 귀신이다.

다섯째는 새타니(30~34화), 즉 아이 귀신인데, 부모에게 버림받아 죽었다. 여섯째는 상사귀(61~62화)로, 이혼하고 요절한 귀신이다. 그 밖에 사연 많은 여러 귀신이 나온다.

그렇다면, 웹툰의 바리는 어떤 능력을 어떻게 길러서 큰무당이 되었을까? 가장 기본적인 자질은 원귀의 한을 이해하는 공감 능력이다. 바리의 문제 해결력은 타고난 '신발[신빨]'이 아니라 타인에 대한 관심과 공감, 인내와 노력으로 길러졌다. 다음은 억울함을 해결하는 정의적 능력이다. 바리는 귀신에게 빙의해 진실에 접근한다. 에피소드의 결말에 포졸이나 판관이 등장하는 것은 바리와 법의 공조 협력을 뜻한다. 그다음은 직관과 통찰력이다. 바리는 겉으로 보이는 것 이면의 정보를 예민하게 감지해 진실에 접근한다. 통찰력은 현실을 성찰할 때 강화된다. 다음은 문제를 해결하는 실무 능력이다. 바리는 실패를 통해 한계를 깨달으며 성장한다. 마지막으로, 팀플레이다. 무장승, 도깨비 김선비, 구미호 대방마님, 삼신할머니, 저승사자는 바리와 협력하고 공조하는 해원 프로젝트 팀이다. 현대의 무당은 신기[신끼]에만 의지하지 않고 집단지성으로 협력해 정의를 구현한다.

웹툰이 고전 원작을 택하면서 장벽에 부딪힌 것은 전통과 현대의 젠더 감수성 차이다. 원작의 바리는 부모를 위해 약수를 구하러 저승길로 떠났다. 그 삶이 평탄치 않았다. 남편이 된 무장승은 생명수를 주는 조건으로 나무하기, 불 때기, 물 긷기 등 9년의 노동을 요구했다. 이를 완수하자, 아들을 일곱 명 낳아

달라고 조건을 수정했다. 바리는 묵묵히 응했다. 이는 원작 서사무가의 설정이다. 웹툰에서도 기본 서사를 바꿀 수는 없었다. 그런데 네티즌의 반발이 상당했다. 예고편에서 원작 스토리가 소개되자 네티즌은 "바리공주 셔틀", "조선판 호구자녀", "착한 아이 콤플렉스", "그 시대 체계의 희생자", "무장승 양아치", "조선시대 극혐" 등[5] 극도의 부정적 반응을 보였다. 이는 바리공주 무가를 효의 차원에서 독해하는 일련의 연구 관점과 충돌했다.

저항감을 보인 수용층의 공감을 얻으려면 정교한 개작이 필요했다. 무장승과 바리의 로맨스는 이에 대한 웹툰적 장치로 보인다. 무장승이 일방적으로 노동을 요구한 게 아니라 사실은 도와주었다는 '츤데레'(쌀쌀맞고 인정이 없어 보이나, 실제로는 따뜻하고 다정한 사람을 일컫는 신조어) 성격도 부여했다.[6] 이승과 저승의 시차를 언급해(13화) 바리에 대한 강압성과 폭력 요소를 완화시켰다. 무장승이 9년의 노동을 요청한 이유에도 효의 의미를 강조했다. 그럼에도 불구하고 무장승이 바리의 의견을 묻지 않고 직접 오구대왕과 담판했다는 설정(약을 구하는 일정의 조정)은 문제적이다. 당사자 바리의 의견이 누락되었기 때문이다. 향후 이에 대한 작가적 선택이 주목되는 부분이다.

이 웹툰에서 귀신과 신이 단독으로 만나는 경우는 없다. 귀신 전담팀은 귀신-인간-신의 협력으로 업무를 수행한다. 이들은 인간 가해자가 피해자 인간을 귀신으로 만드는 한의 내역에 접속한다. 귀신은 퇴치가 아니라 공감 대상이며, 신의 성장을

웹툰 〈바리공주〉에서 무장승이 바리에게 나무하라고 시킨 뒤, 자신이 지게에 실어 대신 운반하고 있다. 웹툰의 무장승에게는 이른바 '츤데레' 성격이 부여된다.

돕는 매개다. 귀신을 위해 귀신(증언자/피해자), 인간(목격자/가해자), 신(탐색자/해결자), 법(심판자/처벌자)이 협력하는 과정은 상징적이다. 삶의 문제에는 죽음이 관여된다. 누군가 당면한 문제는 타인의 공감과 이해, 법적 정의가 공조할 때만 해결할 수 있다는 메시지를 담았다.

신출귀몰 천문의 해석가
: 『음양사』

유메마쿠라 바쿠의 글에 오카노 레이코의 그림으로 제작된 만화 『음양사』는 1997년에 한국에 처음 번역되어 전 13권으로 완간된다.[7] 소설과 영화가 모두 소개되지만, 한국에서 인기를 얻은 것은 만화다. '음양사'란 음양오행 사상에 근거해서 점이나 제례를 집행하는 종교인으로, 음양료라는 관청을 중심으로 다양한 제례의 교육과 연구를 담당한다. 중국에서 음양 사상이 수입된 초기에는 과학적·기술적 측면이 강했지만, 점차 주술적 색채가 강화된다.[8] 주요 관장 분야는 점술, 달력, 천문학, 기상학, 시간 측정, 업무 관리 등이다.[9] 만화 속의 음양사는 귀신을 부린다. 작중 배경은 일본의 헤이안 시대(794~1182). 주인공 아베노 세이메이는 여우의 자식이라는 소문이 있는 신비한 음양사로, 역사적 실존 인물이다.[10] 역법과 점법에 탁월한 스승 타다유키에게 사사했다. 세이메이는 숫자와 도형을 언어로 삼고,[11] 영적 힘(쿤달리니)을 지녔다. 메이지 시대의 귀신담인 이시카와 고사이石川鴻齋의 『야창귀담夜窓鬼談』에 「아베노 세이메이」 일화가 실려 있다. 여기에 나오는 미치자네의 수레 이야기, 도만법사와의 일화가 『음양사』에도 있다. 만화에서 세이메이는 여우를 닮은 여우의 아들이라는 소문이 있다. 『야창귀담』의 「구즈노하葛葉」가 그 출생담이다. 어머니는 흰여우로, 자신을 구해준 남자를 위해 그가 사랑하던 아내의 형상을 하고 살았다. 어느 날 정체를 들키자 아들에게 진실을 알려주고 사라진다.

음양사가 하는 일은 하늘의 뜻을 받드는 왕을 돕기 위해 하늘의 징조를 번역하는 것이다.[12] 세상 모든 현상은 유기적으로 연결되어 있고, 자연계에서 일어나는 사건은 하늘의 언어이므로, 음양사는 그 징조를 번역한다.[13] 주인공 세이메이가 직임에 부여하는 의미에는 정치, 사상, 과학, 신앙이 결부된다. 음양사란 세계의 조력자이자 치세의 설계자, 천문의 해석가, 정치적 조정자다. 일반적으로 알려진 퇴마사나 주술사의 역할을 넘어선다. 스스로를 진리 탐구자, 미지의 모험가, 신에 도전하는 마술사, 천지와 자신을 일치시키는 수행자로 정의한다.[14] 음양사의 철칙은 귀신을 사역하고 어둠을 장악하는 것이기에, 침착함을 유지하고 중립을 지킨다. 세이메이가 냉정해 보이고 감정에 초연한 것은 음양사로서의 직업윤리에 철저해서다.

『음양사』는 귀신, 요괴와 관련된 에피소드가 옴니버스식으로

岡野玲子

原作：夢枕獏

陰陽師

2 朱雀

JETS COMICS

만화 『음양사』 표지에 그려진 아베노 세이메이는 일본 헤이안 시대의 실존 인물이다. 여우의 자식이라는 소문이 있다. 영적 능력을 활용해 귀신, 혼령, 요괴에 얽힌 문제를 해결한다. 음양사란 단순한 주술사가 아니라, 세계의 조력자, 치세의 설계자, 천문의 해석가, 정치적 조정자라는 소신이 있다.

기쿠치 요사이가 그린 아베노 세이메이의 초상. 옆에 횃불을 들고 있는 이가 시키가미다.

구성된다. 이야기는 천황의 조카 미나모토노 히로마사가 친구 세이메이에게 귀신과 요괴 문제를 의뢰하면서 시작된다. 히로마사는 아베노 세이메이처럼 역사적 실존 인물로,[15] 음악 천재이고 술을 좋아하며 섬세하다. 감정이 풍부해 눈물을 자주 흘리며, 세이메이와 브로맨스를 보이는 꽃미남 캐릭터다(그의 고백은 11권을 참조). 에피소드마다 등장하는 귀신이나 원령에는 일본의 역사적 인물이나 사건, 배경, 풍속이 접속된다. 음양도와 오행 사상, 음양사의 주술에 불교와 밀교, 문학적 정보가 혼재되기에, 독자는 판타지를 즐기며 지적 정보도 얻을 수 있다.

『음양사』에는 오행과 성수星宿, 복희의 팔괘, 역법, 구고법勾股法(삼각법), 율법, 등에 대한 정보가 소개된다. 세이메이는 음양도의 원리뿐만 아니라, 수학, 율법, 천문의 이치에도 해박하다. 그의 대사는 종종 문학적이고 철학적이며 현학적이다.[16] 『음양사』에서 귀신, 요괴, 정령이 등장하는 맥락은 음양도에 바탕을 둔다. 주인공 세이메이는 식신式神을 부린다. 이는 일본의 구비전승에 전거가 있다. 식신이란 일본어로 '시키가미しきがみ'라고 하고 한자로는 직신職神, 식신識神으로도 표기한다. 음양사의 명령에 따라 자유자재로 변신해 불가사의한 일을 벌이는 귀신이다. 세이메이는 종종 히로마사에게 식신을 보내 장난스러운 장면을 연출한다. 또한 세이메이는 원령(모노노케)의 정체를 간파하고 12신장이나 36금禽을 움직인다. 부적으로 귀신을 조정하고,[17] 인간의 혼백을 출입시키는 신출귀몰한 능력의 소유자다.

『음양사』에는 벚꽃과 모기의 정령이 등상하고(1권), 사귀邪鬼
가 요괴로 변해 사람을 해치며(2권), 그림에서 나온 여인이 이승
을 통과하기도 한다(4권). 1권의 「입 없는 여자」에는 글자의 정
령이 나온다. 승려가 사경寫經할 때, '여如'자에 먹물을 흘려 '입
口'이 사라지고 '여자女'만 남았다. 이것이 '입 없는 귀신'이다. 세
이메이가 '여如' 자를 써주자, 여자는 입을 되찾고 사례한다. 이
는 『음양사』의 상상력이 갖는 지적 유희. 바둑을 둘 때 주술
적 수로 번개신을 막는 장면에는 바둑, 음양, 천문, 음악에 대한
정보가 동원된다(7권). 가뭄을 해소하기 위한 세이메이의 여정
에서는 일본 전통의 기우제에 관한 풍속이 소개된다(8권). 장신
제障神祭(도로의 행인을 지키는 신계 올리는 제사), 도향제道饗祭(천황
이 사는 도성으로 사악한 귀신이나 기운이 들어오지 못하게 하는 제
사) 등, 신에게 올리는 다양한 제사도 인용된다(13권). 그림과 스
토리에 지식과 정보, 교양과 문화를 집약하는 방식은 일본 만
화의 전통이다. 배경은 헤이안 시대지만, 중국의 『산해경』, 당대
唐代의 음악과 인물 정보, 고려 음악과 백제 영검[18] 등 아시아의
문화사 정보를 폭넓게 활용한다.

　『음양사』의 귀신과 요괴는 인연법을 따른다. 수달 모자가 사
람에게 살해되자, 다른 수달이 살해자의 손녀를 임신시켜 복수
한다. 이는 인과응보의 관념을 인간과 동물의 관계로 확장시킨
경우다(3권). 세이메이는 귀신, 요괴, 악령을 다스릴 때 공포, 복
종, 제물보다 공감과 이해를 중시했다. 싸움은 근본 대책이 아니

입 없는 여자 귀신(『陰陽師』 1권 180면). 승려가 사경할 때, '여(如)'자에 먹물을 흘려 '입(口)'이 사라지고 '여자(女)'만 남았다. '입 없는 귀신'이다.

「陰陽師」 7권 「公 女房歌合わせを賭けて囲碁に敵らむ」 226면(한국어 번역본은 7권 「관공, 궁녀 시대회의 승패를 걸고 바둑내기를 하다」, 224쪽), 아베노 세이메이가 친구인 히로마사에게 원령은 힘으로 제압해서는 안 되며, 그 능력을 칭찬해서 달래야 한다고 설명하고 있다. "하지만, 히로마사, 악령을 대할 때 필요한 것은 두려움도 공경도 아니라 이해해주는 거야." "말로써 한을 풀어주는 건 최상의 술이지, 히로마사. 최상의 정화야. 보통 우리도 원령을 풀어줄 때는 온통 칭찬으로 축복해주는 게 으뜸이거든."

お待ち申し上げておりました

『陰陽師』2권 「鬼のみちゆき(귀신의 길)」 182면; 175면. 노루 사냥을 하던 주상이 용담과 하룻밤 인연을 맺은 뒤, 나중에 데리러 오겠다고 약속하고 떠났다. 용담이 15년을 기다렸지만 주상은 오지 않았다. 어머니가 돌아가시자 용담은 죽어서라도 만나겠다는 주술을 걸고 죽었다. 세이메이는 천황의 머리카락을 용담에게 주고 노래로 마음을 달래 천도해주었다. 위 그림은 용담이 한을 품고 죽어 형해가 된 모습이다. 아래 그림은 자신을 장례 지내러 찾아온 세이메이 앞에 모습을 드러낸 아름다운 모습이다.

다. 오히려 망자의 덕을 기리는 노래를 불러야 원한을 가라앉힐 수 있다. 귀신이 능력과 공덕을 인정받으면 분노와 원한을 풀고 저승에 간다. 귀신이 원하는 건 복수가 아니라 이해와 인정이다. 아름다웠던 사람이 원귀가 되었을 때의 표정은 슬프고 무섭다(75쪽의 위 그림). 반면 존재 가치를 인정받아 위로받은 모습은 평안하고 아름답다(75쪽의 아래 그림). 귀신은 전생이 사람이기에 인간의 법칙을 따른다. 사회에서는 법, 제도, 문화를 통해 인정 욕구를 현실화한다. 제사는 신을 인정하고 섬기는 상징 행위다. 신과 요괴를 구별짓는 것은 인정 구조다.

『음양사』의 귀신 생태계는 일본의 전통과 풍속에 영감을 얻어 구성된다. 「귀신 쫓기」(3권)에서 세이메이는 일본 전통의 귀신 쫓기 풍속인 쓰이나ついな 축제의 '요리節折' 풍습, '방상시方相氏' 등의 정보를 파악해 문제를 해결한다. 쓰이나 축제는 조정에서 그믐밤에 행하는 귀신 쫓기 행사다. 원래는 중국 풍습이었는데 몬무천황 때 일본에 전해졌다. '요리'란 매년 6월과 12월 그믐밤에 행하는 궁중 행사다. 이날 천황, 황후, 황태자의 키를 대나무로 재어 귀신을 쫓는다. '방상시'는 궁중에서 쓰이나 축제를 할 때 악귀를 쫓는 역할이다. 중국 주나라 관리의 이름에서 유래했다. 눈이 네 개 달린 황금 가면을 쓴다. 히로마사는 가면 쓴 방상시의 역할을 맡았다. 궁궐에 나타난 귀신(스케히메)은 가면 벗은 히로마사를 보고 도망쳤다. 세이메이는 귀신이 두려워하는 것은 부드러움, 소박함, 약속을 지키는 것, 친절 등의

『陰陽師』3권 「鬼やらい(귀신 쫓기)」175면.

『陰陽師』3권 「鬼やらい」186면. 히로마사가 귀신쫓기 행사에서 방상시의 역할을 맡아 눈이 네 개 달린 가면을 썼다. 세이메이가 이를 알아차리자, 히로마사는 놀라서 가면을 벗고 어떻게 알았는지 묻는다. 세이메이는 가면의 생김새가 히로마사와 닮았다고 농담한다.

인간적 미덕이라고 말한다. 은유적으로 보자면, 인간적 미덕을 상실한 자는 귀신에 가깝다. 귀신이란 정이 있는 사람에게 들러붙는 경향이 있다. 감정을 다스리면 귀신이 범접하지 못한다.

『음양사』에서 귀신이 되는 사연이나 그 생태는 다양하다. 사물에 붙은 귀신이라는 뜻의 쓰쿠모가미의 사례를 보자. 히로마사는 주작문朱雀紋에서 귀신과 신비한 퉁소를 교환한 적이 있다. 이 퉁소는 오직 히로마사만 연주할 수 있다. 그의 연주에는 치유력이 있어서, 백사의 정령은 히로마사의 연주를 듣고 고통 없이 출산한다. 사물에도 혼이 있어 인간과 감응한다. 첫 회에 등장했던 당나라 명기 겐조는 히로마사에게 버림받자 이를 질투해 그의 몸에 들러붙는다. 생명을 얻은 악기樂器는 스스로 생각하고 마음을 표현하며 행동한다. 일본의 고전 『쓰쿠모가미기付喪神記』의 서문에는 "음양잡기에 이르기를 100년의 세월이 흐르면 기물이 변하여 정령이 깃들게 되어 사람의 마음을 홀릴 수 있는데, 이것을 쓰쿠모가미라고 일컫는다"고 서술된다. 이 쓰쿠모가미는 『백귀야행 두루마리 그림』 등 중세의 두루마리 그림에도 자주 등장한다.[19] 기물이 요괴로 변해 인간에게 영향을 미친다는 발상은 현대의 콘텐츠에도 이어진다.

『음양사』에 등장하는 대표적인 원령은 역사적 실존 인물인 스가와라노 미치자네菅原道眞다. 그는 학문적으로 뛰어났으나 정치적으로 좌천되어 화병으로 사망한다. 죽어서 번개신이 되었기에 원령 관공으로 불린다. 궁궐에서 궁녀들의 시 대회가 열리

『陰陽師』 7권 「公 女房歌合わせを賭けて囲碁に敵らむ」 155면. 미치자네의 원령. 학자이자 관리인 스기와라노 미치자네는 천황을 폐위시키려 한다는 정적의 모함을 받고 좌천되어 사망한다. 그의 사후에 가뭄, 낙뢰, 천황의 병환 등 재앙이 계속되자, 미치자네 원령의 저주라는 소문이 퍼진다. 재앙을 막기 위해 그를 천신으로 모셨는데, 이것이 기타노 덴만구다. 학문의 신을 모셨다고 알려져 관광 명소가 되었다.

는 날, 미치자네는 번개를 쳐 원한을 표하려 했다. 그러나 세이메이가 결계[20]를 치는 바람에 수포로 돌아간다. 미치자네는 패배를 인정하고, 세이메이는 그를 축원해 본인의 신사로 돌아가게 한다." 『음양사』에서 귀신은 실재하는 현상이자 힘이다. 한을 품고 죽으면 원령이 되어 인간에게 해를 끼친다. 마음을 위로하고 가치를 인정해야 교란을 멈춘다. 귀신은 부정당한 인간 사회의 과보다.

『음양사』는 귀신과 원령에 대한 일본적 상상력에 바탕을 둔다. 그러나 국적이 공감의 필수 조건은 아니다. 역사적 실존 인물이 등장하지만, 일본사에 대한 정치적 관점보다 음양사 세이메이의 신출귀몰한 능력과 서사의 낭만성에 초점이 맞추어진다. 일본 문화사에서 죽은 사람이 신이 되는 경로는 두 가지, 즉 원령과 현창신顯彰神이다. 원령은 원한을 가지고 죽은 사람의 영혼이다. 제사를 지내 악한 힘이 미치지 않게 한다. 현창신이란 생전에 걸출한 업적을 남긴 사람이 사망했을 때, 그 업적을 칭송하기 위해 제사를 지내 신으로 모신 경우다.[21] 모두 신사가 있다. 세월이 흘러 원령이 현창신으로 변하기도 한다. 『음양사』에 등장하는 스기와라노 미치자네가 대표적이다. 정치적 원한으로 원령이 되었지만, 사람들이 제를 지내 공경하면서 10세기 후반부터 학문의 신으로 부활했다. 일본 교토시 북쪽 기타노北野에 있는 기타노 덴만구北野天滿宮가 스기와라노 미치자네를 학문의 신으로 모시는 궁이다. 그곳을 찾는 방문객들은 지금도

학업에 관한 소원을 빌곤 한다. 사람이 죽으면 귀신이 되어 현실에 영향을 미칠 수 있고, 사람이 귀신과 소통해 현실을 변화시킬 수 있다는 것이 아시아가 공유하는 관념이기에 『음양사』의 상상력 역시 아시아에서 공감대를 형성할 수 있었다.

인·귀·요괴의 공존과 경계 분리
: 『백귀야행』

이마 이치코今市子의 만화 『백귀야행百鬼夜行抄』[22]에서 '백귀야행'은 '심야에 다양한 요괴가 마을에 집단으로 나타나 배회하거나 행진하는 행위,'[23] 또는 '밤중에 거리를 행진하는 요괴의 무리'[24]를 뜻한다. 이는 일본인에게 익숙한 표현으로 아쿠가타와 류노스케芥川龍之介의 단편소설 「지옥변地獄変」(1918)에도 나온다.[25] 백귀야행을 만나면 죽는다는 속설이 있기에 백귀야행의 날에는 바깥출입을 삼간다. 만화 『백귀야행』에는 온갖 귀신과 요괴, 요마가 등장한다. 요괴와 관련해 일본의 전통과 민속이 차용되지만,[26] 이는 배경 지식으로 활용될 뿐, 신앙과는 무관하다.

주인공 리쓰는 영적 힘이 강한 대학생이다. 학부 전공은 사회학이고 대학원에 진학해 민속학을 연구한다(만화가 연재되는 20년간 리쓰는 만년 학생으로 외모 변화가 거의 없다). 리쓰의 조부 이이지마 가규는 요괴를 다루는 환상문학 작가다. 리쓰의 아버지 이이지마 다카히로는 가규의 데릴사위다. 어느 날 심근경색으로 사망했다가 회생했다. 실상은 가규가 요마인 아오아라시에게 다카히로의 몸을 빌려 살게 한 것이다. 계약 조건은 리쓰를 평생 지켜야 한다는 것. 다카히로는 모든 기억을 상실한 채 회생했고, 언제나 집 안에서 지낸다(인간 몸으로 요괴 정신을 유지하기 위해 인간의 세 배를 먹는다). 그로부터 1년 뒤, 가규는 다카히로의 명을 대신하듯 사망한다. 조부를 닮아 영력이 있는 리쓰가 이 사실을 알아차린다.

이 집안의 많은 인물이 영적 힘을 지녔다. 조부 가규와 그의 딸 기누, 다카히로, 리쓰, 사촌 즈카사, 즈카사의 아버지 사토루, 나중에 나타난 삼촌 가누 등. 만화에서 영력이 있다는 것은 요괴나 요귀를 본다는 뜻이다. 리쓰 곁에는 수호신 아오아라시와 까마귀 덴구天狗[27] 오지로, 오구로가 있다. 까마귀 덴구는 원래 오래된 삼나무에 살았는데, 위기에 처했을 때 리쓰에게 구해져 수호신이 된다(요괴는 자신을 구해준 이를 주인으로 섬긴다는 설정이다). 이들은 리쓰 일행이 되어, 의도치 않게 종종 그를 위험에 빠뜨린다.

『백귀야행』의 매 회차는 리쓰 일행이 요괴에 얽힌 문제를 해결하는 것이다. 에피소드마다 요괴, 요귀, 도깨비, 귀신, 요마, 신이 등장한다. 오래된 삼나무에 깃든 수호신(1권 3화), 기우제(1권 2화), 목주제(2권 5화), 신빌림(3권 10화),[28] 연못에 빠진 시신의 뼈에 깃든 영혼(3권 8화), 여우 결혼식(8권 31화), 설녀(12권 46화),[29]

풍작신(12권 48화), 마루 밑 요괴(14권 57화), 오봉(16권 65화」),[30] 오쿠리비[31](17권 20화) 등 일본 전통 신앙 및 의례와 관련된 사건이 발생한다. 인형에 아픈 사람 이름을 적어 지장보살상 아래 묻으면 병이 낫는다든가(11권 42화), 나무가 역신 때문에 병이 들고(16권 67화), 쌍둥이는 전생에 동반 자살한 연인의 환생(14권 56화)이라는 등의 속설이 활용된다.

『백귀야행』에는 요괴, 요마, 요귀, 귀신, 영, 덴구 등의 용어가 혼재된다. 번역상의 문제일 수 있기에 일본어 원전과 비교해보았다. 번역어 '귀신'에 해당하는 원전의 일본어는 '化生の身', '化け物', '神隠し', '鬼' 등이다. 이 중에서 '化生の身(けしょうのみ; 게쇼노미),[32] '化け物(ばけもの; 바케모노)'[33]는 도깨비, 또는 요괴라는 뜻이다. 맥락상 한국적 의미에서의 '귀신'에 흡사하기 때문에 귀신으로 번역되었다. '무언가에 홀린 듯하다'는 뜻의 '憑かれたような(쓰카레타요우나)'는 '귀신이라도 들린 듯한'[34]으로 번역되었다. 귀신 빙의 개념에 대한 한국적 감수성을 반영했다. '神隠し(かみがくし; 가미가쿠시)'는 '신이 잠시 데려가다'는 의미로, 자신을 숨김으로써 인간을 드러내고, 인간을 숨김으로써 자신을 드러낸다는 뜻이다.[35] 번역자는 이를 귀신,[36] 또는 신[37]으로 번역해서, 불가사의한 힘이나 그 존재를 상징하는 의미로 사용했다. 1장에서 서술한 바와 같이 일본에서는 '귀신'이라는 단어를 사용하지 않으며, 이에 상응하는 단어는 '오니鬼'다. 번역자는 요괴, 도깨비, 사람을 홀리는 존재, 귀신이 모두 한국어 '귀신'에 해당한다고 보

「百鬼夜行抄」 2권 「雪路(눈길)」 256면. 어린 시절부터 리쓰는 귀신과 요괴를 보았기에 친구가 없었다. 어느 날 히로시의 초대로 그의 집을 방문하자, 요괴가 달라붙었다. 히로시는 자신을 구하려다 죽은 아버지에 대한 죄책감으로 죽음을 받아들이지 못했다. 그림 속의 요괴는 어두운 마음이 불러온 망령을 상징한다.

았기에, 모두 '귀신'으로 번역했다. 배타적 구분을 하기보다, 한국인에게 친숙한 단어를 택하는 문화 번역을 했다.

그렇다면 괴물, 요마, 요귀, 요괴 등으로 번역된 경우, 일본어 원전의 표기는 무엇일까? 번역어 요괴,[38] 요귀,[39] 요마[40]의 일본 원작에서의 표기는 모두 '요카이妖怪' 즉 요괴다. 번역어 '괴물'의 일본 원작 표기는 '変な物(へんなもの; 헨나모노)', 즉 '이상한 물체'라는 뜻이며, 번역어 '유령'은 'バケモノ(바케모노)' 즉 도깨비나 요괴에 해당한다. '좀비'는 원작에서도 영어의 음차인 'ゾンビ'[41]로 적혔다.

이상을 정리해보면, 번역어 요괴, 괴물, 요마, 귀신 사이의 배타적 차별성을 찾기는 어렵고, 서로 유사한 의미로 쓰였음을 알 수 있다. 일본 원작에서는 사람이 죽어서 현실에 형상으로 나타났을 경우, 동식물이나 사물의 영혼, 인간 형체로 보기 어렵고 정체성이 모호한 사령이나 귀신을 요마 또는 요괴로 통칭했다. 한국어로 번역하는 과정에서 이에 대해 축어적으로 번역하기보다 유연성 있게 번역한 것이다. 이 글에서는 요괴, 요마, 요귀, 귀신을 통칭하는 용어로 '요괴'를 택한다. 리쓰가 조부에게 물려받은 학문도 '요괴학'이다.[42]

『백귀야행』은 애초에 정밀한 요괴 설계도가 있었다기보다는 연재에 따라 요괴의 형상과 성격을 정하고 자유롭게 연결시키는 식이다.[43] 이를 정리하면 다음과 같다. 요괴는 자신을 알아보는 상대를 알아본다. 아무도 눈치채지 못한다면 존재하지 않는 것과 같다. 다만, 요괴를 알아차리는 사람은 그 영향에서 자유로울 수 없어 해를 입을 수 있다. 하등한 요괴와 눈이 마주치면 따라붙으므로, 모르는 척하는 게 낫다. 요마는 자기를 보고 동요하는 이의 공포심을 파고든다. 따라서 요마가 말을 걸더라도 대답하면 안 된다. 죽은 사람의 머리를 들고 달아나는 요괴도 있다. 요괴는 종종 인간 형상으로 나타나는데, 주된 목적은 인간의 정기를 빨아먹는 것이다. 요괴에게는 마도魔道라는 전용 도로가 있는데, 군데군데 인간의 길과 이어져 있으니 주의해야 한다.

에피소드에 따라 요괴와 신들의 종류와 사는 법도 다양하다. 요괴는 동식물이나 사물에 깃들며, 인간과 동물의 합성으로 태어나기도 한다. 사람의 피를 먹고 자라는 지옥 벚나무에게는 이런 사연이 있다. 어떤 사람이 보물을 감추려고 땅을 파다가 하인에게 들킨다. 그는 하인을 같이 묻고 벚나무를 심어 은폐했다. 그러자 원한을 품은 하인이 나무에 저주를 걸었다. 이때부터 벚나무는 사람의 피를 먹고 자랐다. 이런 에피소드도 있다. 인간이 오랫동안 쥐를 죽이자, 원한을 품은 쥐가 아기를 잡아먹었다. 이 쥐가 괴물을 낳았는데, 인간도 쥐도 아닌 몸으로 수백 년을 살면서 문제를 일으켰다. 오래된 물건에 영혼이 깃들어 일상을 교란시키는 이야기도 있다. 사람 형상의 인형에 영혼이 깃든 경우가 많다.

요괴는 여름을 싫어한다. 더위로 만물이 제정신을 잃고 형태가 허물어지기 때문이다. 귀신, 유령, 요괴는 어둠 속에 존재하기에, 전기가 없던 시절에 더 많이 살았다. 사실은 인간이 자신의 공포를 투영해 만든 심리적 현상이다. 인간은 귀신, 유령, 요괴를 싫어하면서도 제물이나 제사 등의 격식을 통해 이들을 친근하게 만드는 모순된 존재다. 신과 인간은 공조하기도 하고, 대립하기도 한다. 인간에게 융숭한 대접을 받은 신이 그 대가로 풍요를 베풀기도 하고, 잡아먹기도 한다. 산신은 여자라서 자기보다 예쁜 여자를 보면 기분 나빠진다. 조상신은 인간이 수호신으로 공양해주면 인간을 보호한다. 그러나 후손이 공양하지 않거나 도에 넘게 행동하면 재앙을 내린다. 수호신은 시력이 좋지 않아 주로 냄새와 기색으로 세상을 파악한다.

인간의 해골을 머리에 얹고 주술을 외쳐 인간으로 변신하는 요괴도 있다. 망자의 영혼은 기억이 가장 뚜렷할 때의 형상으로 나타난다. 대개 망자의 영은 조령組靈이 되어 산에 가기 때문에, 산에서 가져온 물건에는 종종 망자의 혼이 깃들어 있다. 혼이 깃든 돌을 한곳에 모으면 강한 힘이 생긴다. 이에 반해, 이승에 오래 머문 영혼은 그림자가 옅거나 아예 없다. 인간은 혼령과 사랑해서 혼인할 수도 있고 자식을 낳기도 한다. 단, 영적능력이 미숙한 사람이 요마를 보면 불안과 공포에 빠지고 혼령에 휘둘린다.

『백귀야행』의 요괴 생태계는 인간과 상호작용하는 것으로 설계된다. 사람이 죽으면 의지, 마음, 감정, 업에 따라 신이나 요괴로 다시 태어난다. 억눌린 감정을 해소하지 못하는 것은 마음에 요마를 쌓는 것과 같다. 인간의 행위는 반드시 응보를 받으며, 업보는 후손에게까지 이어진다. 인간과 인간, 자연(동물, 식물, 땅, 물, 불, 바람), 물건은 서로 연결된다. 이 세계의 주인은 인간만이 아니다. 사물도 마음을 얻으면 생명체처럼 움직인다. 요괴는 인간의 집착과 망상이 만든 심리적 허상이다. 집착은 태어나지 않은 아이도 자라게 하고(8권 30화), 집안을 귀신 소굴로 만든다(9권 33화). 주술로 문제를 해결하면 주술에 희생된다(11권 45화). 망상과 집착이 요마다. 요괴는 또한 한의 심리적 투사물이다. 인간에게 해를 끼치며 복수도 한다. 그러나 요괴도 공양을 받으면 환골탈태하여 성불할 수 있다.

그렇다면 인간은 어떻게 요괴에 대응하였나?

첫째, 요괴를 조정하고 제압한다. 이는 전문가인 가규만 할 수 있다. 가규는 리쓰의 꿈에 종종 나타나 문제 해결에 대한 힌트를 준다. 둘째, 요괴를 퇴치한다. 대개의 에피소드가 이를 따른다. 요괴 퇴치를 통해 일상의 평화와 아름다움을 되찾는다.[44] 셋째, 요괴를 모르는 척하거나 거리를 둔다. 본다는 것은 영향을 받는다는 뜻이기에, 보고도 못 본 척하는 것이 지혜다.[45] 넷째, 요괴와 인간이 경계를 설정해 평화를 유지한다. 인간인데 요괴 영역에서 오래 살았다면, 계속 어둠 속에 사는 게 순리다. 다섯째, 인간이 악심을 품고 요마처럼 처신하면 진짜 요마가 된다. 여섯째, 요괴와 공생·공조한다. 리쓰를 돕는 아오아라시, 오지로와 오구로의 관계처럼 말이다. 일곱째, 요마와 화합한다. 인간과 요괴는 서로 사랑할 수도 혼인할 수도 있다.

인간이 요괴와 맺는 관계는 복합적이다. 결정론적이지도 폐쇄적이지도 않다. 개인의 의지가 중요하다. 요마들은 영력이 강한 인간을 좋아해 그 곁에 나타난다. 인간의 적은 요마가 아니라 인간이다. 그럼에도 요괴를 퇴치해야 하는 이유는 사람의 생기와 영을 빼앗기 때문이다. 이때 요괴는 실체라기보다는 인간 세상의 윤리, 도덕관념, 예절, 관계 정서의 일면을 은유한다. 타인의 생기를 빼앗는 사람이 요괴다. 타인의 불행을 즐기면 요괴의 희생자가 된다. 요괴는 인간의 탐욕을 자극해 생기를 빨아들인다. 요괴는 타인의 정체성, 자격, 조건을 허락 없이 사용한다. 위선, 모함, 음모, 왜곡, 가장假裝에 요마가 낀다. 나쁜 소문은 일종의 저주다. 출처를 찾아 응징해야 한다. 요괴와 요마는 인간의 심리 상태나 감정을 은유한다. 스스로 '영력 제로'임을 자처한[46] 작가 이마 이치코는 이름도 형체도 알 수 없는 정체불명의 괴물이 가장 두렵다고 했다. 마녀, 늑대인간, 흡혈귀 같은 이름이 붙는 순간, 공포심이 옅어진다.

『백귀야행』은 21세기 현실에도 여전히 귀신이나 요괴 같은 불가사의한 힘이 작동한다는 감성적 차원에 호소한다. 과학과 이성으로 설명할 수 없는 현실 세계의 풍부함을 판타지로 표현해 독자와 소통한다. 이러한 서사를 설득하는 동력은 주인공 리쓰의 매력이다. 리쓰는 남이 보지 못하는 것을 감지하고, 그 세계에 직접 뛰어든다. 영적 힘을 사사로이 쓴 적이 없으며, 언제나 고통받는 자의 곁에 있다. 리쓰는 어려움에 빠진 이웃을 생색내지 않고 돕는다. 원귀를 퇴치하는 데 그치지 않고, 그에 얽힌 진실을 밝힌다. 사람들은 경찰, 탐정, 법조인 등 공권력에 의지하지 않고 리쓰의 도움을 받는다. 정의로운 이웃에 대한 기대를 반영하는 리쓰는 진실에 다가가는 안내자다. 『백귀야행』이 아직 연재 중인 이유는 석연치 않은 현실 문제가 잇달아 발생하고 독자에게는 여전히 리쓰처럼 대가 없이 현실의 안녕을 지켜주는 친구가 필요하기 때문이다(전형적인 꽃미남인데 결코 연애하지 않고 정의를 위해 일하는 것도 매력 포인트다). 『백귀야행』은 일본 요괴문화사의 전통을 현대적으로 재해석한 상상력을 매개로, 새로운 캐릭터와 행동 문법을 창조했다. 요괴를 둘러싼 문화와 전통을 인용하고 참조하지만, 21세기의 시대적 요건에 맞게 새로운 갈등과 역할을 창조해 시대정신에 응답했고, 번역을 매개로 문화 교섭을 해서 아시아적 공감을 이끌었다.

글로벌 악령
: 〈검은 사제들〉

"신부님, 세상에 그들이 정말 존재한단 말입니까?"
"그들이라면 누구를 말하는 것이냐?"

"12악령들… 그 형상들 말입니다."

"모르겠느냐. 그들은 세상 곳곳에 숨어 있지."

"그럼, 그들은 무엇을 하는 겁니까?"

"묵시록에 있듯이, 그들은 전쟁과 재난, 모든 참사 가운데 있다."

〈검은 사제들〉(2015)은 영화의 초입에 라틴어로 대화하는 두 명의 신부를 통해 스토리의 방향을 암시한다. 이어서 구마, 장 엄구마 예식, 부마자, 12형상[47] 등 낯선 단어에 대한 설명을 자막으로 넣어 가이드라인을 제시한다. 관객은 기꺼이 감정이입을 할 준비를 마친다. 〈검은 사제들〉은 귀신이 아니라 악령 스토리다. 악령은 한국적 정서에 낯설지만, 영화는 초입에 '교회법 1172조'를 거론하며, 이에 대한 관객의 거부감과 의문을 방어한다. 영화는 주교의 묵시적 승인과 학장 신부, 수도원장의 암묵적 동의하에 사제 김 신부(김윤석 연기)와 부사제(강동원 연기)가 여고생 영신(박소담 연기)에게 빙의된 악령을 퇴치하는 과정을 재현한다. 악령에는 일련번호가 붙어 있다. 장미십자회에서 관리한다. 영화에서는 빙의라는 표현 대신 "악령이 숙주의 몸에 숨는다"고 했다.

한국 여고생에게 붙은 악령 스토리에는 기시감이 있다. 한국 귀신담과 정서적으로 연결되는 것이다. 피해자는 여학생이고, 구원자는 청년 사제다. 5000살이 넘은 악령은 벌레와 쥐떼를 자석처럼 이끈다. 대한민국의 귀신 영화는 악령이라는 서양 캐릭터를 등장시켜 '귀신'을 세계화하는 방식으로 진화했다. 미성년 여성의 자살에 정의로운 청년 사제가 개입하는 스토리는 처녀귀신의 문제를 청년 관리가 해결하는 한국 귀신 서사의 전통과 접속된다. 가톨릭과 사제, 그리고 악령이라는 서구적 코드가 무리 없이 수용되는 맥락이다. 단, 악령과 귀신에는 근본적 차이가 있다. 첫째, 귀신에게는 영육 차원의 개인성이 있다. 〈검은 사제들〉의 악령에는 개인성이 없다. 숙주를 선택해 5000살이 넘는 생명 경영을 한 악령에게는 숙주를 바꿔가며 연명하는 '영'이 있을 뿐이다. 둘째, 귀신에게는 사연이 있지만, 악령에게는 사연이 없다. 다만 증오라는 감정에 지배될 뿐이다. 셋째, 귀신은 인간과 협상한다. 사연을 들어주면 한을 푼다. 악령은 인간과 시종일관 대결한다.

악령에게는 생존 법칙이 있다. 항상 숨어 있지만, 스스로 이름을 말할 때 정체가 폭로된다. 영화에서 사제가 끝도 없이 "너의 이름을 말하라", "어디서 온 것이냐", "언제까지 있을 것이냐"고 묻는 이유다. 악령과의 대결은 결국 사제를 매개로 한 신과의 대결이다(결말에 물에서 걸어 나온 부사제의 미소를 두고 관객 사이에서 논쟁이 있었다. 악령의 완전 퇴치에 대한 회심의 미소인가, 부사제를 숙주로 삼은 악령의 득의한 표정인가로 양분된다). 부사제는 악령의 언어를 라틴어/중국어에서 한국어로 통번역하는 전달자이자 기록자다. 이는 신의 대리자라는 위치성에 상응한다. 영화는 악령의 생애사 구술을 채록한다. 사제는 영리한 인터뷰어가 되고, 악령은 사악하지만 솔직한 인터뷰이가 되어 그가 사람을 해치는 이유를 진술한다(악령은 지구에 머문 5000여 년간 숙주가 2130명이었다고 구체적으로 진술할 만큼 인터뷰에 충실하다).

〈검은 사제들〉은 악령 퇴치의 과정을 한국적인 정서와 연결시키기 위해 일년 중 음기가 가장 강하다는 중양절, 그리고 우란분절, 아귀, 무당, 굿, 까마귀, 촛불, 소금 뿌리기 등 한국의 민속 문화를 활용한다. 악령 퇴치를 목표로 가톨릭 사제와 무당이 협력한다. 영이 예민한 호랑이띠 사제를 찾는 가톨릭학교 학장은 지극히 한국적이다. 소머리를 짊어지고 굿하는 무당의 모습은 악령 퇴치를 위해 최선을 다하는 신성성을 구현한다(가톨릭 음악이 성스럽게 표현된다면, 무당 굿판의 장단은 '신기[신끼]스럽게' 표현된다). 실제로 악령이 깃든 스승 정 신부(이호재 연기)와 대화하는 김 신부의 모습은 귀신에 빙의된 무당의 공수 장면처럼 재현된다. 영화는 한국 무당굿과 가톨릭 의례를 오버랩시킨다. 〈검은 사제들〉이 무속과 접속하는 상한선은 거기까지다. 선을 넘지 않아야 종교적 심성을 거스르지 않고 공감대를 확보할 수 있다. 〈검은 사제들〉은 종교 영화가 아니라 스릴러다.

영화는 '악령 퇴치'에 참여하는 부사제의 시선을 관객과 일치시킨다. 부사제에게는 어린 시절의 트라우마가 있었고, 김 신부가 그것을 알아차린다. 영화는 부사제가 트라우마와 정면으로 맞서는 힘으로 악령을 퇴치하도록 설계된다. 악령이 그 마음을 꿰뚫어 보고 자극한다. 악령은 시공을 초월해 정보를 수집하는 빅데이터다. 동시에 상처를 자극하는 정보 바이러스다. 영화는 트라우마를 자극하는 처신을 악으로 규정한다. 타인의 상처, 죄책감, 고통과 슬픔, 괴로움을 환기하고 조롱한다면 그것이 악령이다. ("놈들은 범죄자랑 비슷해. 자기 존재가 알려지면 깊숙이 숨어버려. 들키는 순간, 반은 진 거나 다름없거든", "구마는 기 싸움이야. 지금부터 우리는 용역 깡패들이다. 집주인이 알 박기 하고 안 나가니까, 졸라 괴롭혀서 쫓아버리는 거지.")

〈검은 사제들〉의 악령은 형상이 없다. 그래서 인간에게 빙의해 정체성을 수행한다. 악령이 여고생에게 빙의하자 소리, 표정, 체취가 바뀐다. 인간의 신체에 '자기 없는 자기'가 수행된다. 덮어씌워진 페르소나로서의 악령은 메타포다. 악령이 조종하는 인간 숙주는 인간인가 악령인가. 영육의 분리 불가능성은 생사의 분리 불가능성을 환기하는 귀신의 딜레마와 정확히 오버랩된다. 한때 사람이었던 귀신이 지금 사람인가 아닌가를 물을 수 있다면, 인간의 몸에 들어간 악령은 인간인가 아닌가도 되물을 수 있다. 이는 다시 속과 겉, 말과 생각, 감정과 표현, 내면과 이름이라는 이항 대립의 분리 (불)가능성에 대한 질문으로 연동된다.

영화의 결말은 묵시론적이다. 궁극적으로 '검은 사제들'이 본 것은 악령인가 신인가, 절망인가 구원인가. 종교 판타지이자 악령 서사인 〈검은 사제들〉은 귀신 들린 여고생의 신체성을 빼앗아 추상적이고 몰지각한, 오천 살을 허투루 먹은 사이코패스 악령의 근거 없는 증오를 실체화한다(악령이 나이 든다고 해서 성장하는 건 아니다. 그저 "너희들이 미웠다"고 반복해 말하는 악령은, 떼쓰며 우기는 다섯 살 아이 같다). 물리적으로 어두운 공간이 아니라 은유적 차원에서 본 어둠의 현장에는 악령이 넘실거린다. 묻지마 살인, 무차별 테러리즘, 혐오 범죄는 현대사회의 어둠의 실체가 파괴적으로 수행된 결과다. 세계화된 귀신 형태로서의 악령은 현대인이 빼앗긴 개인의 정체성과 신체성, 삶의 내역 자체를 은유한다.

3장
귀신과 교섭하기,
로맨스와 공생

죽으면 모든 게 끝장이라지만 그건 절대로 거짓말입니다.
─미야모토 테루[1]

오천 번 정도가 아니야. 오만 번, 오십만 번, 아니 더, 헤아릴 수 없을 만큼
나는 죽어왔어. 맹렬하게 살고 싶어진 순간 그걸 확실히 알 수 있지.
─미야모토 테루[2]

귀신을 물리쳐야 할 악이 아니라 교섭하고 대화할 동반자, 해원
과 천도의 대상으로 여길 때, 인간은 귀신과 공조·협력할 수 있
다. 인간과 귀신의 교섭을 대표하는 서사적 전통의 관계는 로
맨스다. 낭만적 로맨스도 있지만, 정체 모를 여자 귀신에게 끌
린 남자가 패가망신하거나, 절제와 금욕으로 물리치는 내용도
있다. 그 이면에는 생사를 넘나드는 에로티시즘이 매개된다. 여
자 귀신과 사랑에 빠진 남자는 기력이 쇠약해지고 병들어 사망
한다. 전통 서사에서 귀신의 성적 매력에 끌려 제어하지 못하고
병이 든 남성은 아무 잘못이 없다. 그는 당한 것이다. 모든 잘못
은 유혹하는 여자 귀신 탓이다. 이는 이성적으로 제어할 수 없
는 성적 매력을 귀신이나 여우에 빗대, 유혹하는 여성의 이미지
와 결부시킨 남성적 관점의 이야기다. 유혹하는 귀신이 나쁜 것
처럼, 남자를 유혹해 앞길 망치는 여자는 악녀다.

21세기의 성 인지 감수성은 이러한 전통적 성역할에 반전을 기한다. 처녀귀신은 성에 한이 있다는 발상 자체가 잘못이기에, 전체 서사를 뒤흔드는 반전이 설계된다. 서사는 처녀귀신을 둘러싼 세간의 편견에 인생을 맡기는 태도가 오류라고 말한다. 한편, 21세기 드라마는 한을 지닌 귀신을 피하거나 외면하는 대신, 그들의 목소리에 귀 기울여 문제를 해결하는 인간상을 구현한다. 전문가가 아니라 그저 평범한 인간이다. 해결자라기보다는 공조 협력자에 가깝다. 그는 유사 죽음을 겪을 정도로 고통을 겪은 적이 있다. 삶과 죽음, 사람과 귀신이 한 끗 차이라는 것을 알아야 귀신과 교섭하며 문제를 해결할 수 있다. 단, 여기에는 사람의 협력이 필요하다. 인간과 귀신, 삶과 죽음이 연결되어 있어, 귀신 문제는 곧 인간 문제임을 시사한다. 21세기의 귀신 서사는 성 인지 감수성의 차원에서 진화했지만, 여전히 동시대적 인식의 한계를 공유한다. 이 장에서 다룰 〈오 나의 귀신님〉과 〈주군의 태양〉이 방영 당시에 호평받았지만, 지금 시각으로 보면 다소 불편감이 느껴지는 부분이 있는 것은 그 사이에 한국 사회의 성 인지 감수성이 놀라운 변화를 겪었기 때문이다. 로맨스 문법의 젠더 비대칭 문제는 귀신의 자의식이 성장한 만큼의 변화를 요한다.

한편, 21세기 귀신 서사의 특징 중 하나는 인간과 귀신을 분리된 존재로 강조하기보다 영적 소통의 파트너로 사유했다는 점이다. 이런 감각은 일본 작가들의 소설을 통해 널리 공유되었

다. 출발은 일본이지만 한국에 번역되어 베스트셀러가 되었다면, 국경을 넘어 아시아적 공감대로 확장된 셈이다. 외국 문학이 번역될 때, 출발언어의 상상력뿐 아니라 도착언어의 상상력도 재구성된다. 전 지구적 연결성이 강화될수록 창작자와 그의 국적보다 수용자와 감성 공유가 중요해진다. 요시모토 바나나吉本ばなな의 소설과 에세이에는 영혼을 감각적으로 인지하는 오컬티즘이 일상적으로 그려진다. 꿈과 현실이 소통하고, 망자와 교감하며 현실을 풍부하게 사는 주인공이 등장한다. 사람, 망자, 뼈, 식물이 교신하는 세계는 생태적 상상력과 연결된다. 한국에서 꾸준히 독자층을 확보하는 무라카미 하루키村上春樹의 소설은 영적 소통이 서사 전개의 핵심 요소로 작용한다. 귀신이라는 단어는 사용하지 않지만, 한국적 의미에서 귀신처럼 여겨지는 인물이 등장한다. 그 명칭은 유령, 생령, 환영, 분신 등 다양하고, 작가 자신이 이에 대해 탐구하는 자세를 취한다. 시각적으로 가시화된 것 이면의 세계, 영혼과 내면을 탐구하는 매개가 된다.

21세기 아시아의 귀신 서사는 인간과 교감하고 대화하며 교섭하는 상상력을 다원화한다. 진정성, 내면, 영혼이 인간의 진정한 자아라는 의미를 강화한다.

귀신과 로맨스
: 〈주군의 태양〉, 〈오 나의 귀신님〉

한국 드라마 〈주군의 태양〉(2013)과 '응큼발칙 빙의 로맨스'를 표방한 〈오 나의 귀신님〉(2015)은 귀신이 등장하는 로맨스 서사다. 완전한 로맨스는 인간 사이의 일이기에, 드라마 속의 귀신은 해원과 천도의 대상이다. 귀신, 영혼, 생령, 악귀 등이 캐릭터로 등장한다.

〈주군의 태양〉의 주인공은 귀신을 보는 태공실(공효진 연기)과, 그녀와 몸이 닿으면 귀신이 사라지는 주중원(소지섭 연기)이다. 둘은 우여곡절 끝에 연인이 되어 해피엔딩을 장식한다. 에피소드마다 새로운 귀신의 사연이 제시되고, 태공실이 문제를 해결한다. 왕따, 죄책감, 죽음, 고독감, 우정, 아동 학대 등 귀신의 사연에 접속한다. 태공실이 귀신을 외면하지 않는 이유는 예전에 그들과 한 약속 때문이다.

태공실은 3년간 의식불명 상태로 병상에 있었다. 그때 만난 영혼들과 재회를 약속했다. 이때 태공실의 상태는 귀신이 아니라, 의식을 잃고 신체 밖을 떠도는 생령(인간의 영혼이 신체를 떠나 존재하는 상태)이었다(작가 '홍자매'는 6년 뒤 다시 만든 귀신 드라마 〈호텔 델루나〉에서 이런 영혼의 상태에 대해 '생령'이라는 표현을 썼다. 〈주군의 태양〉에서는 '영혼'과 '귀신'을 혼용해 썼다. 예컨대, 8회에 등장하는, 일명 호텔 물귀신은 생령이다. 15회에 나오는 "당신 영혼을 본다고 했죠. 죽은 희주를 봤어요?"라는 한나의 대사에 언급된 '영혼'은 사실상 '귀신'이다). 태공실은 같은 처지에 있다가 의식을 되찾은 유진우(이천희 연기)와 함께 과거를 해결하기 위해 떠난다 (그 과정에서 한국 멜로드라마의 전형적 장치, 즉 재벌남의 기억상실, 남자 모르게 바친 여자의 헌신·배려·희생이 설정된다). 태공실이 다시 돌아왔을 때도 귀신 보는 능력은 여전했다. 귀신을 보든 말든, '사랑해야 진짜'(조건을 뛰어넘은 사랑)라는 한국적 로맨스가 관철된다. 매회 등장하는 개별 에피소드가 '귀신'을 통해 메시지를 전한다고 할 때, 그 주제적 범주는 사랑, 이해, 소통, 관심, 인정 구조 등으로 수렴된다. 태공실이 영혼과의 약속을 지킨 것은 살아남은 자의 윤리다. 동료와 친구를 기억하고 그들의 목소리를 전해야 인간답다는 관점을 보여준다.

드라마의 미스터리는 주중원의 죽은 여자친구 차희주 귀신 (한보름 연기)의 비밀에 있다. 차희주는 한나와 쌍둥이 자매다. 주중원을 좋아한 건 차희주였지만 내성적이라 고백하지 못했다. 이를 보다 못한 언니 한나가 동생을 대신해 고백했고, 둘은 사랑에 빠진다. 질투심에 사로잡힌 차희주가 인질극을 벌이고, 한나가 사망한다. 차희주는 성형수술을 하고 한나로 살아간다. 주중원에게 나타난 귀신은 한나다. 차희주는 주중원의 사랑을 기대했지만, 주중원은 그녀가 가짜라며 거부한다. 외모가 아니라 내면, 즉 영혼이 진짜라는 한국 로맨스의 감성 구조를 보여준다. 진실이 밝혀지고, (모두가 차희주라고 생각했던) 한나 귀신이 등장한다. 주중원과 한나는 서로 진심을 나누고, 오해가 풀린 한나는 사라진다. 망자 입장에서 오해는 명예훼손이다. 로맨스의 완성 과정에서 주중원은 생령이 되는 과정을 거친다. 주중원은 태공실 대신 범인의 칼을 맞고 쓰러져 의식불명이 되지만, 임사 체험을 통해 난독증으로 표출된 트라우마를 극복한다. 의식을 회복하는 대신 그는 태공실과의 모든 기억을 잊는다. 대신 진실한 사랑을 얻는다. 귀신과 생령이 하는 일은 인간의 내면에 감춰진 진정성을 확인하는 것이다.

〈주군의 태양〉이 한국에서 시청률의 고공행진으로 회자될 때, 인터넷 매체를 통해 아시아와 세계의 K-드라마 팬덤도 확장되었다. 억울함과 한의 정서를 분출하며 슬픔과 고통을 하소연하던 한국 전통의 귀신은 21세기에 이르러 아시아적 소통과 이해, 인정과 교감, 사랑과 진실의 메신저가 되었다.

드라마 〈오 나의 귀신님〉에 등장하는 귀신 신순애(김슬기 연기)는 발랄하고 성욕 충만한 조증 캐릭터다. 한을 풀기 위해 울증의 나봉선(박보영 연기)에 빙의하면서 스토리가 시작된다. 귀신과 인간의 로맨스가 빙의 형식의 삼각 관계를 형성한다. 드라마 속 귀신에게는 커뮤니티가 있다. 사람뿐 아니라 다른 귀신과 소통하며 우정을 나눈다. 장례식장에서 제삿밥을 먹으며 회포를 푼다. 한을 품은 처녀귀신, 인간에게 빙의하는 악귀, 죽은 곳을 맴도는 지박령 등 종류도 다양하다. 귀신이 된 지 3년이 지나면 악귀가 된다. 악귀는 인간에게 기생충처럼 붙어산다. 악귀화를 막으려면 천도재를 지내야 한다. 이때 귀신은 참을 수 없는 고통을 겪는다. 악귀의 혼은 소멸되지 않는다. 귀신은 심신이 허약한 이에게 빙의한다. 그 몸이 귀신의 주파수와 딱 맞으면 평생 갇혀 나오지 못할 수 있다. 귀신이 빙의하면 숙주의 원래 성격, 기억, 과거는 사라진다. 귀신에게도 자의식이 있다. 감정이 있고 신념이나 가치관에 따라 행동하며, 고민하고 갈등도 한다. 예컨대 신순애는 고통이 수반되는 천도재를 두려워하지만, 악귀가 되는 건 더 무섭다고 생각한다.

〈오 나의 귀신님〉의 메인 테마는 유학파 오너 셰프 강선우(조정석 연기)와 주방 보조 나봉선의 로맨스다. 나봉선은 할머니가 무당이다. 어려서부터 귀신을 보았다. 내성적 성격에 회피적 방어 성향이다. 극도로 소심한 성격에 자신감은 제로다. 강선우를 짝사랑하지만 내색한 적이 없다. 요리에 대한 열정만큼은 대단해서, 남몰래 꿈을 키운다. 이와 달리, 신순애는 도발적 욕망의 소유자로, 명랑한 성격에 외향적이다. 사실은 기억상실증에 걸린 처녀귀신이다. '양귀남'과 잠을 자야 한을 풀고 극락왕생한다고 믿는다. 남자를 유혹하려고 애쓰는 욕정녀다(그녀의 욕망 대상이 정말 정情인지는 나중에 논한다). 원래는 식당을 하는 아버지를 도우며 살았다. 최 순경을 짝사랑하다 뺑소니 사건을 목격하고 피해자를 구하지만, 가해자에게 발각되어 살해된다. 가해자가 그녀의 핸드폰 문자를 조작해, 세상에는 자살로 알려진다. 신순애는 나봉선에게 빙의해 레스토랑 보조로 일하다가 강선우와 사랑에 빠진다. 강선우는 양극적 성격의 나봉선 때문에 혼란스럽다. 툭하면 '한번 자자'고 강선우를 도발한다.

　나봉선과 신순애는 울증 인간과 조증 귀신의 대립쌍이다. 양가적 성격이 한 몸에 깃들어 문제가 발생한다. 나봉선은 극도로 소심하고 자신감이 없다. 남들 보기엔 울증이다. 신순애가 빙의하면 명랑해지고 수다스러워지며 욕도 잘한다. 별명이 조증이다. 귀신 쓴 나봉선은 억압된 욕망을 표상한다. 신순애의 명랑한 성격은 나봉선이 가둬둔 마음속 귀신이다. 그런데 진짜 그런가? 나봉선과 신순애는 여성의 억압된 내면을 대변하는 양가성을 가시화한다. 그런데 이는 두 여자가 짝사랑한 강선우의 시선으로 해석된 타자화된 정체가 아닐까.

　나봉선과 신순애의 마음은 진지하게 받아들여지지 않는다. 강선우가 신순애의 '자자'라는 제안을 거부하는 이유다. 강선우는 짐짓 정조를 지키는 젠틀맨의 처신을 하는 것처럼 보인다. 나봉선과 신순애는 사랑 앞에 평등하지 않다. 이들은 오너 셰프 강선우 앞에서 언제나 하위적 위치성을 갖는다. 나봉선은 레스토랑의 막내 보조다. 귀신을 피하느라 실수투성이다. '죄송합니다'를 남발하고 산다. 신순애는 나봉선에게 빙의되었지만, 조리사로서 훈련받은 적이 없기에, 셰프에게 기초부터 배워야 한다. '사과하는 여자'와 '배우는 여자'가 강선우 앞에서 평등한 위치성을 갖기란 어려워 보인다.

　추파를 던지며 유혹하는 신순애의 태도는 매력적이기보다 짐짓 다루기 쉬운 여자, 귀여운 아이처럼 보인다. 강선우에 대한 신순애의 성욕은 사랑의 기호가 아니라 악귀화를 방어하기 위한 도구임이 강조된다. 게다가 강선우는 나봉선을 고용했고, 일에 서툰 막내 보조의 '성장을 위해' 부모나 선생처럼 야단치고 가르치며 월급을 주는 입장이다. 때때로 강선우가 나봉선에게 요리에 대해 물을 때조차, 몰라서가 아니라 테스트하기 위해서다. 강선우는 나봉선을 제자라고 부른다. 강선우가 가르치는 것은 요리만이 아니다. 그는 허약한 나봉선을 아침 일찍 깨워 운동시키는 건강 관리자다. 자전거도 가르친다. 나봉선은 언제나 그에게 찬사를 던진다(근육이 멋있다, 자전거 타는 모습이 멋지다. 인터뷰하는 모습이 멋있다). 공교롭게도 나봉선은 언제나 보조자다(주방 보조일 뿐만 아니라, 인터뷰할 때는 "멋있어요"를 남발하며 화장을 고쳐주는 메이크업 보조).

나봉선은 언제나 강선우에게 반한다. 그녀는 언제나 남자보다 무언가를 '못'한다(삐딱하게 말하자면, 여자들은 언제나 남자에 미치지[도달하지] 못한다는 젠더 비대칭적 로맨스 문법을 따른다. '울고 있는 신데렐라'에서 '한번 자자고 떼쓰는 귀신'으로 자리바꿈했을 뿐). 강선우는 언제나 나봉선/신순애에게 명령하고 야단친다. 귀신일 때는 요리를 못하고, 인간일 때는 요리 빼고 다 못한다. 강선우는 언제나 나봉선/신순애에게 호통치고 야단치고 가르치고, 보살피고 배려한다. 관계가 진전된 두 인물은 "너 지금 꼬장 부리는 거냐?", "아니요. 복종하는 건데요?"(9회)와 같은 대화를 나눈다. 친밀한 애정 다툼 같지만, 이들의 관계는 귀여운 '꼬장'과 충실한 '복종'의 어감 차이만큼 위계화된다. 성욕을 표하는 여자, 이성 교제에서 적극적인 여자는 '귀신 들린 것'이다. 정숙하고 조심스러운 여자는 '울증'이고, 욕망에 활성화된 여자는 '조증'이다.

〈오 나의 귀신님〉은 멜로드라마의 공식을 따르되 귀신과 빙의, 무당, 부적, 점집, 굿 등 문화적 현실이자 금기를 등장시켜 호기심을 자극했다. 귀신이 나오지만 호러 아닌 로맨스다. 속물화된 처녀귀신이 성으로 전유된 여성 욕망을 대변하는 듯하지만, 이것이 착오라는 것이 드라마의 반전이다. 남자와 성관계하지 않고 죽은 여자는 억울하다는 발상이 관여되지만, 그것은 진실이 아니다. 잘 알려진 바와 같이 처녀귀신의 억울함은 성욕의 불발이 아니라 사회정치적 맥락 속에 역사화된다. 전통 서사에서 처녀귀신은 재산이나 치정과 관련된 가족사 비극, 이를 묵과한 부패 관리의 문제와 접속된다. 전란의 희생자로 등장하기도 한다. 귀신이 출현하는 맥락은 성욕이 아니라 이런 부정의와 음모, 부패와 폭력성의 연쇄 구조 속에 있다. 처녀귀신의 한을 성욕으로 한정하는 것은 여성의 정체성과 삶을 신체성으로 환원시킨 오류다. 신순애가 '발칙하고 도발적인' 성향을 보였던 것은 여성의 욕망을 오직 성으로 한정하고, 그것을 다시 육체적 성욕으로 전유하는 해석적 시각이 매개되었기 때문이다. 그것은 문학/문화사가 탐구해온 여성에 대한 이해(여성을 성적으로 대상화하거나 신체성으로 한정하는 것을 극복하려는 연구의 관점)를 비껴간다.

드라마에서 20대 초반 여성의 한을 성욕 때문으로 설정한 이유는 무엇일까. 드라마 제작의 관점에서 보면, 남성이 리드하는 연애 공식을 전복함으로써 여성 주도적인 로맨스를 만들기 위해서다. 다른 한편으로는 사회적 금기인 여성의 성욕을 희화적으로 표현해, 드라마적 흥미를 높이려는 의도일 수 있다. 이는 대중적 공감대를 이끌어냈기에 어느 정도 성공한 듯하다. 그럼에도 이러한 설계에 여성 욕망을 성욕으로 전유했다는 오류를 배제하기 어렵다(그것이 드라마 내적으로 어떻게 전복되는지는 뒤에 다시 논한다). "나 진짜 꼭 한 번은 해보고 싶었는데. 남들한테 쉬운 게 나한텐 왜 이리 힘드냐"(7회)라는 신순애의 토로가 불편해 보이는 것은, (비록 그 자신은 강선우를 이미 사랑하고 있음에도 의식의 차원에서는 그 마음이 자각되지 않았기 때문에) '한 번'의 성관계가 인간관계나 사랑과는 분리된 채 말해졌기 때문이다(친밀한 관계를 쌓아 성관계에 이르는 것이 아니라, 목적을 이루기 위해 상대의 성을 이용하려는 신순애의 태도는 희화적으로 표현되었고 그녀의 성적 목적은 결국 포기되지만, 이를 재현하는 과정에는 젠더 차원의 문제가 매개된다. 이 문제는 결말에서 신순애의 자각으로 다시 전복된다.)

〈오 나의 귀신님〉에 등장하는 귀신은 청춘이다. "왜 이렇게 사는 게 힘든지 모르겠다. 살아서도 힘들고, 죽어서도 힘들고.

인생이 뭐 이러냐"(7회)라는 신순애의 대사는 사랑에 서투르고 앞길은 막막한 청년의 불안을 대변한다. 처녀귀신의 자살에는 성욕에 대한 한이 아니라, 생에 대한 불안과 운명에 대한 두려움이 개입된다. 귀신 신순애는 기억상실이다. 자신을 한 맺힌 귀신으로 정체화하며, 그 이유가 성욕이라고 생각한 세간의 편견을 의심 없이 수용한 결과다. 신순애는 자신이 죽은 이유를 모르기에 생의 의미에서 소외된다. 이것을 깨닫는 계기는 사랑이다. 신순애는 사랑하는 남자를 욕망의 도구로 삼는 데 죄책감을 느낀다. 귀신으로서의 한을 풀기 위해 남자를 성적으로 이용하려는 스스로에 대한 모멸감, 자신에게 애정을 느끼는 상대에 대한 죄책감은 넓은 의미에서 양심이고, 인권 감수성이다.

사랑에 확신이 서지 않는 건 나봉선도 마찬가지다. 나봉선은 신순애와 계약을 맺었기에 강선우와의 관계에 자신이 없다. 강선우의 사랑이 진짜 자신을 향한 것인지, 귀신 신순애가 빙의된 육체로서의 자신인지 가늠할 수 없다. 이런 장치는 영혼의 다층성, 인간의 다중 정체성을 은유하면서, 사랑이라는 감정의 혼란스러움을 인귀 혼재의 성향으로 재현한다. 귀신이든 사람이든 간에, 사랑 앞에 여자는 약자로 그려진다.

드라마의 결말은 귀신의 자아 찾기로 선회하면서 반전을 맞이한다. 신순애가 "어쩌면 내 한은 처녀로 죽은 게 아닐지도 모르겠다"(13회), "너무 갑자기 죽어 미처 올라가지 못한 그냥 한 많은 귀신일 뿐이었어"(15회)라는 자각에서 실마리를 얻는다. 귀신 신순애의 성격은 사람이었던 과거의 경험, 성격, 관계의 연장선에 있다. 귀신이 되었다고 모든 게 바뀌지 않는다. 이것이 귀신에 대한 드라마적 설계다. 신순애는 자살한 처녀귀신이 아니라 뺑소니 사고의 목격자였다. 욕정녀로 불렸던 신순애의 진짜 욕망은 사랑이 아니라 해원과 극락왕생, 정의와 평안이다.

16부작 드라마는 13회부터 로맨스에서 범죄 스릴러로 장르 변경을 한다. 범인은 악귀에 씐 경찰로, 피해자의 가족이다. 악을 타자화(살인자는 타인)하기보다는 내부적인 것(살인자는 가족)으로 설정해, 선악이 분리 불가능하다는 아이러니를 함축했다. 최 경장이 악귀가 된 것은 상처로 얼룩진 가정사와 관련된다. 그는 어려서 부모에게 버림받고, 양부모에게 폭력을 겪었다. 억눌린 감정을 해소하기 위해 타인에게 폭력을 행사했다. 경찰이 되었지만, 자아분열에 이중인격자다. 선한 얼굴로 악을 행하고 경찰 신분으로 정당화하는 타락의 화신이다. 결국 무당이 퇴마술을 써 최 경장의 몸에서 악귀를 퇴치한다. 최 경장은 고통으로 몸부림치고, 충격과 공포, 죄책감을 껴안고 추락한다. 악의 종말을 선고한 것이다(나중에 그는 회생하지만, 기억상실증에 걸린다). 드라마적 설계에 따르면 어떤 범죄는 악귀의 소행이다. '죄는 미워하되 사람은 미워하지 말라'라는 오랜 속담과 일치한다. 악귀는 사회적 폭력의 전이와 대물림을 매개한다. 인간과 귀신의 로맨스는 단지 섹슈얼리티나 감정 문제가 아니라, 존재 이유, 생의 목적, 자아 찾기와 결부되며, 사회 문제와 무관하지 않다는 것을 복합적인 서사로 구현한다.

귀신과의 공생·동거
: 요시모토 바나나와 무라카미 하루키의 소설

(어떤) 사람은 귀신과 더불어 산다. 헛된 망령이 아니라 소중한 기억으로서. 강렬하게 현현하는 감각적 실재로서의 영혼은 공유하기 어려운 예감으로 현실에 임재한다. 현재는 과거와 동거 중이다. 눈에 보이는 물건이 누군가를 상기시키고, 그 사람이 이미 사라졌다면, 감각하는 자는 유사 귀신과 동거하는 셈이다. 가령 서랍 속에 간직한 오래된 편지에 적힌 글씨는 과거의 것일까, 현재의 것일까. 그것을 지금 다시 읽고 마음의 풍경이 바뀌었다면, 마음에 변화를 가져온 정체는 무엇일까. 저스틴 비버의 노래 〈Ghost Story〉에서 이별한 연인은 따라 갈 수 없는 다리를 건넜다고 여겨져, 그리운 마음을 전할 수 없는 '나'는 그 곁을 맴도는 '유령'으로 은유된다. 영화 〈식스 센스〉(1999)에는 앤틱 가게의 반지에 원소유자의 혼이 지문처럼 묻어 있다고 말하는 장면이 있다. 사물에 사용자의 혼이 깃든다는 발상은 인물 교혼을 다룬 아시아 전통의 상상력과 맥락을 공유한다. 인간은 살아온 내력을 모두 기억하지 못한다. 많은 시간이 망각의 영역으로 흘러내리고 더 많은 시간은 무의식에 가라앉는다. 망각하

지 않으면 기억할 수 없는 역설적 존재가 인간이다(보르헤스의 소설 「기억의 천재 푸네스」[3]는 기억과 망각의 딜레마에 대한 통찰을 다루었다). 기억은 망각이 내어준 자리에 뿌리내리기 때문이다.

일본 작가 요시모토 바나나와 무라카미 하루키의 소설에서는 영적 존재와 감각이 주요하게 다루어진다. 계몽주의와 이성 중심주의, 지성주의가 제도권 문학과 문화의 중심을 이루었을 때, 감각이 두드러진 문학은 깊이 없는 가벼움, 역사의식과 사회의식이 결여된 (포스트)모더니즘의 행보, 얄팍한 감성으로 대중의 취향을 파고드는 대중문학이라는 비판을 받았다. 이는 자연스럽게 본격적인 문학비평이나 연구 대상으로 선택되지 않는 맥락으로 작용했다. 요시모토 바나나와 무라카미 하루키가 이에 해당된다. 베스트셀러 작가이자 스테디셀러 작가임에도 한국에서 이들에 대한 연구와 비평은 매우 소홀하다. 그럼에도 소설집 『키친』이 한국어로 번역된 이후, 한국에는 요시모토 바나나 소설과 에세이의 독자층이 일정하게 형성되어 있다. 각 소설 속 인물들은 감각하는 주체라는 정체성을 공유한다. 번역을 통한 문화 간 소통을 고려하면, 이들이 한국에 번역되어 대중화되는 과정은 감각 주체의 형성·교환·확산과 접속된다.

이 글에서는 요시모토 바나나와 무라카미 하루키의 작품에서 공유되는 감각 주체라는 관점에 주목한다. 작중 인물이 감각하는 대상에는 사람·사물·세계뿐 아니라, 꿈·영·혼 등 이른바 비현실적이고 초현실적인 현상과 대상이 포함된다. 정확히 귀신이라고 지칭되지는 않았지만, 죽은 자와 사물의 영과 혼, 망자와 교감하는 독특한 인물(군)이 등장한다. 육체에서 이탈한 영혼과의 교감, 무의식적 자아와의 만남이 서사화된다. 인간의 사후적 존재가 현실로 출몰하는 모티프, 가사 상태의 영혼이 육체를 이탈해 존재감을 알리는 신호 등은 한국 문화 콘텐츠에 재현된 귀신의 생리와 유사하다. 감각, 내면, 영성은 일상을 통해 느끼고 감각하며 경험하는 세계다. 단지 그 언어가 은유적이거나 비의적이어서 일상적 대화에는 쉽게 쓰이지 않는다. 타인과 공유되기 어렵기에 아직 기호화되지 않은 내적 경험으로 가라앉아 있다. 문학적 형상화는 상상력과 공감을 통해 이에 대한 의사소통을 이끈다. 눈에 보이지 않는 것들은 없는 것이 아니어서 현실에 언제나 영향을 미친다. 인간은 투명한 것과 교섭하며 산다. 삶과 죽음은 공생동거한다. 이를 아시아의 공통 감각이라는 차원에서 살펴보자.

예감의 세계와 영적 감수성: 요시모토 바나나의 소설들

요시모토 바나나는 의사이자 영적 치유자로 알려진 윌리엄 레이넨William Rainen과 함께 두 권의 책을 출간한 바 있다. 이들은 영적 경험으로서의 '드림타임'에 대해 얘기했는데, 레이넨에 따르면 이는 영적 세계를 깊이 이해하고 영성을 고양하는 목적으로 모든 존재와 정보를 교환하는 공유 공간이다.[4] 영성이란 "나 자신의 존재, 내가 가진 것, 내 모습 그대로 온 힘을 기울여 살아가는 것"[5]이며, 드림타임에서는 타인의 시선을 의식해 검열하는 방식이 아닌, 정직한 소통만 허용된다. 정직은 진실성, 진정성, 순수함과 연결된다.

요시모토 바나나는 초능력의 소유자가 타인에게 이해받지 못해 고통받는 현실을 보여주기 위해 소설 『암리타』를 썼고, 남동생이 그 모델이었다고 고백한 바 있다.[6] 작가가 스물다섯 살일 때다. 단편소설 「사운드 오브 사일런스」는 "어떻게, 숨겨놓은 많은 것을 친한 사람들끼리는 하찮은 눈치만으로도 알아버리는 것일까"[7]라는 문장으로 시작된다. 마음이나 정신, 내면, 꿈은 눈에 보이지 않는다. 감각적 공유가 불가능하므로 타인에게는 없거나 모르는 것이 되지만, 주체의 입장에서는 감각되는 현실이다. 요시모토 바나나의 소설 속 인물은 감각이 예민하고 특별하다. 전화벨 소리로 발신자를 감지하거나 특정 장소에서 발생한 일을 알아차리는 『슬픈 예감』[8]의 야요이, 사람의 혼을 볼 수 있고 영적 이동을 하는 『암리타』의 사쿠미, 요시오, 고즈미, 사세코, 가나메,[9] 식물과 교감하는 「초록반지」[10]의 주인공, 생각만으로 전화번호를 알아내는 「달빛 그림자」의 우라라,[11] 감이 뛰어나고 꿈이 잘 맞는 『N.P』[12]의 가자미, 사물과 소통 능력을 지닌 『서커스 나이트』[13]의 사야카 등 감성적 소통과 연결성을 추구한다.

인물 형상에는 작가의 경험이 투영된 것으로 보인다. 작가 스스로 텔레파시와 공감 능력, 오컬트 등이 소설의 테마라고 했다.[14] 이들 인물은 시공간을 넘어 혼을 보는 인디고 차일드Indigo Child다. 초능력이 있고 주위에 푸른빛, 즉 인디고 색의 아우라가 있다고 한다.[15] 장편소설 『서커스 나이트』에는 정원에 묻힌 옛 남자친구의 쌍둥이 형과 소통하는 사야카가 등장한다. 사야카와 딸 미치루, 발리에 사는 이다 씨와 마루 씨는 영적 소통을 한다. 『암리타』에 등장하는 요시오와 코즈미에게도 예지력이 있다. 죽은 가족의 메시지를 듣고 꿈에서 미래를 보며 유령을 감지한다. 신비주의 또는 오컬티즘 정서와 연결된다.

「초록 반지」에서 감각은 세상을 이끄는 중요한 힘이다. 감각이 예민한 주인공은 알로에를 자르기로 한 날, 정신이 오락가락하던 할머니로부터 알로에의 메시지를 듣는다. 식물끼리는 서로 이어져 있다는 것이다.[16] 할머니가 사망한 후, '나'는 할머니의 권고에 따라 식물 관련 일을 준비한다. 여행 중 주인공은 산에서 포근하고 정겨운 느낌에 사로잡혀, 세상 모든 존재가 서로 연결된 느낌을 받는다. 실재와 상상 차원에서 할머니와 나, 자연은 지속 가능한 연결성을 유지한다. 죽었지만 살아 있는 혼(귀신)을 감각하는 영적 능력이다. 『하얀 강 밤배』의 시오리와 테라코도 감각형 존재다. 시오리는 돈을 받고 타인과 같이 잠을 잔다. 그녀는 꿈을 꾸며 곁에 있는 사람의 마음 풍경을 느낀다. 친구 테라코는 그 꿈이 시오리의 마음이라고 짐작한다. 시오리는 자살했다. 테라코의 애인은 이와타니인데, 그의 아내는 식물인간이다. 어느 날 테라코는 꿈에서 이와타니의 여고 시절 아내를 만나고 죄책감에서 벗어난다. 이 꿈은 환영일 수도, 불륜을 용서받고 싶었던 무의식일 수도 있다. 꿈은 생과 사, 의식과 무의식의 접경이다.

요시모토 바나나의 소설에서 감각은 언어 기호의 보조 장치가 아니라, 인지적 통합력을 확보하는 필수 요소다. 『N.P』의 주인공 가노 가자미는 어려서 부모가 이혼한 충격으로 말을 하지 못했다. 의사소통의 매개는 색감이다. 『암리타』의 주인공 사쿠미는 어머니로부터 말할 때 중요한 것은 내용이 아니라 "말하는 나의 혼의 상태를 송두리째 전달"[17]하는 것이라고 들었다. 소통의 핵심은 언어가 아니라, 혼, 정신, 마음이다. 감각은 직관적으로 그것을 전달한다. 소설에서 사물, 영혼, 망자, 꿈과 소통하는 인물을 등장시킨 바나나는 스스로에 대해 "솔직히 나는 나 자신을 초능력 혹은 초자연적 존재라고는 전혀 생각하지 않습니다. 지금 이 순간도 평범한 직감력과 관찰력이 있을 뿐이라고 생각하지요"[18]라고 말했다. 요시모토 바나나의 소설에 대해 감각 주체라는 개념으로 접근한 것은 저자의 세계관을 존중해서다.

감각 주체는 보이지 않는 것을 실감해 삶으로 끌어안는다. 비가시적 실재를 언어, 색채, 형상의 기호로 표현할 때, 이는 사회적 현실이 되어, 공유 감각으로 자리바꿈한다. 요시모토 바나나의 소설에 등장하는 귀신(원작 표현은 '유령')이나 영혼도 감각되는 대상이다. 시간을 통과한 삶의 흔적에는 스쳐 지나간 순간이 죽음처럼 각인된다. 현재 안에 과거가 담겨 있음을 인정한다면, 과거를 안고 사는 사람은 죽은 시간을 껴안고 사는 것과 다름없다. 현존하는 실재는 수만 겹의 유령을 투명하게 감싸 안고 있다. 어제를 껴안은 오늘은 죽은 시간을 껴안은 유령 시간이다. 『암리타』의 사쿠미에게 죽은 가족의 필적이나 낙서는 유령과 같다.[19] 망자가 생전에 쓴 글씨에는 생사의 양면성이 담겨 있다. 요시모토 바나나의 관점에서 보자면 삶에 펼쳐진 흔적은 망자의 유령과 같다. 소설에서 삶과 죽음, 산 자와 망자는 한 몸에 서식하는 공존체다.

현대 일본의 사상가이자 에세이 작가인 우치다 다쓰루內田樹는 분자, 원자, 전자, 소립자의 발견조차 눈에 보일 수 있게 증명된 것이 아니라 과학적이고 논리적인 추론의 산물임을 강조한다. 과학적 명제는 과학기술의 한계에 의해 규정된 잠정적 가설이라는 것이다. 기술적 진보에 따라 유효한 반증이 나오면, 정설로 통용되던 가설은 역사의 쓰레기통으로 직행했다. 그런 점에서 보자면, 감성이나 직관은 과학과 대립적 위치에 있는 것이 아니라, 과학과 궤를 같이하며 확증 불가능성을 공유한다(우치다 다쓰루는 초능력이나 영적 능력이 실제로 존재한다는 입장이다). 그는 영적 힘은 존재하며, 이는 칼 폴라니의 암묵적 지知, 후설의 초월론적 직관, 칸트의 선험적 통각 같은 직관의 구조와 유사하다고 했다.[20] 증명할 수 없다고 해서 없는 것은 아니다.

영이란 원래 숨 쉬는 모든 존재를 가리킨다. 영의 반대는 몸이 아니라 넓은 의미의 죽음이다. 영성을 기른다는 것은 모든 사물을 연결하고 재연결해주는 내면 세계를 가꾼다는 뜻이다.[21] 영적 감수성이나 영성 또는 세계에 대한 감각은 공감으로 현실화된다. 혼자 꾼 꿈은 스스로조차도 재현 불가능하다. 꿈에서 본 이미지는 눈을 뜨는 순간 사라지고 청각은 망실되며, 아무리 정교한 언어로 표현한다 해도 경험 자체가 될 수 없다. 시간의 흐름 속에서 사람은 한순간도 동일인으로 존재할 수 없기에, 꿈의 재현은 영원히 불가능하다. 요시모토 바나나의 소설에 재현된 영성이나 영적 감수성은 독서를 통해 공유 가능한 감각으로 자리바꿈한다. 그런 점에서 요시모토 바나나의 소설이 영성과 맺는 관계는 무의식의 리얼리즘적 재현, 또는 영적 감수성의 직관적 형상화라고 볼 수 있다. 죽어도 사라지지 않는 영의 생명력, 현실에서 소통 가능한 힘으로 작동하는 영적 감수성은 아시아의 공통 감각이다.

태내순례하는 생령: 『기사단장 죽이기』

1989년 한국에 『상실의 시대』가 번역된 이후, 꾸준히 베스트셀러 작가의 위치를 지키고 있는 무라카미 하루키의 소설 중에서 이 글이 주목한 것은 『기사단장 죽이기』와 「하나레이 만」이다. 생령, 유령, 환영, 분신, 영, 혼 등이 다루어지기 때문이다. 이 개념은 한국적 관점에서 귀신이라고 할 만한 소재와 상통하는 면이 있다. 『기사단장 죽이기』[22]에서는 두 가지 의문을 추적하는 주인공이 등장한다. 하나는 얼굴 없는 남자, 다른 하나는 '기사단장 죽이기'라는 그림이다. 얼굴 없는 남자가 그를 찾아와 초상화를 그려달라고 청하는 장면은 마치 르네 마그리트의 그림 '연인들'을 연상케 한다. 아무것도 없는 '무'의 형상을 그리는 것이 텅 빈 종이 위에 이야기를 탄생시키는 소설가의 운명을 닮았다.[23]

주인공은 서른여섯 살 화가다. 추상화를 그리다가 생계를 위해 초상화가가 되었고 입지를 굳힌다. 그러는 동안 그림에 대한 의지도 식어갔다. 결혼 6년 차 되던 해, 아내로부터 결별 통보를 받는다. 집을 나온 주인공이 임시로 거처하는 곳은 일본의 저명 화가인 92세의 아마다 도모히코의 작업실이다. 그는 주인공의 미대 동기인 아마다 마사히코의 아버지로, 치매 증세가 심해 요양원에 있다. 원래는 사교적 성향의 서양화가였는데, 1936년 빈에 유학을 다녀온 뒤 성격과 화풍이 완전히 바뀌어 고립된 채 살았다. 그는 전향한 일본화 화가라고 평가된다. 주인공이 작업실 천장에서 '기사단장 죽이기'를 발견하면서 그의 일상이 완전히 뒤바뀐다.

이 소설에는 판타지적 요소가 있다. 방울 소리가 들리는 석실, 물건이 움직이는 작업실, 그림에서 나온 인물, 신체를 이탈한 영혼, 꿈속의 성관계, 묘령의 강을 건너 현실로 돌아오는 여정. 작가는 판타지의 리얼리티를 확보하기 위해 고전 텍스트를 차용한다. 모차르트의 오페라 '돈 조반니'와 일본 에도 시대의 서사 '하루사메 모노가타리'가 그것이다. '기사단장 죽이기'는 아마다 도모히코의 그림이다. 그 전거가 되는 것이 모차르트의 오페라 '돈 조반니'다.[24] 오페라의 초입에 살해되는 인물이 기사단장이다. 미스터리에 접근하는 과정에서 주인공은 오페라 '돈 조반니'와 그림 '기사단장 죽이기'의 인물이 동일함을 발견하고 유비적 관점에서 사유한다. 주목할 소재는 혼자서 울리는 방울이다. 방울은 저절로 이동하고 소리를 내서 주인공의 관심을 끈다. 작가는 신비 현상에 설득력을 부여하기 위해 일본 고전 『하루사메 모노가타리』의 「이세二世의 인연」을 차용한다. 내용은 다음과 같다.

한 농가의 주인이 글을 읽다 종소리를 듣고 그곳을 파보았다. 안에는 선정禪定에 들기 위해 산 채로 관에 들어간 승려가 미라 형상으로 종을 치고 있었다. 그의 혼은 열반에 들었으나 백은 육신에 남았기 때문이다. 그를 관에서 꺼냈지만, 아무것도 기억하지 못했다. 승려인데 육식도 했다. 이를 본 주인의 모친은 긴 세월 동안 자식을 위해 보시했으나 여우와 너구리에 홀린 것밖에 되지 않았다며 실망한다. 그 후로 모친의 인생관이 바뀐다. 가족의 행복을 중시하고 이웃에게 베풀며 살게 된 것이다. 5년 후 승려는 동네 과부와 혼인한다. 사람들은 그를 뉴조노 조스케入定助라 불렀고 더 이상 법사로 여기지 않았다. 뉴조노 조스케는 부처님께 빌어도 정토에 가는 것은 어려우니, 가업에 힘쓰며 살기로 한다. 완전히 다른 사람이 된 것이다.[25] 「이세의 인연」의 승려가 관 밖으로 나왔을 때, 더 이상 선정을 지향하던 수도승이 아니었다. 혼은 이미 열반했고, 육신에 깃든 백은 남아 다른 삶을 살았다. 혼백과 육신이 일치해야 자기동일성이 유지된다.

상상의 영역에 추상을 배치하는 방식은 『기사단장 이야기』의 소제목에 사용된 '이데아', '메타포' 등의 용어를 환기한다. 소설의 인물, 공간 이동, 혼과 영 등 소설 속 판타지는 육신에 깃든 혼백의 분열과 재생, 통합의 사유를 일본 고전으로부터 영감을 얻어 구성한 것처럼 보인다. 그렇다면 「이세의 인연」의 관, 『기사단장 죽이기』의 석실과 메타포의 강(주인공이 기사단장을 살해한 뒤에 건너간다)은 무엇인가. 이것이 죽음과 희생, 재생과 부활을 상징하는 것은 분명하다. 신화적 원형archetype이자 클리셰다. 그곳을 통과한 사람은 이전의 자신과 형상적 동일성을 유지하더라도 같은 존재가 아니다. 이는 서양화가가 일본화가가 되는 것만큼의 변혁을 포함한다. 소설적 화법을 응용하자면, 일종의 전이이자 전향이며 승화다. 예컨대 주인공이 아내와 이혼했다가 다시 만났을 때, 법적인 이혼 기록이 없다고 해도 이전 관계를 회복한 것은 아니다. 그들은 "그전과 조금이나마 다른 인간"[26]이 되기 위해, 목숨을 건 모험을 감수하고 비밀을 간직한 채 다시 만났다. 그들의 관계는 별거 이전으로의 회귀가 아니라 새로 시작되었다는 점에서 재생에 가깝다. 조금의 변화는 그 자체로 전향이며, 목숨을 걸고 이루어낸 존재의 승화다. 주인공은 타인의 초상화를 그리면서 자신을 발견하고, 천장에 숨겨진 '기사단장 죽이기'의 인물과 만난다. 그는 혼수상태의 화가와 소통하는 영적 모험을 시작한다.

『기사단장 죽이기』는 소설 쓰기의 형이상학에 대한 작가적 토로와 같다. 저절로 울리는 방울 소리와 그림에서 나온 기사단장은 소설가의 영감과 창작 혼을 상징한다. 그림이란 생동하는 기운을 포착하는 것, 즉 기운생동이라는 발상은 아시아 회화사의 전통이다. 그림 속 기사단장이 현실과 소통하는 상상력에 대한 아시아적 맥락이다. 근대 일본의 소설가 아쿠타가와 류노스케의 소설 「지옥변」[27]에도 유사한 상상력이 나타난다. 오직 본 것만을 그릴 수 있다는 화가 요시히데는 '지옥변'을 그리라는 '나리님'의 명을 수락한다. 낮잠을 자던 그는 괴물을 본 것처럼 대화한다(실제로는 잠꼬대). 이를 본 제자는 괴상한 그림자가 병풍에서 내려오는 것 같은 섬뜩함에 사로잡힌다. 화가는 그림을 꿈에서 먼저 본다. 이를 화폭에 재현하기도 전에 감상자가 알아차린다. 시간의 간섭과 착종이다. 현실과 그림, 과거와 미래를 뒤섞는 힘은 광기 어린 예술지상주의를 표상한다. 요시히데는 지옥을 그리기 위해서는 지옥을 봐야 한다는 화가로서의 철칙에 따라 잔혹함을 불사하고 그림의 완성도를 위해 모든걸 바치기로 결심한다. 급기야 그는 딸을 우차에 태워 불사르는 광경을 그려야 할 처지가 된다(공교롭게도 「지옥변」에는 『기사단장 이야기』에서 그림의 소장처에 서식하던 '수리부엉이'가 요시히데의 애완조로 등장한다). '염열지옥도'를 완성한 화가는 다음 날 목을 매 자살한다. 지옥도를 그리는 과정을 통해, 마치 인신공희하듯 자기 삶을 바치고 스스로 지옥에 뛰어든다.

그림은 현실의 재현 결과가 아니라, 재현된 현실의 원인으로 위치지어진다. 예술가의 삶, 정신, 생명이 화폭에 저당 잡히는 운명을 은유한다. 요시히데는 지옥을 그림으로써 지옥 자체가 된다. 그림에서 나온 기사단장이 그림 속 존재인 동시에 실재인 것처럼, '지옥변'은 현실을 지옥으로 만들어서 탄생시킨 결과이자 그 원인이다.[28] 기사단장에게는 고유한 생리가 있다. 그는 체온이나 체중을 갖고 있지 않고, 먹지 못한다. 부자유나 고통을 느끼지 않으며, 하루에 일정 기간만 형체를 갖는다. 꿈속의 존재는 아니며, 오히려 각성에 가깝다. 시간관념이 없다. 누군가 초대하지 않으면 아무 데도 갈 수 없다.

작중 그림인 '기사단장 죽이기'는 독일 및 오스트리아의 역사적 참극을 일본 아스카 시대의 정경으로 번안한 기록화다. 아마다 도모히코가 빈 유학 시절에 그렸다. 1938년 빈에서 나치에 의해 독일의 오스트리아 합병이 이루어졌을 때, 대학생 중심의 지하조직에서 나치 고관의 암살을 기도한 적이 있다. 당시 아마다 도모히코에게는 지하조직의 일원이었던 오스트리아인 연인이 있었다. 대지주이자 지방 유력자였던 부친은 '정치적 배려'로 아들을 일본에 송환한다. 단, 조건이 있었다. 이 일에 대해 침묵한다는 것. 이후 조직원들이 모두 살해된다. 그가 유일한 생존자다.[29] '기사단장 죽이기'는 사건의 출발점이자 도화선이다. 서사가 진행되는 동안 주인공은 세 점의 초상화와 한 점의 풍경화를 그린다. '멘시키 초상', '흰색 스바루 포레스터의 남자', '아키가와 마리에의 초상', 그리고 '잡목림 속의 구덩이'. 모두 '나를 위한 그림'[30]이다. '흰색 스바루 포레스터의 남자'는 화가 자신의 무의식적 분신이다. 주인공이 일상으로 돌아간 후, '기사단장 죽이기'는 화재로 타버린다. 그림에 대한 감각은 그림을 본 두 사람, 화자인 주인공과 그가 그림으로 그린 10대 소녀 마리에의 기억 속에 간직된다.

그렇다면, 그림에서 현실로 튀어나온 기사단장은 유령인가, 생령인가, 환영인가, 분신인가? 그는 왜 주인공 앞에 현현했는가. 이 작품이 소설 쓰기, 또는 예술하기에 대한 은유라면, 이 소설이 독자 앞에 '나타난' 이유에 대한 질문으로도 환치할 수 있다. 이는 예술혼을 이해하는 과정으로 이어진다. '기사단장 죽이기'는 화가가 감춰둔 그림이다. 침묵을 조건으로 일본에 송환되었지만, 그는 역사의 상처를 그림으로 기록했다. 그리고 이제 알려질 운명에 처한다. 일종의 무의식적 의도다. 주인공은 한밤중의 작업실에서 정체 모를 남자를 직감한다. 아마다 도모히코다. 요양원에 있다는 그가 어떻게 여기에 왔을까. 주인공은 현재를 받아들이기 위해 유령, 생령, 환영, 분신 등의 단어를 떠올리며 혼란을 수습하려 한다. '한밤중에 정체 모를 남자가 멋대로 집 안에 들어와 있다. 도둑인지도 모른다. 어쩌면 유령인지도 모른다'(2권 163쪽)라고 했을 때 사용한 '유령'은 일본어 원작과 중국어 번역본에서 각각 '幽靈',[31] '幽灵'[32]으로 표기된다. 영어로 'ghost'[33]다. 모두 망자가 현실에 나타난 형상으로, 한국 개념의 귀신이다. 일본과 중국은 귀신이라는 표현을 쓰지 않기에 'ghost'의 자국 번역어인 '유령'이라는 단어를 택했다.[34] 그런데 아마다 도모히코는 망자가 아니다. 아직 살아 있기에 귀신도 유령도 아니다. 주인공은 이 혼란을 극복하기 위해 다음과 같이 추론한다.

> 하지만 내가 아는 한 그는 아직 세상을 떠나지 않았다. 그러니 정확히는 '생령'이라 해야 할 것이다. 혹은 그는 바로 조금 전에 숨을 거두었고, 유령이 되어 여기 나타났는지도 모른다. 가능성이 아주 없지는 않다.
> 어쨌거나 그것이 단순한 환영이 아니라는 사실만은 똑똑히 알 수 있었다. 환영이라기에는 너무 리얼하고, 질감이 너무 농밀했다.[35]

위에서 사용된 '생령'은 육체에서 이탈한 영혼을 뜻한다. 일본 만화 『백귀야행』과 『음양사』 등에서 사용된 바 있다. 인간의 육체와 영혼의 분리는 사후에나 가능하다고 여기는 한국인에게 이 단어는 낯설다. 그러나 최근에는 대중문화 콘텐츠를 통해 생령에 대한 공감대가 생성되었기 때문에, 현재는 한국에서도 드라마 〈주군의 태양〉, 〈호텔 델루나〉 등 생령에 대한 상상력을 다루는 콘텐츠가 만들어지고 있다. 국제 교류를 통해 상상력과 감성도 유입됨을 알 수 있다. 영어본에는 '생령'을 "living spirit"[36]이라고 표기했다. 따옴표가 붙어 있어, 영어권에도 낯선 개념임을 알 수 있다.

다음으로 사용된 '환영'이란 실제로는 없는데 마치 있는 것처럼 착각하는 현상이다. 유령이나 생령은 존재를 인정하지만, 환영은 보는 주체의 착각에 불과하다는 발상이다. 이러한 감각은 한국·일본·중국에 공통된다. 중국어로 '환영幻影'은 현대에 와서 사용되기 시작한 신조어, 또는 번역어다. 영어로는 'hallucination', 또는 'phantasm'[37]으로 번역된다. 실제로는 없지만 감각적으로 실재하는 것처럼 느끼는 현상이다.

그렇다면, 주인공의 눈앞에 나타난 아마다 도모히코의 형상은 그의 '분신'[38]일까? '분신'은 '하나의 주체에서 갈라져 나온 것'이라는 뜻으로, 육체에서 영혼이 분리된 '생령'과 달리 합체된 형상 그대로, 마치 복제된 것처럼 동시에 존재하는 형체를 뜻한다. 일본어 원작과 중국어 번역본에서도 '分身'으로 적힌다. '분신'에 대한 감각은 동아시아 공통이다. 실체는 단 하나이기에, 분신은 실체가 아닌 허상이다. 영어본에서 '분신'은 'his double'[39]로 번역된다. 진짜가 따로 있는 일종의 대역이다. 주인공이 만나는 아마다 도모히코는 신체를 갖지 않은, 비가시적 존재, 즉 영혼이므로 분신이 아니다. 육신이 살아 있기에, 사후 존재인 귀신도 아니다. 유령(또는 귀신), 환영, 생령, 분신 중에서 가장 적절한 것은 '생령'이다. 이는 한국과 중국에서뿐 아니라 영어권에서도 낯설기에 다분히 일본적이다.

아마다 도모히코는 요양원에 있지만, 생령이 되어 작업실을 찾았다. 이 만남은 주인공이 헤어진 아내와 성몽을 나누고, 그즈음 임신한 아내의 아이를 자기 아이처럼 수용하는 맥락성을 형성한다. 신체나 혈연이 아니라, 정신과 영혼의 연결이 중요하며, 실제로 그런 관계가 발생하고 체감될 수 있다는 생각과 이어진다. 아마다 도모히코의 예술혼을 이어받은 이는 생물학적 친자가 아니라 예술의 의미를 추구하는 '나' 자신이다.[40] 삶을 지탱하는 것은 신체, 사물, 실재가 아니라 정신을 형성하는 영과 혼이다. 영혼은 시공간은 물론 생사 경계도 넘나든다. 그것을 알 수 있게 하는 매개가 소설에 서술된 '이데아'와 '메타포'다. 아마다 도모히코가 생령이라면, 그가 가상으로 그린 초상화는 아시아의 전통 화법으로 일컬어지는 '전신傳神(정신의 형상화)'이다. 그렇다면 석실로 연결된 메타포의 강은 무엇인가.『양을 쫓는 모험』에서부터 시작하여 최근의『1Q84』에 이르기까지, 영적 이동의 장치는 하루키적 서사 문법을 형성한다. 거기에는 신체, 물질, 실재를 초월하려는 의지와 감각에 대한 지향이 담겨 있다. 주인공이 메타포의 강을 건너는 부분에 대해 작가는 다음과 같이 인터뷰한 바 있다.

이야기의 주요 포인트는 주인공이 어둠 속의 다른 세계를 경험하고 돌아와 '다이나이메구리(태내순례)'와 같은 일본의 종교적 체험처럼 다시 돌아와야 할 곳으로 돌아온다는 것입니다. 처음 시작 부분에서 독자들과 저 스스로에게 그 사실을 알리고 싶었습니다.[41]

'다이나이메구리胎内めぐり', 즉 '태내순례'란 지하나 동굴에 만들어진 깜깜한 공간을 신불로 여겨 참배하는 것이다. 일본의 종교 체험이다. 한국에 널리 알려진 사례는 교토의 기요미즈테라淸水寺에 있는 즈이구텐隨求殿의 다이나이메구리 코스다. 지하 암흑을 더듬으며 걸어가 빛이 있는 지상으로 나오는 과정이 세상에 태어나 불교의 가르침을 만나는 과정과 유사하다고 하여, 소원을 비는 참배 문화로 대중화되었다.

작가 자신이 '어둠 속의 세계'라고 명명한 땅속 세계는 무색, 무취, 무시간성의 공간이다. 그로부터 지상으로 이동하는 동안, 문제는 해결의 실마리를 찾아간다. 거기에는 어둠 속으로 진입하는 고통(기사단장의 살해라는 폭력)이 매개되며, 그것을 통과했을 때 마치 「이세의 인연」의 승려처럼 존재의 변이가 따른다. 「이세의 인연」이 염세적인 것과 달리, 『기사단장 죽이기』는 희망적이다. 주인공은 어려서 죽은 여동생이 후지산 풍혈에서 보았다는 앨리스의 나라처럼, 땅속 세계를 실감한다. 이를 매개로 그는 동생의 죽음을 받아들이고, 다른 사람에게 동생을 투사하는 태도를 중단한다.[42] 흙투성이가 되어 현실로 돌아온 주인공은 새로 태어나는 상징 체험을 한다. "우리 인생에는 잘 설명할 수 없는 일이 많고, 또 설명해서는 안 되는 일도 많습니다. 특히 설명함으로써 그 안의 가장 중요한 것을 잃어버리는 경우에는요"[43]라는 멘시키의 발언은 『기사단장 죽이기』에 제시된 영적 이동과 교감의 판타지에 대한 작가적 응답이다. 영, 혼, 백, 유령, 분신, 생령은 증명할 수 없지만 체감되는 실존체다. 작중 인물의 경험 세계는 독자의 공감 속에서 실재로 현상한다.

『기사단장 죽이기』에는 영, 혼, 백, 유령, 분신, 생령 등의 개념이 등장하지만, 작중 인물이 이에 대한 인식을 공유하게 하거나, 공통 개념에 도달하는 과정을 부여하지 않는다. 그것은 소설 형식 안에서 이야기의 흐름과 인물 형상을 통해 상상의 영역으로 흘러넘친다(마리에가 멘시키 집의 옷장에 숨어 있을 때, 그 밖을 서성인 존재의 정체는 끝내 밝혀지지 않는다. 그것은 작중 인물과 독자에게 모두 상상의 영역으로 개방된다). 그것은 마치 무의식의 영역처럼, 존재하지만 말해지지 않음으로써 평화롭게 안존하는 세계, 명확히 개념화하지 않음으로써 세계를 풍부하게 하는 메타포, 언어로 개념화될 수 없는 소설 속의 '이데아'와 유사한 위치성을 갖는다. 그것은 존재하지만 확정할 수 없는 것, 인식할 수도 공감할 수도 있지만, 자기동일성에 대한 검증을 유보함으로써 비로소 존재하는 영역이자 대상이다. 생령은 육체의 한계, 혈연의 결속을 넘어, 영적 존재의 정념과 소통 지향성을 증명하는 아시아적 상상의 매개다.

보이지 않는 것과의 동거: 「하나레이 만」

「하나레이 만」은 하루키의 단편집 『도쿄 기담집』[44]에 실려 있다. 2018년 일본에서 영화로 제작되어 2019년 한국에서 〈하나레이 베이〉(2018)로 상영되기도 했다. 소설과 영화는 디테일에 차이가 있다.[45] 주요 배경은 하와이의 카우아이섬. 사치의 아들 다카시는 하나레이 만에서 서핑하다가 상어에 다리를 물려 익사한다. 해마다 아들의 기일이 되면 사치는 하와이에 간다. 하는 일은 해변에 앉아 바다를 보는 게 전부다. 그녀는 아들이 죽은 뒤에도 흔들림 없는 일상을 살았다. 그러던 어느 날 해변에서 아들 또래의 서퍼들을 만난다. 서로 일본인임을 알아보고 대화를 나누다 약간의 도움을 주는 사이가 된다. 약간이라고 하지만, 사실 그 정도만으로도 사람의 인연은 확실히 묶인다. 그들 중 한 청년이 사치에게 "아주머니, 혹시 여기서 외다리 일본인 서퍼를 보신 적 있으세요?"[46]라고 물었다. 아들 또래의 일본 청년인데 오른쪽 다리가 잘렸다고 했다. 그 후 사치의 일상이 흔들리기 시작한다. 표정은 물렁물렁해진다. 눈물을 뚝뚝 흘리는가 하면, 히스테릭하게 옷장을 헤집어 던지기 시작한다. 해변을 헤매며 아들 흔적을 찾고, 서퍼들을 찾아다니며 외다리 서퍼에 대해 물었지만, 답변은 같았다. "외다리로 서핑할 수 없지 않나요?"

사치가 아무리 찾아도 아들은 보이지 않았다. 타인의 눈에 보이는 아들이 자신에게는 보이지 않아 서운하다. 숙소로 돌아온 사치는 비로소 눈물을 터트린다. 잃어버린 것을 찾기 시작하자, 비로소 다시 찾을 수 없는 소중한 것을 영영 잃어버렸음을 깨달은 것처럼.

그런데 서퍼들이 보았다는 외다리 서퍼는 누구일까? 상어에게 물려 익사한 사치의 아들이라면, 그는 유령, 한국어로 귀신이다. 아들이 살았을 때 사치와는 사이가 좋지 않았다. 영화에서는 "난 아들을 싫어했어요"라는 대사까지 나온다("그래도 사랑했어요"라고 덧붙였지만). 아들과 사치는 마음으로 소통한 기억이 없다. 아들은 사치의 기대에 못 미쳤고, 마약을 했다. 바람둥이 남편처럼 제멋대로였으며, 어린 시절의 자신처럼 부모 말을 듣지 않았다. 사치와 아들은 불통이다. 사치는 슬프지 않았던 게 아니라 슬퍼할 수 없었다. 사랑한 적 없으면서, 깊이 사랑했다는 듯이 울고 있는 자신을 용납할 수 없었다. 사치는 외다리 서퍼에 대해 듣는 순간 자신이 가장 사랑한 이가 누구였는지 알아차린다. 외다리 서퍼는 사치가 앉은 해변 근처 나무에 기대 사치 쪽을 바라본다고 했다. 죽은 아들은 엄마를 보지만, 정작 엄마는 아들을 볼 수 없는 것이 단지 사후적인 것은 아니라고 생각했을까. 서핑하는 아들의 혼을 보지 못하는 것만이 아니라, 살았을 때도 아들의 진짜 정체를 보지 않았다는 것을 깨달아서였을까. 사치의 감정은 폭발한다.

하나레이 만은 죽은 아들의 선물이다. 비즈니스석을 타고 해변에 앉아 3주 동안 아들을 생각하는 마음, 그것은 고통스러운 애도 의례이자, 어두운 마음에 생기를 불어넣는 바람이다. 영화에서는 사치가 두 명의 서퍼와 어울리며 아들의 마음에 다가가는 장면이 있다. 모래밭에서 서핑 시뮬레이션을 하며 파도를 가르고 균형 잡는 즐거움을 실감한다(여기서 사치는 활짝 웃는 모습을 처음 보인다.). 아들의 유품인 카세트테이프를 들으며, 음악을 즐기던 다카시의 마음을 느껴본다. 사치는 아들의 감정을 상상한다. 외다리 서퍼는 환영이다. 본 사람은 있지만 증명이 불가능하다. 아들은 서핑하는 청년을 매개 삼아 엄마에게 손 내민다.

영화의 마지막 장면에서 해변을 걷던 사치는 문득 뒤돌아보고 미소 짓는다. 관객은 그것이 아들을 향한 미소이자, 자신을 향한 미소임을 받아들인다. 소설의 결말은 조금 다르다. 사치는 피아노를 치며 하나레이 만을 추억한다. 하나레이 만은 이제 죽은 아들을 애도하는 장소가 아니라, 아들이 살아서 즐겼던 자유를 경험하고, 아들에 대한 사랑을 확인하는 치유의 장소다. 아들은 사라진 게 아니라 기다리고 있다. 어머니를 상심하게 했지만, 또한 살아가게 했다. 사람을 살아가게 하는 것은 눈에 보이는 물질이 아니라, 보이지 않는 마음이다.

사람은 누군가 죽은 뒤 새롭게 찾은 영혼으로도 산다. 그것이 누군가에게는 흔히 보이지만, 스스로는 한 번도 보지 못한 귀신일지라도.

4장
생동하는 귀신,
회생하는 전통

그대는 생명에 시작이 있으면 끝이 있음을 너무도 잘 알고 있다.
그러므로 생명이 끝날 때의 공포감도 자연히 사라지게 된다.
공포감이란 바로 생명의 표현이기 때문이다.

─가오싱젠[1]

21세기 아시아에서 눈에 보이지 않는 귀신을 실체로 간주하는 나라는 존재하지 않는다. 감성적 인지 차이는 있지만, 비이성적·비제도적 존재인 귀신은 오직 문학, 문화, 예술의 영역에서 상상으로만 다루어진다. 단, 사회주의 체제의 중국은 비현실적인 귀신에 대한 현대적 담론화가 금지된다. 그 결과 현대의 중국에서는 역사적 장르물 이외의 문학이나 문화 콘텐츠에서 귀신 형상이나 담론이 배제된다.

　그러나 전근대 시기까지 중국은 풍부한 귀신 서사를 창작하고 향유하는 전통을 이어왔다. 귀신 상상력의 뿌리는 불교와 도교, 민간신앙과 다양한 민속 자원에 있다. 귀신 서사를 유희적 오락거리로 즐기기도 했지만, 그 이면에서 제도, 정치, 경제, 사상, 이념, 관습적 구속과 제한, 불편부당한 현실의 모순을 사유하고 풍자하는 성찰 동력으로서의 역할을 했다. 비가시적 존재인 귀신을 등장시켜 현실을 비판하고 재구성하는 문화적 힘을 발휘해온 저력이 있다.

21세기의 중국은 사회주의 이념에 따라 현실주의적 관점을 고수하지만, 오랫동안 문화적 근간을 형성해온 전통 지식과 감성 자원을 철저히 무력화하는 것은 불가능하다. 문화의 단절, 배제, 차단을 지향하는 다양한 장치에도 불구하고 전통으로부터 이어진 신념, 가치관, 감수성, 상상력이 일상에서 이어지기 때문이다. 특히 세계화 시대에 언어와 국경을 넘어 문학과 예술이 창작·향유되면서, 특정 지역의 제도나 이념이 경계를 넘는 현상이 가속화된다. 국경을 넘어 이주한 작가가 이주지의 언어로 글을 쓰고 공유하는 이른바 엑소포니 시대[2]에, 금지나 경계는 법과 제도를 넘어 문화적 탄력성을 지니고 창신한다.

이 글에서는 중국 출신이지만 문화대혁명기를 거치면서 프랑스로 이주해 국적을 바꾼 가오싱젠高行建의 소설과 희곡, 타이완의 작가 리앙李昂의 소설에 등장하는 귀신에 주목한다. 가오싱젠은 2000년에 노벨문학상을 수상한 소설가이자 화가, 극작가, 연출가다.[3] 중국 출신이지만, 문화대혁명기를 거치며 중국 정부의 억압을 받던 차 1987년에 프랑스로 갔고, 1989년 톈안먼 사건에 대한 중국 정부의 대응을 비판해, 중국 공산당에서 퇴출된다. 그는 망명자 신분으로 정착해, 1998년 프랑스 시민권을 얻었다.[4] 노벨상 수상작은 중국에서 창작을 시작해 프랑스에서 완성한 소설 『영산靈山』[5]이다. 이 글에서 주목하는 그의 작품은 소설『영산』과 몇 편의 희곡이다. 문화대혁명 시기에 이른바 '혁파해야 할 사회조직과 규범'[6]에 해당하는 귀신과 저승 등 미신과 종교, 영성을 다루기 때문이다. 타이완도 공자 사상의 영향으로 귀신이 등장하는 서사가 드물었으나, 현대에 와서 귀신과 장소를 연관시키는 창작이 이루어지고 있다.[7] 리앙의 소설『눈에 보이는 귀신』은 여자 귀신의 시선으로 쓴 타이완 역사의 현장 기술지라 할 수 있다. 작가는 귀신에 관한 소설을 쓰면서 타이완의 역사적, 정치적, 문화적 금기와 충돌했고,[8] 이를 서사의 그늘로 받아들여 독창적인 미학을 구축한다. 리앙은 "귀신들의 나라에 영토는 없고 귀신들의 울음소리만 음산하다"[9]고 말한다. 곡성은 아시아 귀신의 공통 감각이다.

리앙에 따르면 타이완에는 좋은 귀신과 나쁜 귀신, 그리고 귀신'류'가 있다. 예컨대, '조교채抓交替'란 뜻하지 않게 죽은 사람이 귀신이 되어 누군가를 죽게 한 뒤, 자신은 사람이 되고, 죽은 사람이 대신 귀신이 되게 한다는 민간의 통설이다.[10] 반대로, 자신을 공경하는 사람을 보살피는 보호신도 있다. 리앙은 여자 귀신 이야기를 쓰기 위해 타이완의 여자 귀신 전설을 모두 읽었다고 한다. 대부분은 치정이나 재산 문제로 살해되었는데, 복수심이 없었다. 리앙은 전설을 차용하는 대신 허구를 창작한다.[11] 『눈에 보이는 귀신』에 등장하는 루청鹿城의 '소부삼왕야蘇府三王爺'는 리앙이 살던 루강의 신에 영감을 받아 탄생한 신이다.[12]

아시아의 귀신은 보이지 않는 이웃이다. 미디어의 재현물로, 삶의 현장에서, 허구와 실재가 뒤섞인 이야기로 살고 있다. 귀신은 공포의 대상이자 재앙의 진원, 치유를 기다리는 상처의 형상이다. 베트남에는 전쟁에 참혹하게 죽은 귀신을 '보이지 않는 이웃'으로 명명하는 문화가 있다. 1946년, 프랑스군이 베트남 할머니를 가두고 불을 지른 뒤, 20년이 지나 할머니 귀신이 나타났다. 사람들은 제단을 만들어 기도처로 삼았고, 이로부터 할머니 귀신에 소원 비는 문화가 생겼다. 사람들은 이를 '보이지 않는 이웃'으로 불렀다.[13] '보이지 않음'이 확정된 뒤, 공동체에 편입되는 과정이 아이러니하다.

귀신과 인간은 죽음과 삶처럼 넘나들며 현재의 시간을 생성한다. 역사를 만드는 것은 인간만이 아니다. 표현하지 않은 회한과 망각이 없는 것이 아니듯, 아시아의 작가들은 귀신이란 보이지 않을 뿐 존재하지 않는 것은 아니라고 말한다.[14] 제도적으로 금지된 존재로서의 귀신은 현실의 억압, 역사에서의 배제와 연결되기에, 귀신 이야기는 숨겨진 과거의 복원, 사라진 전통의 회생, 차단된 생명의 회복이라는 상징성을 지닌다. 중국과 타이완 태생의 작가가 탐색하고 추구한 귀신 이야기를 통해, 억압받고 금지된 아시아 귀신이 어떻게 현대의 문학작품을 통해 회생하고 생동하는지 살펴보자.

금지된 전통, 살아 있는 영과 귀
: 가오싱젠의 소설과 희곡

가오싱젠의 희곡 「피안彼岸」, 「저승冥城」, 「생사계生死界」[15]에는 귀신, 저승, 피안이 등장한다. 이들은 비현실적인 것을 언급하는 것이 금지된 중국 현대 문화 콘텐츠에서 좀처럼 찾아보기 어려운 요소다. 중국이 정책적으로 금지한 것을 소환하는 문학적 도전을 한 셈이다. 가오싱젠에게 중국은 정체성 구성의 필요조건이지만 충분조건은 아니다. 가오싱젠의 작품을 이해하는 데 국적 경계가 절대적이지 않은 것은 세계화시대 문학의 특성을 대변한다. 작가는 국적 경계에서부터 흘러넘치는 지점에 있다. 그의 작품이 초국가적, 초문화적 시각,[16] 또는 중국적인 것의 해체와 재구성이라는 관점에서[17] 해석되는 맥락이다. 망명 전, 가오싱젠은 자신이 국수주의자가 아니며, 중국인으로서의 우월감도 갖고 있지 않다고 했다.[18]

그러나 작가가 청년기까지 보낸 중국의 장소성, 역사성, 문화적 의미를 탈색하는 것도 무의미하다.[19] 『영산』에 그림자로 드리워진 중국적 요소를 삭제하면, 독서 과정에서 환기된 풍부한 감성과 직관은 표백된다.[20] 이 글에서는 중국이라는 장소성과 현장성, 역사성은 인정하되, 그것을 정치적으로 한계 짓는 방식은 경계한다. 가오싱젠의 경험은 급변하는 현대사, 이주가 일상화되는 세계화 시대의 보편 경험을 압축한다. 그의 작품에는 개인의 삶에 단층적으로 축적된 역사와 문화의 연속성과 불연속성이 공존한다. 가오싱젠의 몸과 마음, 정신은 중국과 프랑스라는 장소로 인해 단절된 것이 아니라 다선적 연결망을 지닌다. 한편으로는 중국을 거부하지만, 다른 한편에서 중국은 기억되는 과거이자, 현재에 소환되어 전통으로 재구성된다.[21] 그는 현대 중국이 버리거나 억압하고, 배제하거나 주변화한 것을 과감히 무대화한다. 소환된 과거, 배제된 전통, 주변화된 주체. '귀신'의 위치성이 여기에 있다.

저승이 등장하는 가오싱젠의 희곡 「피안」과 「저승」은 중국에서 창작된다.[22] 「생사계」의 집필 지역은 프랑스다. 국경을 넘는 것과 무관하게 그의 작품에는 중국의 역사, 문화, 관습, 전통이 소재화된다. 경험적 실체이자 삶의 현실로서 중국(적인 것)은 국적과 국경을 넘어 개인사에 체화되어 연속성을 지닌다.[23] 이런 경험은 사회주의의 붕괴와 문화대혁명을 겪은 중국의 특수한 역사, 프랑스어 통역사로서 파리로 망명하게 된 이력에 한정되지 않는다. 「저승」이 초연된 것(1998년)은 중국으로의 반환이 확정된 1997년 이후의 홍콩이다. 「피안」은 1986년 중국에서 초연되는데, 사회주의를 오염시킨다는 이유로 금지되어.[24] 1995년에 홍콩에서 가오싱젠의 연출로 재공연된다. 「생사계」는 1990년 집필되어 1993년 프랑스 파리에서 초연되었고, 1997년 미국 뉴욕에서 가오싱젠의 연출로 무대에 오른다. 「팔월의 눈」은 타이완 국가극원에서 2002년 가오싱젠의 연출로 상연된다.[25] 집필과 공연에 이르는 과정이 글로벌 시대의 작가적 행보를 압축적으로 시사한다. 타이완을 독립국으로 간주하는 입장과 중국의 일부라고 보는 상반된 견해를 고려하면, 가오싱젠 희곡의 타이완 상연에 대한 해석은 간단치 않다. 이는 홍콩도 마찬가지다. '하나의 중국One China'이라는 관점을 문화예술에 적용해보면 가오싱젠의 연극은 상연이 금지되어야 한다. 혹세무민의 미신이 등장하기 때문이다.

그러나 잘 알려져 있듯, 홍콩은 귀신과 인간의 로맨스를 다룬 〈천녀유혼〉(1987)의 본고장이며(물론 중국 본토에서도 전근대 시기가 배경일 경우, 귀신 모티프는 허용되지만 검열을 고려해 식물인간, 타임슬립 등의 장치와 연결된다. 이에 관해서는 이 책의 7장 다섯 번째 절을 참조), 타이완 작가 리앙의 소설에서는 귀신이 지붕 위에 올라가 지워진 역사를 다시 쓰는 중이다. 홍콩이나 타이완에서 가오싱젠의 연극을 금지할 하등의 이유가 없다. 이는 중국의 정책과 문화·역사가 충돌하는 모순의 현장이기도 하다. 귀신을 다루는 문학·문화·예술을 통해, 이에 대한 법적 규정이나 행정 정책, 사람들이 실제로 감각하고 경험하는 문화 현장의 거리를 실감할 수 있다.

「저승」은 현실(1막)과 저승(2막), 다시 현실(3막)에서 진행되는 3막극이다. 1막에서 장주는 아내의 마음을 떠보려고 죽은 척한다. 그는 다른 사람인 것처럼 나타나, 산 사람의 뇌수를 먹어야 살 수 있다고 속인다. 아내는 그를 돕기 위해 죽은 남편의 뇌수를 꺼내려 관을 부순다. 남편이 정체를 드러내자, 아내는 미친 듯 웃다가 자살한다. 여자의 정절은 시험당한다. 2막의 무대는 저승이다.[26] 장주 아내가 저승사자를 따라 강을 건넌다. 물에 빠져 죽은 여자들이 다리 아래서 핏물로 몸을 씻고 있다. 장주 아내는 저승에서 억울함을 씻을 수 있기를 바랐지만, 이곳은 뇌물이 통하는 타락한 장소다.[27] 판관은 장주 아내의 하소연에도 불구하고 그 혀를 자르라고 판결한다. 현실에서는 남편에게 속아 분하고, 죽어서도 진실을 외면당해 비참해진다.[28] 부조리한 현실을 바로잡는 정의로운 저승은 없었다. 3막에서는 홀로 남은 장주가 항아리를 두드리며 생사에 대해 노래한다.

문학에서 저승은 현실의 부조리를 판결하는 정의적 장소였다. 이제 정의는 저승에서도 불통이다. 아시아에서 저승은 현실의 모순을 교정할 대안적 세계로 등장하기에, 타락한 저승이라는 발상은 드문 편이다. 『원혼지』와 『요재지이』를 통해 일부 역사화되었고, 〈저승〉에서 전면화된다. 「저승」에 나오는 판관, 마고, 염라대왕은 장주 아내의 억울함이나 진실에 관심이 없다. 2막에 등장하는 무기력한 남녀가 장주 아내의 억울함에 대해 노래한다. "만약 네가 죄가 있다면, 그건 사람이기 때문이야. 만약 네가 사람으로 태어났다면, 그건 네게 죄가 있기 때문이야. 만약 네게 죄가 있다면, 네게 죄가 있기 때문이지. 아니, 만약 네게 죄가 있다면, 사람이 너이기 때문이야"[29]라는 가사는 부정과 부패가 순환하는 모순을 중언부언, 동어반복의 형태로 표현한다.

연극의 마지막 장면은 고전철학서 『장자』에 나오는 장면 그대로다. 장주는 항아리를 두드리며 "사는 것이 죽는 것이나 다름없고 죽어도 또 산다. 살고 또 죽는 것, 종내 알 수가 없지"[30]라고 노래한다. 삶과 죽음의 초월을 노래하던 『장자』의 원본은 삶과 죽음의 모순된 동일성에 대한 「저승」의 노래로 자리바꿈한다.

가오싱젠은 희곡 쓰기와 무대화를 통해 현실 고백, 삶의 증언, 역사 비판, 과거 성찰을 동시에 수행한다. 일종의 미래 탐험이자 비전 탐색이다. 타락한 저승과 부조리한 현실은 서로를 미러링한다. 텍스트 수용을 통해 독자와 관객은 창작가·연출가와 더불어 추구자의 정체성을 형성한다. 그 과정에서 작가는 자신이 연극에서 추구한 다성부의 장치를 저승의 망자들이 동시에 외치는 영혼의 울림으로 연출해,[31] 부조리한 극적 효과를 증폭시켰다. 텍스트 바깥에서 작가는 중국의 과거·현재·미래를 사유하기 위해 연극 무대를 상정했다. 저승은 중국과 세계, 현대성을 사유하는 연극적 장치다. 무대 위에서 작가는 귀신의 언어를 청각화하고 명계의 행동을 시각화한다. 텍스트는 생사의 경계에 의문을 제기함으로써, 삶의 의미를 되묻는다. 작가의 실존적 상황이 텍스트 내적 구조와 조응한다. 이를 통해 독자는 중국의 현실과 문학계 안팎을 성찰한다. 일종의 메타 사유다. 가오싱젠의 희곡에 등장하는 저승, 귀신, 피안은 중국 문화의 전통과 관습을 활용해 현대성을 사유한다. 저승이 부패했기에 귀신은 서식지를 잃었다. 작가는 파국의 저승과 유랑하는 귀신을 통해 발붙일 곳 없는 현대인의 위치성을 은유한다. 작가는 중국이 금지하고 폐기처분한 것, 평가절하한 것을 무대로 소환해, '중국적·아시아적·세계적'인 감각·경험·현실·운명과 대면하는 문화 기획을 시도한다.

다른 한편으로 가오싱젠은 영성을 탐색하는 소설 『영산』을 창작한다. 작가인 주인공은 폐암을 선고받지만 오진임이 밝혀지자, 거미줄처럼 자신을 옭죄던 문학계를 떠나 삶의 진리를 찾기로 결심한다. 그는 기차 안에서 영산에 가는 사람을 만난 뒤, 마음에 영산을 품는다. 어디에 있는지도 모르고 가본 적 없는 영산이 인생의 푯대가 된다. 영산은 의혹의 대상이자 마음을 끄는 심미적 대상이다. 모든 것이 원시 상태 그대로라는 곳. '당신'은 영산을 찾아가기 시작한다. 지도상으로 영산에 가려면 기차를 타고 '우이'라는 작은 진鎭(중국의 행정 단위)에서 내려 배를 타고 여우강을 거슬러 올라야 한다. 영산은 "『산해경』에서 『수경주水經注』라는 제목이 붙은 오래된 지리서에 이르기까지, 여러 곳에 언급되어" 있는, "부처께서 마하가섭에게 깨우침을 주신 곳"[32]으로 알려져 있다. 추상적이고 형이상학적이지만, 실재를 믿고 추구하며 찾는 이에게만 존재한다. 영산은 원시림 속에서 생명의 원기를 감지하는 순간 현현한다. 그 세계는 주술이나 귀신처럼 미혹의 대상이지만, 믿는 순간 힘을 발휘한다는 점에서 본질이 같다.

『영산』의 일부는 작가-화자의 탐색담으로 서술된다. 영산을 찾아가는 동안 화자는 여러 광경을 보고, 역사와 신화, 전설, 옛 이야기, 전통이 살아 있는 문화 현장을 접한다. 그 과정에서 자연보호지구에 사는 소수민족과 이족들,[33] 늙은 무당, 가인歌人, 정체 모를 여인, 꿈속 여자, 꿈인지 현실인지 분간되지 않는 여자와 인연을 맺는다. 화자는 태초의 고독과 대면하며, 의식과 무의식의 풍경, 소문과 추문 사이, 겹겹이 감추어졌다가 낱낱이 드러나는 여러 층의 자아,[34] 갈라지며 흩어지는 감정과 마주친다. 영산을 탐색하는 화자의 행보는 53명의 선지식을 찾아 구법 여행을 떠나는 『화엄경』의 선재동자를 닮았다.[35] 화자와 동행하는 여자의 정체는 미상이다. 그녀는 '당신'이라고 불리는 2인칭 화자의 또 다른 자아alter ego다. 때로 유혹적이고, 때로 빈종이처럼 순수해 주인공의 죄를 환기한다.

'영산'은 실증할 수 없지만, 있다고 믿어지는 실체, 전설이자 역사이며, 원시성을 지닌 미래다. 영산을 찾아가는 여정에서 1인칭, 2인칭, 3인칭의 서술이 교차하며 때로 착종하는 서술 기법이 활용되는데,[36] 이는 이 소설이 현실의 여행인 동시에 정신적 사유이며, 나 자신과의 다층적 독백임을 시사한다.[37] '우리'를 말하지 않고 파편화된 개인의 인식을 탐구하는 『영산』의 서사에서 증명하기 어려운 귀신이나 신, 혼령이 소환되는 것은 그것이 전통의 영토에서 뿌리 깊이 이어지는 내적 소통의 신체화된 경험이기 때문이다. 그런 이유로, 시아버지에게 성적 학대를 당하고 어린 남편이 요절한 뒤, 고통받던 여자가 혼령과 소통하는 스토리는 미신이 아니다.

이 이야기는 삶에 가려진 불행의 증언이다. 혼을 부르는 주술사의 내력은 수난의 현실을 신격으로 승화시키는 바리데기 무가와 유사하다. 주인공은 영산을 찾아 편력하면서 소수민족의 망자 제례와 전설, 신화를 접한다. 그들에게 망자의 혼은 현실이다. 작가는 백만 년 이상 된 빙하기의 유물로 살아 있는 화석이라 할 메타세쿼이아가 40미터가 넘게 자란 것을 묘사하면서, 이런 현상이 자연계에 이례적이지 않다고 말한다. 『영산』에는 천년 전 스승을 섬기는 사람들, 사후에도 시체가 썩지 않고 야생동물도 범접하지 못하는 노인이 살고 있다.

영산이나 영암靈岩을 추구하는 이는 혼자가 아니다. 종교는 법으로 금지되지만, 사람들은 여전히 이를 존중하며 그 영향권에서 산다. 무신론자인 '나'는 젊은 남녀가 신에게 기도하는 것을 조롱했지만, 폐암 진단을 받았을 때 너무 무서워서 심지어 기적을 바라는 마음으로 "죽음의 신 앞에서 내 마음속으로 나무아미타불을 외치는 것"을 듣는[38] 이율배반에 직면한다. 귀신도 마찬가지다. 귀신은 종교나 영혼, 미신처럼, 법과 제도적 억압을 흘러넘친다. 화자는 50년대에 미신적 물건으로 간주되어 압수된 나희儺戲의 가면이 문화대혁명에도 살아남은 것을 보고, 그것이 육체와 영혼의 투영이라고 확신한다.[39] 나희는 중국 전통극 중의 하나로, 귀신 쫓는 목적으로 연행되는 연극이다. 귀신이 없다면 나희도 없다. 귀신이 있다고 믿는 제작자, 배우, 관객이 있기에, 나희는 문화와 예술이 된다. 문화혁명기에 미신은 탄압받고 억압받지만, 귀신의 실체를 담은 나희의 가면은 "영원히 자기 자신을 응시하는 인간의 이미지"⁴⁰로 남아 있다. 귀신은 없다고 선언되었지만 은밀히 존재 가치를 약속받는다. 그것은 문자화되지 않은 정신적 유산이다.

가오싱젠은 소설『나 혼자만의 성경—個人的聖經』에서 미신을 금지한 문화혁명기야말로 미신의 시대라는 역설을 제기한다. 이러한 역설은 그의 작품을 관통하는 부조리한 세계 인식과 일치한다. 이념과 사상은 귀신을 논쟁거리로 만들고, 감각과 체험은 귀신을 현실의 동거자로 끌어안는다. 문학은 그것을 불/확실성의 은유 대상으로 변환시켜 상상 공간에 띄운다. 가오싱젠의 소설에서 귀신은 담론 속의 난항을 거쳐 사유체로 변환된다. 국경과 시간, 장소를 넘는 영혼과 귀신에 대한 상상은 제도와 법, 시간 속에 사라져가는 전통, 사상, 문화, 관습, 영성에 생명력을 부여해 현실에 내재된 적층성, 근대성의 부조리, 분열되는 주체와 통합하는 상상력에 관한 풍부한 사유의 문을 연다.

여자 귀신의 자기계발과 역사 쓰기
:『눈에 보이는 귀신』

타이완 작가 리앙의 소설『눈에 보이는 귀신』은 네 편의 중편과 한 편의 단편으로 구성된다. 주인공은 타이완의 동, 북, 중, 남, 서쪽 귀신으로, 작가는 이를 통해 타이완의 400년 역사를 기록했다고 평가된다. 다섯 편의 소설은 독립적이지만, 전체적으로 상호참조하는 역할을 해서 엇갈리고 중첩되는 보완적 의미 공간을 구성한다.[41] 여자 귀신은 원전에서 '귀鬼' 또는 '귀혼鬼魂'으로 표기된다. 한국어 번역본에는 '혼귀' 또는 '여자 귀신'으로 적힌다. 귀신의 자기탐색과 자기계발은 치열하다. 소설은 귀신의 사연을 외면하지 않지만, 현재의 선택·생각·판단·감성에 주안점을 둔다. 소설 속의 여자 귀신은 독서하고 글을 쓴다. 지붕에 올라간 사람이 그것을 읽었을 때, 내용이 충격적이라 모른 척했지만, 진실을 알았기에 무지한 시절로 돌아갈 수는 없었다. 쓰기가 역사가 되는 이유다.

「동쪽: 정번파의 귀신」[42]은 근대 타이완의 여자 귀신 수난사를 다룬다. 주인공 월진/월주[43]가 귀신이 된 사연에는 타이완에 한인과 네덜란드인이 이주하면서 원주민 바부자족이 산꼭대기로 몰려나게 된 배경이 있다. '정번파頂番婆'란 한인漢人들이 명명한 이주자(추방자) 구역으로, 맨 꼭대기, 마지막 거주지라는 뜻이다. 바부자족이 쫓겨날 때, 거동이 불편한 여성과 아이들만 남았다. 월진은 다중 혼혈로 태어나 정번파 만춘루의 아방관, 즉 포주가 된다. 나중에 생번과 한인, 홍모번(네덜란드인)의 반목을 선동했다는 혐의로 체포돼 사망한다. 하반신에 수없이 구멍이 뚫렸다. 소설의 초입에 월진과 월주가 이력이 다른 두 사람인 듯 서술된 것은 서사적 장치다. 월진/월주라는 이름은 각각 동일한 문화적 정체성을 가진 여성을 상징하는데,[44] 같은 사람임에도 다른 사람처럼 여겨지는 효과를 갖는다. 스스로 말할 기회가 없었기에, 그녀의 정체는 타자의 입소문으로 왜곡된다. 분열된 정체성이 통합되는 것은 귀신이 되었을 때다. 억울하게 죽음을 맞은 월진/월주의 시신은 거리에 방치되어 소금 뿌려진다. 귀신이 된 월진/월주는 세월이 흐른 뒤 여자들이 전족하지 않고 다니는 것을 보고 충격을 받는다. 생전에 커다란 발은 수치심의 근거였다. 귀신의 눈은 변화하는 역사 속의 여성을 추적한다.

세상이 변해 일본이 타이완을 지배하게 되었고, 다시 세월이 흘러 국민당 군대가 들어왔다(이 대목에서 타이완의 근대사가 압축적으로 제시된다). 2월 28일, 하반신에 구멍이 뚫린 여자 시신이 발견되자, 귀신을 묘당에 모셔 공양하기 시작한다. 월진/월주의 하반신에 뚫린 열 개의 구멍은 죽어서도 남자를 만족시키기 위해 만든 인위적 음부였다.[45] 열 개의 음호는 처참하지만 말없는 입이다. 그녀가 비명을 지를 때 모두가 외면했다. 이 상처는 2·28 사건 이후 30년이 지나, 복권 당첨을 기약하는 행운의 표시가 된다. 도박이 전국적 스포츠가 되었을 때 상처투성이 여자가 꿈에 나타났는데, 상처의 숫자를 조합해 복권에 당첨된 것이다. 산 자들은 귀신의 고통을 이해하는 대신, 눈먼 욕망에 복을 빌고 있다. 폭력이 여자를 귀신으로 만들었고, 터무니없는

인간의 욕망이 귀신을 다시 추방한다. 타이완 근현대사에 대한 자조적 풍자다.[46]

「북쪽: 대나무의 귀신」은 신들의 정치적 경계 분할을 다루고 있다. 이 소설은 타이완 원주민과 중국 본토의 이주자 사이의 갈등과 충돌, 힘의 역학을 성찰한다. 탕산의 이주신, 즉 '오부삼왕야嗚府三王爺'와 생번 본토의 무녀 '왕이'의 대결이다. 주인공은 탕산에서 루청의 베이터우로 이주한 한약자선과 일시이명一屍二命이다. 그녀는 탕산에서 한약자선에게 살해되었다. 임산부로 죽었기에, 시신은 하나인데 목숨은 두 개라는 뜻에서 일시이명이라 불렸다. 한약자선은 귀신 퇴치를 위해 청수궁의 법사인 왕이를 찾았다. 이때 루청 토박이인 왕이가 방언으로 공수했다. 사람들은 일시이명이 빙의했다고 믿었다. 왕이가 루청 방언을 쓰지 않았기 때문이다. 왕이는 연극적인 포즈를 해서 사람들의 호응을 얻었다. 한약자선은 오부삼왕야로부터 일시이명과 칠대의 악연이 쌓였다고 듣는다. 오부삼왕야는 베이터우 최대의 수호신으로, 중국 본토 탕산에 본거지가 있다. 오부삼왕야는 한약자선이 아들을 낳으면 일시이명에게 양자로 주어야 죽은 아이가 환생할 거라고 했다. 상처 준 대가를 치러야 화해할 수 있다는 메시지다.

이듬해 한약자선이 아들을 낳았지만, 사람들은 이미 그에게 관심이 없다. 오부삼왕야의 계시처럼, 탕산의 것은 탕산에게 돌려주되, 일단 바다를 건너온 것은 서로 간섭하지 않게 된 것이다. 중국 본토와 타이완의 평화로운 거리 두기를 상징한다. 이 소설은 탕산에서 루청으로 이주한 한약자선을 통해 이민자에 대한 배제와 거부의 시선을 전달한다. 오부삼왕야와 왕이의 대결은 타이완과 중국 본토의 관계를 은유한다.[47] 사람이 이주할 때 신도 함께 왔다. 인간의 몸이 물질과 문명을 상징한다면, 신은 정신과 마음을 상징한다. 탕산에서 건너온 오부삼왕야의 힘이 쇠락하고, 루청의 원주민 출신 무녀 왕이가 신뢰를 얻는 과정은 중국 본토와 타이완의 정치, 문화, 정서적 정황을 상징한다. 다시 무녀 왕이의 역할이 축소되고 오부삼왕야가 세력을 얻는 과정은 두 지역의 역동적 관계 변화를 은유한다.

「중앙: 불견천의 귀신」은 역사 서술에서 배제된 적파賊婆를 찾기까지의 여정을 다룬다. 배경은 건륭·가경 연간, 루청의 불견천이다. 불견천이란 하늘이 없다는 뜻으로, 아열대 기후의 타이완에서 비, 바람, 더위를 피하려고 처마 밖에 가리개를 두른 대규모 상가다. 축자적으로 '하늘을 보지 못하는 귀신'이라는 의미가 시사하듯, 세상을 제대로 보지 못했던 여성이 귀신이 되어 세상을 이해하는 것을 상징한다. 주인공 월홍은 최고 수준의 교육을 받은, 부유한 상인의 딸이다. 직접 남자를 고르려고 『금병매』의 반금련을 흉내 내다가 불량배와 추문이 나서 우물에 투신한다. 귀신이 된 월홍은 독서에 심취한다. 생전에 여자의 책 읽기는 금기였다. 귀신이 입으로 숨을 불어 책장을 넘기는 장면은 독서로 세상과 호흡하는 것을 상징한다. 귀신은 영감의 주체가 된다. 귀신은 불견천 지붕에 거처하며 반란으로 점철된 타이완 근현대사를 섭렵한다. 귀신은 소문과 정보, 체험과 기억을 모아 구술 청취의 대만 역사를 모자이크한다.

여자 귀신이 소리 조각으로 쓰는 역사는 문자화된 역사가 (무)의식적으로 배제한 두 차원을 포함한다. 첫째, 피와 상처로 쓰인 반란과 저항의 역사다. 귀신은 역사의 뒤안길에 버려진 피해, 저주, 재앙, 전란, 투쟁, 살상, 약탈, 침략의 흔적을 추적한다. 둘째, 그 속에서 이중적으로 배제된 여성사, 즉 적파의 역사다. 여자 귀신이 피의 역사를 쓰면서 몸이 변한다. 구멍에서 선혈이 흘러 혼신을 채웠고, 피눈물을 받아 적으며 생기를 얻는다. 여자 귀신은 상처투성이 귀신 행렬과 마주친다. 행렬에는 여자가 없었다. 본받아서는 안 될 몹쓸 여자, 즉 적파로 여겨져 역사에서 지워졌기 때문이다. 여자 귀신은 적파의 사적을 기록해, 여성의 말, 행동, 가치를 복원한다. 이후 불견천의 화재를 몸으로 막아 마조신으로 추앙되기에 이른다. 여자 귀신이 신이 된 것은 1934년, 불견천 철거일이다. 여자 귀신은 불견천과 혼연일체가 되어 소멸한다. 귀신 몸의 죽음은 이면에 가려진 서민의 구술사, 역사에서 배제된 여성사의 부활을 뜻한다. 말하자면 '귀신 공희'는 곧 신의 부활이다.

「남쪽: 임투 숲의 귀신」은 일종의 임투 언니林投姊 본풀이다. 임투 언니는 억울하게 죽은 여자의 보통명사다. 박해, 폭행, 강간, 명예훼손, 편취, 치욕, 오해, 고통에 얽힌 사연이 있다. 모두 임투나무에 목을 맸다. 임투 언니가 숲에 나타난 이유는 복수 때문이다. 세월이 흘러 숲의 지형은 여러 차례 변했지만, 임투 언니는 계속 출몰했다. 세월이 흘러도 한은 소멸하지 않고, 숲의 밀도만큼 팽창한다.

「서쪽: 여행하는 귀신」은 2부 구성이다. 1부는 월항/월아의 원한과 복수담, 2부는 복수 이후의 선택이다. 복수는 일종의 자기처벌로 수행된다. 복수의 염을 품은 귀신이 어떻게 자유로운 여행자가 되었을까. 경영과 이재에 밝았던 월항/월아는 과부다. 탕산에서 온 가성/가충과 혼인했는데, 그에게 경제권을 넘기고 살해된다. 남편은 시신이 복수하지 못하게 그녀의 몸을 난자한다. 이를 계기로 루청 사람들은 현지인과 이주자 사이의 혼인을 꺼리게 된다. 여귀가 된 월항/월아는 법사의 경문과 염불, 극락 왕생을 거부했고, 더는 피가 흐르지 않을 만큼 세월이 흐른 뒤 모습을 드러냈다. 혼을 달래는 지관에게 여자 귀신은 죽어서 귀신이 되어도 괴로울 뿐이라고 말한다.[48] 여자 귀신의 심경은 폐허가 된 옛집 풍경으로 묘사된다.[49] 여자 귀신은 죽은 남편과 해후한다. 그러자 복수심이 사라지고 사랑과 존경심에 휩싸인다. 자신을 죽인 남편의 진심도 궁금했다. 그러나 남편은 여자 귀신이 애초에 품었던 살기를 직감한다. 여자가 이를 알아차린 순간, 남자가 칼을 휘두르지만, 실수로 자기가 죽는다. 복수는 응보가 된다.

귀신의 사명은 억울함을 푸는 복수에 있다. 과연 그 끝은 행복일까. 소설에는 복수한 뒤의 월항/월아의 심리 변화가 신체 묘사로 대체된다. 일곱 개의 구멍에서 더 이상 피가 흐르지 않았지만, 고뇌, 외로움, 원망, 후회, 분노로 수백 년을 살아온 귀신은 복수 끝에 공허, 무력감, 상실감에 빠진다. 귀신에 대한 사람들의 거부감도 여전했다. 복수 후에도 귀신은 불안, 근심, 원망, 공허감 등 마음의 습習에서 자유롭지 못했다. 여자 귀신이 여행자로 거듭난 것은 이 때문이다. 귀신의 최종 선택은 속죄도 초탈도 아닌 호기심이다. 비행기로 상징되는 신세계에 대한 관심은 여자 귀신이 새 삶을 꿈꾸는 계기가 된다. 귀신은 복수의 정념에서 벗어나 변하는 세상을 더 알고 싶다는 호기심으로 희망의 정념을 끌어당긴다.

『눈에 보이는 귀신』에 수록된 다섯 편의 텍스트에는 모두 소문이 등장한다. 소문은 거짓, 음모, 환상처럼 서술되지만, 한 번도 진실 아닌 적이 없다. 소문의 주체는 밤의 적막에 숨은 서민과 귀신이다. 소문에는 미리 도착한 결론이 담겨 있다. 소문은 서민의 통찰과 직관이다.[50] 서민의 생애사에 대한 구비전승인 것이다. 하반신이 상처투성이인 여자 귀신(「동쪽: 정번파의 귀신」), 대나무 위 귀신(「북쪽: 대나무 귀신」), 월항/월아의 복수(「서쪽: 여행하는 귀신」)는 소문 아닌 진실이다. 임투 언니의 사연은 전설 형식으로 공감대를 형성한다(「남쪽: 임투 숲의 귀신」). 불견천의 여자 귀신(「중앙: 불견천의 귀신」)은 거리의 소문을 수집하고 기록하는 역사 주체다. 귀신 목소리는 구비전승된 문학이다.

구술된 역사는 타이완 근현대사의 이면을 복원한다. 귀신이 불견천 지붕에 쓴 역사를 지붕을 수리하던 작업반장이 발견한다. 그는 못 본 척했으며, 누구에게도 말하지 않았다.[51] 귀신 소리를 들었던 사람들도 기적을 느꼈지만 눈뜨지 않고 자는 척했다.[52] 귀신이 실체이지만 신화가 되는 이유다. 때때로 소문은 신화화된다. 사람들이 복수에 성공한 월항/월아에게 고민을 호소하며 소원을 빌기 시작한다. 묘당을 짓고 제사 지내는 것은 귀신을 신으로 재구성하는 상징 의례다. 아이러니하게도 이는 귀신이 진실의 존재임을 선포한다. 소문이 여론이다. 그 대상은 타이완의 수난당한 여성이다. 이들은 귀신이 되어 세상을 보는 조감의 눈을 갖고 소설의 주인공이 된다. 문학은 억울함을 신원하는 문화적 장치이고, 귀신은 여전히 그 수행 주체다.

5장
중간자 귀신과
생사의 임계지

나는 경계를 넘고 싶은 것이 아니라, 경계의 주민이 되고 싶은 것이라고
생각했다.

—다와다 요코[1]

21세기 아시아 귀신의 특징은 생사의 임계지臨界地라는 상상 공
간에 일정 기간 거주한다는 점이다. 이런 발상은 전근대 시기
문학작품에도 간헐적으로 발견된다. 그러나 21세기에 들어 생
사의 임계지에 대한 탐색은 확장성을 보인다. 갑작스러운 죽음
으로 미완의 생애를 봉합하기보다, 주체 스스로 생애를 정리한
다는 생각을 담았다.

전통적으로 아시아의 장례 절차는 망자가 저승에 가기 전에
유예 기간을 마련해 망자·가족·지인이 심리적·생활적·정서적
으로 정리할 기회를 제공했다. 망자가 저승에 이르는 49일 동
안 산 사람이 재를 지내, 업을 참회하고 정화된 존재로 저승에
보낸다는 관념이다. 이런 발상에는 아시아인에게 관계성(구체적
으로 가족과 혈연)이 얼마나 중요한지를 보여준다. 망자가 머물
저승 공간의 성격이 산 사람(사십구재를 지내는 가족)의 정성으

로 결정되는 것이다. 관혼상제의 모든 의례가 간소화되는 현대의 추세에도 생사에 대한 고민만은 예외다. (초)고령화 사회에 대한 대비는 복지나 법 제도만으로 충분치 않다. 평균 수명이 60~80세였던 시대의 생애 관념이나 이상Idea이 더 이상 힌트가 될 수 없는 시대를 살아가고 있다. 생명의 (무한) 연장을 주장하는 과학자들도 갑작스러운 사고로 인한 이른 죽음의 가능성은 인정한다. 사고사, 돌연사, 급사, 요절, 자살 등이 그 예다. 과학이 제 몫의 발전을 하는 동안 인문학도 달라진 세상이 제기한 새로운 질문에 응답할 필요가 있다. 죽음에 대한 사유를 상상적으로 재구성한 것은 이에 대한 창의적 활동가들(작가, 예술가, 콘텐츠 제작자 등)의 응답이다.

죽음의 정의는 공통적으로 불가피성inevitability, 보편성universality, 비가역성irreversibility, 비기능성nonfunctionality(생명의 특징인 육체적 과정이 기능을 멈춤), 인과성causation(죽음은 신체 기능의 붕괴에 따르는 결과)을 포함한다.[2] 단, 의학적 정의에는 논쟁이 있다. 뇌사, 존엄사, 여러 차원의 안락사(적극적 안락사, 소극적 안락사, 존엄적 안락사 등)에 대해 의학적, 법적, 제도적, 사회적, 심리적 차원의 인식 차이가 존재한다. 생사가 직선적이지 않고 회귀적이라는 입장도 있다. 죽음에서 삶으로 돌아온 임사체험자의 증언이 그것이다. 이는 실제 사후세계의 묘사라기보다는 뇌의 활성이 빚어낸 경험 묘사일 가능성이 높아[3] '소망 사고의 투사'로 보기도 한다. 그러나 이를 실제로 여기는 연구자도 있고,[4] 임사체험의 통계를 유형화한 사례도 있다. 자신의 몸 위로 떠올라 아래를 내려다보는 느낌의 유체이탈 체험, 몸으로부터 분리, 어딘가로 이어지는 터널이나 복도를 통해 어둠으로 들어감, 터널 끝에서 밝은 빛을 봄, 빛이나 천사, 사랑하는 사람, 그리고 그곳으로 '건너간' 사람들이 죽어가는 사람들을 환영하는 '저세상' 등이 그 예다.[5] 실제로 생사의 경계 지역을 상상으로 설계한 콘텐츠에서 이와 유사한 장면이 구현된다. 저승에 대한 관념이 일종의 문화적 지식 또는 상상적 지식으로 안착한 결과다. 아시아의 경우 문화적으로나 사상사적으로 연결성이 강해, 상상력 또한 공유된다(예컨대, 일본 영화 〈지금 만나러 갑니다〉와 한국 드라마 〈호텔 델루나〉에 재현된 '저승행 터널'을 들 수 있다. 할리우드 영화 〈조 블랙의 사랑〉에서 저승으로 가는 길은 터널이 아니라 언덕처럼 생긴 계단을 오르내리는 형상이다).

5장에서는 상상으로서 생사의 임계점을 다룬 텍스트를 다루되, 체험자가 '귀신'으로 상정되는 지점에 주목한다. 이들은 단지 한을 풀기 위해 생사의 임계지에 도착한 게 아니다. 망자에게는 삶을 돌아보고 정리할 시간이 필요했다. 죽을 수 없을 만큼 절박하게 생명을 붙든 삶의 내역이란 무엇일까. 이것이 5장에서 주목하는 성찰성의 요체다.

생사 경계와 중간계
: 〈조명가게〉

강풀의 웹툰 〈조명가게〉[6]는 사람이 죽으면 어떻게 될까, 죽기 직전에 무엇을 볼까, 라는 질문에 응답한다. 사람은 임종 직전에 생의 주요 순간을 파노라마처럼 본다는 속설이 있다.[7] 살면서 헤아리지 못한 생애 변곡점을 임종 직전에 보는 것이다. 죽기 직전에 생의 의미를 깨닫는다는 뜻이다. '조명가게'는 바로 이런 기회가 주어지는 장소다. 웹툰의 공간은 세 축으로 설계된다. 현실, 명계, 그리고 생사의 임계 공간인 조명가게. 실제 서사가 진행되는 공간은 첫째와 셋째다. 저승은 언어적으로 기호화된 상상 세계다. 감각적 체험이 불가능하다. 〈조명가게〉는 이 세 영역을 모두 '사람 사는 곳'으로 명명한다. 사람이 죽으면 사람 아닌 존재가 되고, 삶이 멈춘다고 여긴다. 〈조명가게〉는 이 상식을 뒤집는다. 조명가게 주인은 생사의 접경에 산다. 생사를 착각한 이들도 이곳을 방문한다.

웹툰 〈조명가게〉의 감정 설계는 단순하다. 초반부는 공포, 후반부는 눈물. 장르적으로 전반부는 스릴러, 후반부는 드라마다. 조명가게에 오는 이들의 사연은 연재 중반인 24화에 이르도록 밝혀지지 않는다. 가게의 정체도 모호하다. 비밀스러운 전개에 대해 네티즌은 댓글로 의견을 나누며 업로드를 기다린다. 웹툰의 댓글은 보조물이 아니라 콘텐츠를 즐기는 정당한 문화로 정

착했다.[8]

〈조명가게〉의 전반부까지 네티즌의 주요 감정은 공포다. 공포감의 설계는 익숙한 경험을 차용한다. 아파트 계단, 오작동 되는 센서 등, 엘리베이터, 불 꺼진 방, 정돈된 물건의 흐트러짐, 외딴 방, 어둔 골목길, 닫힌 방문, 지하주차장, 혼자 기다리는 버스정류장. 웹툰은 시각 장르이지만, 공포를 자극하는 유력한 방식은 청각적 상상이다. 첫 회에 등장하는, 긴 머리 여인(지영이라는 이름이 밝혀진 것은 20화다)이 정류장 벤치에 앉아 손가락을 두드리는 '톡톡' 소리는 기괴하다. 나중에 진실이 밝혀진다. 여자의 손톱이 손바닥 쪽에 박혀서 소리가 났던 것이다(사람의 손톱은 손등 쪽에 있어서, 손바닥을 두드린다고 그런 소리가 나지는 않는다). 서사는 여자의 손톱에 얽힌 사연을 밝히는 방향으로 전개된다. 손톱이 뽑힌 이유에 대해 네티즌은 풍부한 상상력을 공유한다.

조명가게에 오는 사람들은 조금씩 이상하다. 귀에서 흙이 나오는 남자, 손톱이 안쪽에 박힌 여자, 몸에서 물이 흐르는 남자. 제멋대로 늘어나는 골목길의 남학생, 저절로 문이 열리고 물건이 움직이는 집에 사는 여자. 이들의 동선은 일정 영역을 벗어나지 않는다. 좁디좁은 골목길, 작은 방, 버스정류장, 아파트 복도, 계단, 허름한 집, 펜션, 학교. 조명가게 주인은 이상한 손님이 있어도 아는 체 말라고 경고한다. 그는 공포를 관리한다.

조명가게의 실체는 병원 중환자실이다(정식 명칭은 '강동조명'.

저 분은...
괜찮아질 거야..
의지가 강하거든..

네? 의지가
강하면 살아요?

의지는
다른 사람에 의해서
생기기도 하거든.

"살고자 하는 환자의
의지가 중요합니다."
라는 말...
간호사 되기 전엔
그냥 하는 말인지
알았어.

그런데. 맞더라구.

어쩌면.. 우리는 그런
의지가 생기도록
도와주는 것 뿐이야.

"사람은 혼자서
못 산다"는 말..
그거 맞는지도 몰라.

자용이 너의 의식이
돌아온 것도 어쩌면..

누군가의
바람이었을 거야.

웹툰 〈조명가게〉 29화. 조명가게는 가사 상태
의 환자나 귀신이 드나드는 일종의 임계지다.
여기서 새 전구를 사면 명을 잇지만, 사지 않거
나 깨지면 사망한다. 자기 의지나 주변인의 염
원이 강하면 회생할 수 있다. 기도나 영성, 마
음의 힘을 은유한다.

29화에서 이곳이 '강동대학병원응급실'과 복도로 이어진 '중환자실'임이 밝혀진다). 네티즌에 의해 '조명助命 가게'(28화의 댓글), 즉 '명을 잇는 가게'로 해석되는 이곳에서 전구를 산 사람은 명을 유지한다. 그러나 깨진 전구를 두고 가면 사망선고를 받는다. 조명가게는 가사 상태의 환자가 생사를 넘나드는 곳이다. 전구를 켜면 살고, 끄면 죽는다. 주인은 전구를 강매할 수 없고, 자발적 구매자만 명을 잇는다. 생명에 대한 인간의 의지를 상징한다.

조명가게에 들른 이들은 저마다 사연이 있다. 가게 주인은 생사의 기로에 선 이들의 명부를 관리하기에 네티즌들에게 '염라왕'으로 불린다. 그곳에 귀신이 있다. 사연이 에피소드로 구성됨에 따라 귀신도 유형화된다. 첫 번째 유형은 사랑 때문에 이승을 떠나지 못한 수호귀다(여고생 현주의 어머니, 선해의 애인 등).[9] 이들은 사랑하는 이를 지키려고 귀신이 된다. 사망 위기에 놓인 현주는 귀신 엄마의 돌봄으로 회생한다. 현주는 말이 없는 엄마가 이상했지만, 사실 엄마는 입을 열면 염할 때 넣어둔 솜이 보여 딸이 놀랄까 봐 말하지 않았던 것이다. 한편, 선해는 귀신이 된 언니(선해의 동성 애인)가 사랑으로 곁을 지켜주었지만 죽음을 결심한다(27화). 혼자 살기보다 죽어서 함께하기를 바랐다. 선해는 일부러 전구를 깨뜨린다(27화).

두 번째 유형은 속죄하는 귀신이다. 몸에서 물이 흐르는 황중석이다. 그는 냉동탑차를 운전하다가 버스와 충돌해 사망했다. 사고로 여러 명이 죽었고, 일부는 가사 상태에 빠졌다. 시신

웹툰 〈조명가게〉 25화. 냉동탑차 운전사인 황중석이 교통사고를 일으켜 여러 명이 사망하고 자신도 죽었다. 그는 중환자실에서 사투하는 부상자를 살리기 위해 시한부 귀신이 되어 조명가게에 왔다. 비명횡사한 귀신이 편히 죽을 수 있게 도와주고 속죄한 뒤 죽음을 맞이한다.

은 병원 냉동 칸에 보관되었지만, 무연고자라 장례를 치를 수 없다. 그는 중환자실의 부상자를 살리기 위해 조명가게에 나타난 시한부 귀신이다. 황중석은 자신 때문에 사망한 지웅과 선해에게 속죄한다. 네티즌은 이에 공감하면서, 인물의 처신과 태도를 강풀 만화의 미덕으로 평했다.

세 번째 유형은 자신이 죽은 걸 모르는 떠돌이 귀신이다. 마지막 회(30화)에 등장하는 18세 여학생 정유희가 주인공이다. 유희는 비밀을 지켜 조명가게의 현주가 전구를 사서 생명을 얻도록 도와주고, 다시 외톨이가 된다.

네 번째 유형은 한국 귀신의 메인 캐릭터인 처녀귀신이다. 지영은 손톱이 안쪽에 박혀 네티즌들에게 '손톱녀'라는 별명을 얻었다. 지영은 사랑하는 애인 현민이 사고로 죽은 줄 알고 자살했지만, 사실 현민은 살아 있었다. 귀신이 된 지영은 가사 상태의 현민을 살리려고 조명가게에서 그가 전구를 사도록 유도한다. 귀신의 사랑은 완성을 기약하는 듯하다. 그러나 살아난 현민이 지영을 잊기로 결심하면서 사태가 반전된다. 상처받은 귀신이 한을 품은 것이다. 지영은 천장에 목을 맨 모습으로 현민에게 나타난다. 네티즌은 배신당한 귀신의 편이다. 지영의 스토리는 원혼의 복수담, 한의 공포물로 읽힌다.

〈조명가게〉에는 귀신을 보는 사람이 여러 명 등장한다. 고등학생 현주, 영안실의 장의사, 중환자실 간호사, 펜션 부부와 아파트 주민, 어둠 속 선해. 귀신은 이들의 조금 수상한 이웃이다.

웹툰 〈조명가게〉 10화. 가사 상태의 딸 현주를 살리려고 입안에 솜을 채워 염을 한 모습으로 나타난 어머니 귀신이다. 입을 열면 딸이 놀랄까 봐 말없이 딸의 곁에 있다. 현주가 생명을 회복할 때까지 숨을 수 없다고 말하는 장면이다.

중환자실 간호사는 귀신에게 전화도 하고, 대화도 나눈다. 문득 냉기가 돈다면 귀신 때문이다. 이 간호사는 중환자실에 누운 환자와 영혼의 대화를 나눈다. 간호사는 귀에서 모래가 흐르는 남자가 영안실을 묻자, 중환자실 환자임을 직감한다. 귀신과의 대화는 독특하다. 산 사람이 혼잣말을 하면, 귀신이 그걸 알아듣는 식이다. 제삼자는 대화를 눈치채지 못한다. 이승에서 미련이 있으면 귀신이 된다. 미련이 목표에 대한 의지가 될 때, 삶을 바꾸는 정동적 힘이 된다. 현주 엄마는 중환자실에 있는 현주를 살리려고 귀신이 되었고, 기어코 살려냈다.

귀신을 보는 것은 공포도 불행도 아니다. 누군가 버림받아 외롭다면 그 처지가 곧 귀신과 같다. 자신이 실종된 줄 모른 채 친구를 찾는 18세 정유희는 영혼 없이 육신으로 사는 현대인을 닮았다. 〈조명가게〉의 귀신은 임계지를 떠도는 난민이자, 의지적 주체. 최종적 선택지에는 헌신, 사랑, 배려, 속죄, 망각에 대한 저항 등 인간적 요소가 작용한다. 귀신 들린 삶이 무언가를 추구한다. 〈조명가게〉는 귀신의 선택과 추구, 의지를 통해 인간과 그 삶의 형태를 다시 묻는 콘텐츠다.

완전한 죽음의 조건
: 〈원더풀 라이프〉와 『우세모노 여관』

자살을 제외하면, 생과 사는 사람이 임의로 택할 수 없다. 죽고 나면 기억과 기념조차 산 자에게 위임된다. 죽음이 주체성의 종언으로 여겨지는 이유다. 고레에다 히로카즈是枝裕和 감독의 영화 〈원더풀 라이프〉(1998)와 호즈미穗積 작가의 만화 『우세모노 여관』[10]은 죽음을 완성하는 당사자 입장의 서사다. 어차피 인생은 미완성이니 죽음을 수용하자는 발상을 거부하는 데서 서사가 시작된다. '죽음을 온전히 하라'라는 명제는 '삶을 기억하라'라는 명제와 짝을 이룬다. 두 콘텐츠는 장광설을 풀지 않는다. 죽을 때 가져갈 단 하나의 장면, 한 조각 기억으로 족하다. 단, 그것을 찾을 때까지 귀신 상태로 생사의 임계지에 머물러야 한다. 두 콘텐츠는 망자가 생의 의미를 발견하고 저승에 갈 수 있도록 귀신 체류지를 제안해, 죽음의 냉랭함을 이완시킨다.

고레에다 히로카즈 감독의 첫 번째 장편 영화 〈원더풀 라이프〉는 죽은 이가 천국으로 가기 전 7일간 인생에서 가장 소중한 추억을 고른다는 판타지물이다.[11] 감독은 독일 태생의 미국 영화감독 에른스트 루비치의 〈천국은 기다려준다〉(1943)에서 영감을 받았다고 한다. 천국의 입구를 무대로 삼으면서도, 일본 정서와는 무관하게 만들려고 했다.[12] 망자는 자신이 고른 추억의 장면을 비디오로 촬영해 7일째 되는 날 확인한다. 영화를 보

영화 〈원더풀 라이프〉의 일본 원작 DVD 커버와 한국어판 및 영어판의 포스터. 원작과 한국어판의 포스터가 남녀 주인공을 중앙에 배치해 로맨스 이미지를 연출했다면, 영어판 포스터는 전 스태프의 단체 샷으로 찍혔다. 림보의 스태프 모두가 주인공이다. 죽을 때 가져갈 단 하나의 장면을 찾아야 림보를 벗어나 저승에 갈 수 있다.

며 추억을 떠올리는 순간 망자는 사라진다. 천국에 간 것이다.

"인생에서 가장 소중했던 추억을 딱 하나만 선택해주세요. 다만 제한 시간이 있습니다. 사흘 내에 해야 합니다. 그리고 여러분이 선택한 추억은 우리 스태프가 최선을 다해 영상으로 재현합니다. 토요일에는 그 영상을 시사실에서 관람합니다. 그 추억이 여러분 께 선명히 되살아난 순간, 그 추억만을 가슴에 안고 저세상으로 가게 됩니다."

영화의 배경은 생사의 임계지인 림보다. 망자가 직원에게 질 문받는 순간, 관객은 인생을 반추하기 시작한다. 영화와 관객의 서사를 동시에 출발시키는 것이다. 질문에 대한 답을 찾기 위해 타인의 생각을 참조하는 경우가 있다. 영화 속 인물은 그 역할 에 충실하다. 실제로 감독은 이 영화를 만들기 전, 아르바이트 를 고용해 600여 명을 인터뷰했다. 여기서 영감을 얻어 〈원더풀 라이프〉가 탄생된다.[13]

비 오는 장면이 아름다운 신카이 마코토의 애니메이션 〈언어 의 정원〉(2013)에는 여주인공 유키노의 집에서 함께 요리하던 아키즈키가 "지금까지 내 인생 중에 지금 이 순간이 가장 행복 한 것 같아"라고 말하는 장면이 있다. 이때의 아키즈키는 16세. 어쩌면 오롯이 순수한 행복감을 아웃포커싱해 느낄 수 있는 때 는 청소년기가 마지막이 아니었을까.

애니메이션 〈언어의 정원〉(2013)에서 요리를 하던 아키즈키가 지금까지의 인생 중 가장 행복하다고 말한다. 행복을 아는 것은 능력이며 추구하는 것이 진정한 삶이다. 21세기 아시아 영화에서는 죽기 전에 알아야 할 인간의 행복이 무엇인지 되묻는 경우가 많다.

일생일대 단 하나의 기억을 찾는 일이 쉽지 않다. 영화 속 인물이 찾는 단 하나의 기억을 공유해보자.

- 분노 다로(29세. 남): 생후 5개월, 해질녘 이불 위에 알몸으로 누워 햇볕을 쬐던 때.
- 야마다(노년. 남): 남자라면 '그걸' 할 때가 가장 행복하다며 17세부터의 성관계를 자랑했지만, 정작 고른 장면은 아내와의 온천 여행.
- 야마모토(50세 남): 기억하고 싶지 않다. 더 오래 살아도 즐거운 일이 생겼을 것 같지 않아서.
- 고리 요네(85세. 여): 전쟁 통에 다리 위에서 우연히 정혼자와 재회한 일. 오가는 사람은 많았지만, 단둘이 있는 것 같았다고.
- 가나(여중생): 디즈니랜드에 놀러 갔던 때. 30명이나 같은 답을 했다고 해서 다시 고른 장면은 엄마 무릎에 누워 귀 청소를 받던 때. 엄마 냄새와 감촉.
- 다타라 기미코(85세. 여): 오빠가 사준 빨간 원피스를 입고 춤추며 노래하던 때. 아이러니하게도 노래 가사는 "빨간 구두를 신은 여자아이, 외국인에게 끌려가버렸네"였다.
- 고지마(장년. 남): 파일럿을 꿈꾸던 시절, 4인승 비행기를 타고 구름 사이를 비행하던 때.

영화 속 인물이 고른 행복의 부장품은 돈, 명예, 섹스, 출세,

영화 〈원더풀 라이프〉에서 망자가 추억 찾기 면담을 위해 들어오는 장면.

성공이 아니다. 가족, 애인, 성취도 아니다. 꿈꿀 때의 행복감, 전차를 스치던 바람, 이불에 누워 쬐던 햇살, 엄마 냄새, 어린 시절의 노래, 좋아하던 원피스, 벽장 속 어둠, 이런 사소한 것들이다. 여기서 일하는 스태프는 원래 망자였다. 추억을 찾지 못했기에 여기 남았다. 스태프인 모치즈키는 망자를 돕다가 자기 기억을 찾았다. 그는 "어제 세트장의 공원 벤치에 혼자 앉아서, 처음으로 제 인생을 행복하게 돌아봤어요"라고 말했다. 그는 벤치에 앉은 자기를 응시하며 사라진다. 그 장면은 이승의 기억 같기도, 임계지의 모습 같기도 하다. 사라지는 장면조차 자기 성격을 닮았다. 모치즈키가 떠난 빈자리를 메운 것은 끝까지 기억을 고르지 못한 이세이다. 그는 "가끔 생각하는 건데 대체 우리일은 누굴 위한 걸까? 죽은 사람의 추억을 재현한다니 왜 이런일을 하는 걸까요?"라고 질문했다. 결국 그는 저승에 가지 못하고 여기 남아 인턴이 된다. 망자를 임시 관리하는 직원들도 삶의 의미를 묻는다. 인간은 죽어서도 성찰하고, 성찰을 통해 소멸한다.

〈원더풀 라이프〉는 영화에 대한 영화적 재현인 메타 필름이다. 직원들은 망자가 고른 장면을 필름으로 재현한다. 기억의 근사치를 높이려면 리얼리티의 충실도를 올려야 한다. 때로 선풍기 바람 같은 기술 효과를 쓰기도 하지만, 의뢰인이 실감할 수있어야 한다. 이는 영화에 대한 감독의 자기 진술처럼 보인다. 계류지의 시간도 삶처럼 흐른다. 좋아하는 책을 읽고 차를 마시며 동료 집에도 찾아간다. 거짓말도 하고 로맨스도 꿈꾼다. 모두 살아 있는 주체다. 때로 망자와 손님은 자리바꿈한다. 림보의 스태프는 망자가 고른 추억의 한 장면을 비디오로 틀어주며 이렇게 말한다. "시사실로 이동해서 저희가 재현한 여러분의 추억을 감상합니다. 그리고 그 기억이 선명히 되살아나는 순간 여러분은 저세상으로 가게 됩니다. 그곳에서는 그 추억과 함께 보내는 영원한 시간이 약속되어 있습니다."

누군가가 생의 마지막을 완성하도록 돕는 일은 숭고하다. 이 영화는 마치 기억의 장의사처럼, 시간을 장례 치르는 일이 영화의 몫이라고 말하는 듯하다. 그런 의미에서 이 영화는 생사의 임계지를 매개로, 영화에 대한 정의를 삽화처럼 밀어 넣은 메타필름이다.

'유실물 여관'을 뜻하는 제목의 만화 『우세모노 여관』은 〈원더풀 라이프〉처럼 죽음에 임해 기억해야 할 단 하나의 소중한 추억을 상기시킨다. 등장인물들은 살아 있을 때 소중한 것을 잊거나 잃은 채 살았는데, 그게 무엇인지 모르기 때문에 죽을 수가 없었다. 단, 그 사실을 본인은 알지 못한다. 망자를 우세모노 여관으로 안내하는 이는 마츠우라다. 그는 망자가 잃어버린 것을 찾아 죽을 수 있게 돕는다. 우세모노 여관은 망자가 죽음을 받아들일 때까지 머무는 영혼의 쉼터, 생애 정리의 관문, 귀신 여관이다. 만화는 3권에 걸쳐 총 18화로 구성된다. 내용의 풍부함보다는 인생의 과제, 사람, 마음, 사물, 말, 추억, 사유를 찾는

데 집중한다. 손님을 데려오는 마츠우라와 귀찮아하면서도 유실물을 찾아주는 사장 사키의 미스터리한 관계가 서사의 기본 틀이다.

여관은 신비한 장소다. 사장이 마음만 먹으면 망자가 잃어버린 것을 찾을 수 있다. 일 때문에 아내에게 소홀했던 남편의 결혼반지, 엄마가 만들어준 인형, 연모하는 이에게 선물한 립스틱, 사랑하는 아들, 글쓰기 열정에 이르기까지, 망각의 내역은 다양하다. 죽기 전까지 인생에서 소중한 게 무엇인지 모르고 살았기에, 죽어서도 기억할 수 없었다. 우세모노 여관의 신비가 인생의 소중함을 일깨워준다. 사실 여관 직원들도 망자였다. 그들은 여태껏 자신의 유실물을 찾지 못했다. 사장인 사키는 아예 기억상실이다. 기억을 잃었다는 사실조차 기억하지 못한다. 손님을 데려오는 마츠우라는 사키에게 호감을 보이지만, 언제나 냉대받는다. 이들의 과거 인연이 밝혀지면서, 사키는 기억을 되찾고, 8년간 가사 상태에 있는 마츠우라를 현실로 돌려보내며 완결된다.

『우세모노 여관』은 사람이 살면서 잃어버리는 것에 대한 사유를 제안한다. 응답은 평범하다. 사랑, 우정, 가족, 일상, 꿈, 소소한 감정, 다정한 말, 고마움의 표현 같은 것. 중요하다는 걸 알지만, 언제나 순위에서 밀려 잊게 된다. 인생이 (귀신처럼) 헛헛한 이유다. 『우세모노 여관』의 귀신은 소중한 것을 잃어버린 자이며 그것을 찾는 탐색자다. 사람은 죽음을 통해 한계를 인식하고, 가치를 발견한다. 기억은 그것을 가능하게 하는 인간화의 매개다.

귀신, '인간-되기'의 통과의례
: 〈싱글라이더〉

영화 〈싱글라이더〉(2017)[14]는 증권사 지점장 강재훈(이병헌 연기)이 부실채권 사건으로 좌절을 경험한 뒤, 가족을 만나러 호주에 가서 겪는 며칠간의 기록이다. 이 영화를 다루는 이유는 (어쩔 수 없는 스포일러이지만) 바로 그 주인공이 자살한 망자 귀신이기 때문이다. 영화의 초입부터 강재훈의 표정은 침울하다. 고객에게 무릎 꿇고 뺨까지 맞았다. 집에 와서 약을 먹고 항공권을 예매한 뒤 눈물을 흘린다. 얼굴이 굳어 있다. 결말에서 밝혀지지만 절망 때문이 아니다. 죽었기 때문이다. 강재훈은 귀신이 되어 아내(공효진 연기)를 만나러 호주에 간다. 그는 선뜻 아내를 찾지 못한다. 행복해 보이는 아내가 낯설기 때문이다. 자신은 그저 '지갑'에 불과한 기러기 아빠였을까. 그는 소외감에 빠진다. 호주의 강재훈은 백팩을 짊어진 유진아(안소희 연기)와 자주 마주친다. 유진아는 안 좋은 일이 있었는데 도와주어 고맙다고 말한다. (이 또한 스포일러지만) 그 짧은 시간에 유진아가 죽었다. 그래서 처지가 같은 강재훈과 대화할 수 있게 된 것. 물론 그녀는 자기가 죽은 걸 모르고 있다. 강재훈이 그런 것처럼. 죽은 사람이 귀신이 되었다가 죽음을 받아들이고 사라지는 설정은 영화의 반전 포인트다. 영화 〈식스 센스〉를 통해서도 경험한 바 있지만, 이는 동아시아의 서사적 맥락에서 보면 이미 오래전부터 탐구된 방향이다.

"영어를 일정 수준으로 하는 사람하고 그렇지 않은 사람하고 경제구역 자체가 달라"라고 말하며 아내와 아들을 호주에 보낸 건 강재훈이다. 최우수 영업 실적을 내던 그의 모토는 '잘 나가는 삶'이었다. 증권회사의 파산을 예기치 못했듯, 그는 식구들이 각자의 파이를 키워 만나면 성공할 것이라는 생각이 산산조각 나리라는 것을 예상하지 못했다. 설사 파이가 키워지더라도 설계자(강재훈 자신)의 자리가 영원히 빈다는 것도. 강재훈은 의식장애 상태로 병실에 있는 크리스의 아내에게 심경을 토로한다(귀신과 가사 상태의 영혼이 소통 가능하다는 발상은 21세기 서사에 일반적이다. 드라마 〈주군의 태양〉, 〈호텔 델루나〉, 웹툰 〈조명가게〉 등). 후회는 언제나 너무 늦다.

유진아는 워킹홀리데이로 호주에 왔다. 2년간 모은 돈을 뒷거래로 환전하다 살해된다. 그녀는 강재훈과 사건 현장에 도착한다. 마당에 옷가지와 물건 태운 흔적이 있다. 강재훈은 뭔가 짐작한 것 같지만 말하지 않는다. 표정이 침통하다.

나는 내가 하는 일에 한 번도 의심을 해본 적이 없었어요. 부실

채권을 고객들에게 팔고서 그 덕에 승진도 하고 애하고 애 엄마 여기 보내고, 결국 그 덕분에 내 재산도 고객도 다 잃고, 친구하고 가족도 잃어버린 것 같고, 결국 나 자신도 잃어버리고……

죽으면 누구나 후회할까. 몸이 죽어도 혼이 살 수 있다면 무엇을 하게 될까. 강재훈의 선택은 추적과 관찰이다. 그는 아내의 행동, 일상, 감정을 관찰하고, 친해 보이는 남자를 뒤쫓는다. 배신감에 사로잡혀, 잠든 아내를 목 조르려고도 하고, 아들에게 말도 건다. 손은 육체에 가닿지 않고 소리는 귀에 담기지 않는다. 강재훈은 울기 시작한다. 망자가 할 수 있는 일은 죽음을 받아들이는 것뿐이다.[15] 그가 흐느낄 때 얼굴이 일그러진다. 절망은 그의 마지막 의사표현이다. 강재훈이 유진아의 호스텔로 찾아와 사고 현장에 데려간다. 그곳에 경찰차가 와 있다. 유진아가 뛰어간다. 죽음을 향해 질주하듯이. 파묻힌 사체는 자신이다. 그녀는 절규한다.

영화의 첫 장면은 강재훈의 아들 진우가 호주 남단의 섬 태즈메이니아 해변에서 노는 시퀀스다. 강재훈이 그것을 핸드폰 동영상으로 본다. 성공을 위해 바쁘게 사는 동안, 강재훈의 행복은 미래로 던져진 과거의 풍경이 되어, 전송 메시지 속에 타자 형상으로 있다. 영화의 마지막 장면도 태즈메이니아다. 그는 유진아에게 동행을 제안했지만 거절당한다. 유진아는 아직 삶에 미련이 많고 죽음이 믿어지지 않는다고 말한다. 강재훈은 자신도 이제야 죽음을 받아들였고, 아주 힘들었다고 답한다. 망자가 된 강재훈이 태즈메이니아를 향해 떠난다. 행복이라는 이름의 동그란 파이에 마지막 한 조각을 끼워 넣으려는 것처럼. 영화는 태즈메이니아 해변이 내려다보이는 절벽 끝에 선 강재훈을 비춘다. 부감 쇼트로 카메라 렌즈가 이동한다. 그가 벼랑 끝 한 점처럼 작아질 때까지, 그 모습이 흙과 섞여 서로 구분되지 않을 때까지.

〈싱글라이더〉의 망자들은 짧은 순간 커뮤니티를 형성한다. 강재훈, 동네 아주머니, 다리 위 노동자, 유진아, 강아지 치치. 서로 말 걸고 의논하고 돕는다. 농담하고 미래를 이야기한다. 귀신이 도처에 있다. 집, 동네, 거리, 다리, 병실, 공원. 남녀노소, 강아지도 귀신이 되어 제 몫을 산다. 유진아가 강재훈에게 태즈메이니아로 떠나는 이유를 묻는다. 대답은 '그냥 가보고 싶어서'다. 영화는 유진아와 강재훈의 대화를 통해, 목적 없는 삶, 별것 없는 순간의 평안이야말로 행복이라고 말한다. '영어 스펙'이나 '경제구역' 따위는 상관없이, 그저 같이 있는 것만으로도 안심되는 삶. 어떠한 지향이나 추구도 없는 상태. 죽어서 도달하는 것이 아닌, 살아서 누리는 다정함에 대해 사유한다.

삶이 끝난 뒤, 아득히 높고 긴 생애를 관조하기 위해, 사람은 죽음의 벼랑 끝에 서야만 한다. 화면 밖에서 벼랑에 선 강재훈을 바라보는 관객의 시선이야말로 죽음을 허용한 관조의 시선에 다름 아니다. 절망, 후회, 격노, 슬픔, 다시 평안함. 절벽 끝에

영화 〈싱글라이더〉에서 강재훈이 절벽에서 태즈메이니아 해변을 바라보고 있다. 영화는 관객에게 단지 이 한 장면을 응시하게 하려고 강재훈의 일생을 돌아보게 한 것 같은 생각을 전한다. 세차게 절벽에 부딪히는 파도의 생명력은 역동하는 죽음의 생명력을 은유한다. 역설적으로 강재훈은 죽고 나서야 자기 삶을 되돌아보며 가치를 되찾는다.

서 먼 바다를 보는 강재훈의 표정에는 이제 다시 살아봐도 될 것 같다는 생의 의지가 스민다. 절벽 아래로 파도가 친다. 파도는 영원히 끝나지 않을 것이다. 영화의 마지막, 강재훈과 유진아, 강아지 치치는 모두 혼자다. 치치는 운명을 사랑하는 생명체처럼 기꺼이 발랄하게 죽음 속으로 달렸다. 각자의 싱글라이더.

천년 귀신의 한과 사연들
: 〈호텔 델루나〉

〈호텔 델루나〉는 일명 '홍자매'로 불리는 홍정은과 홍미란 작가가 〈주군의 태양〉에 이어 쓴 로맨스 귀신 판타지 드라마다.[16] 델루나의 사장 장만월(이지은 연기)이 천년의 세월을 기다린 이유는 로맨스다. 천년을 지켜온 사랑이란 귀신 입장에서는 삶의 이유, 또는 인간성을 구현하는 힘이다. 장만월이 구찬성(여진구 연기)을 대하는 태도에는 관심, 호기심, 염려, 신뢰, 믿음, 이해, 친밀감, 포용력, 인정 등 사랑의 의미망에 포함되는 다양한 인접어와 유사어가 매개된다. 모두 휴머니티와 연결된다.

  호텔 델루나의 전신은 달의 객잔, 만월당, 만월관 등이다. 천년 동안 장만월이 경영하며 세월의 흐름에 따라 명칭을 바꾸어 왔다. 이곳은 이승과 저승의 임계지로, 기회가 되면 삶과 죽음, 어디로든 갈 수 있는 저승행 여행자의 처소다. 호텔 델루나는 구청에 정식으로 등록돼 있다. 세금을 내지만 네비게이션에는 주소가 없다. 이승과 저승의 규칙이 모두 적용되지만 일률적이지 않다. 불확실성에 정당성을 부여하는 것은 신이다. 천년 저주에 걸린 장만월, 저승사자, 마고신(서이숙 연기. 마고신은 모습이 같고 차림은 다른 열두 자매다)이 그들이다. 장만월은 나이가 천 살이지만 모습이 젊다. 화려하지만 고독하다. 냉정하지만 정이 그리워 마음에 지옥을 품고 산다. 천년 동안 호텔을 바꾸며 귀신 손님을 맞았다.

장만월의 로맨스 파트너인 구찬성은 인간이지만 호텔의 총지배인이 된다. 그는 장만월을 통해 귀신 보는 능력을 얻고 인생이 바뀐다. 그 밖의 호텔 델루나의 직원은 모두 귀신이다. 500년 전, 조선의 선비였던 김시익(신정근 연기)은 호텔 델루나의 바텐더로 일한다. 200년 전에 죽은 객실장 최서희(배해선 연기)는 원래 명문세가의 맏며느리였는데 문중에서 살해된다. 막내 지현중(표지훈 연기)은 6·25때 친구의 총에 맞아 사망한 군인이다. 앞 못 보는 동생과 저승에 같이 가려고 델루나에서 기다리는 중이다. 이들에게는 두 가지 선택지가 있다. 모든 걸 포기하고 저승에 가든가, 세상에 나가 원귀로 떠돌다 가루가 되든가. 델루나를 귀신 호텔이라 부르는 이들은 구찬성을 지배인으로 인정하면서 생사의 공의존 상태를 유지한다.

〈호텔 델루나〉에서 망자는 흰 꽃을 받아야 저승에 갈 수 있다. 사신은 검은 옷을 입고 검정색 세단을 몰고 망자를 데리러

온다. 번호판에는 'TO HEAVEN'이라고 적혔다. 차는 삼도천 터널을 지나 저승으로 간다. 호텔에 머물던 귀신은 저승에 갈 때 좋은 기운을 두고 간다. 그 기운으로 델루나의 정원에 꽃이 피면, 마고신이 거둬간다. 그 대가로 물품을 받는 것이 호텔 경영의 원리다. 델루나의 정원에는 천년째 꽃이 피지 않는 월령수가 있다. 여기에 장만월의 혼이 묶여 있다. 장만월이 누군가를 사랑해야 월령수에 생기가 돈다. 구찬성이 매니저로 들어오면서 월령수에 잎이 나지만, 꽃이 피면 장만월은 떠나야 한다. 절정에서 다시 지는, 꽃 같은 사랑의 생리를 은유한다. 장만월과 구찬성의 사랑은 귀신과 인간이 생사의 경계를 넘는 에로티시즘을 상징한다.

장만월이 천년 귀신이 된 데에는 사연이 있다. 1300년 전, 도적의 우두머리였던 장만월에게 송화공주(박유나 연기)의 호위무사 고청명(이도현 연기)이 첫눈에 반한다. 장만월 곁에는 어려서부터 함께 자란 연우(이태선 연기)가 있다. 송화공주는 장만월을 체포하고 연우를 살해한다. 고청명은 만월을 살리기 위해 공주와 혼인하기로 한다. 혼례식 날, 장만월은 공주를 살해하고 정체를 위장해 고청명을 죽인다. 마고신에 의해 달의 객잔에 온 장만월은 1300년간 혼이 묶여 지낸다. 세월이 흘러, 전생의 장만월과 원수지간이던 송화공주는 이미라로 환생했다. 이미라는 유학시절 구찬성의 여자친구로, 의사가 되어 귀국한다. 전생에 장만월과 자란 연우는 현생에서 경찰이 되었고, 마고신의 인연으로 이미라와 연결된다. 어느 날, 장만월은 월령수 앞에서 전생을 보고 고청명에 대한 오해를 푼다. 그녀는 고청명을 저승길로 인도한다. 함께 가자는 제안을 뿌리치고 현실로 돌아온 것은 현세의 연인 구찬성 때문이다. 과거보다 현실을 중시하는 것이 21세기 아시아 귀신의 추세다. 21세기 귀신은 과거가 아닌 현세에 집중한다.

〈호텔 델루나〉의 서사는 거시 서사와 미시 서사가 복합된다. 미시 서사는 독립된 에피소드로 구성되며 에피소드마다 다른 귀신이 등장한다. 개별 스토리를 잇는 거시 서사는 장만월의 멜로와 전생담이다. 귀신의 사연은 다양하다. 현실에서 미처 해결하지 못한 사건, 일, 관계, 정황, 감정 때문에 귀신이 되었다. 델루나는 문제 해결의 틈새를 만드는 상징 공간이다.

이런 상상력은 낯설지 않다. 불교적 전통에서 유래한 장례 절차인 사십구재가 그것이다. 사람이 죽으면, 49일간 영혼의 정화를 거쳐 극락왕생한다. 드라마는 이를 문화적 감수성 차원에서 차용한다.[17] 〈호텔 델루나〉의 망자는 사신의 안내로 저승에 간다. 검은색 양복을 입은 사자가 검은색 자동차를 운전해 데려간다. 망자는 49일 동안 삼도천(터널)을 지나, 유도천(다리)을 건넌다. 다리를 건너면 이승의 기억을 잊는다. 망자가 현실에 오지 않는 이유는 기억을 잃었기 때문이다.

드라마의 귀신 사연은 현대 한국인의 일상 문화에 바탕을 두며, 일부는 한국사와 접속한다. 조선시대 남아선호사상과 가부장제, 6·25의 동족상잔 비극, 현대의 왕따, 혐오, 불법동영상 촬영과 유출, 사이코패스와 연쇄살인, 고독사 등이 그것이다. 귀신의 연령, 세대, 성별, 신분, 조건도 다양하다. 몇몇 사연을 살펴보자.

먼저, 객실장 최서희의 사연이다(11회). 최서희는 200년 전, 윤씨 집안 종가의 맏며느리였다. 늦게야 딸을 낳았는데 첩이 임신했다. 문중에서는 점괘에 따라 아들을 얻기 위해 최서희가 낳은 딸을 버리기로 한다. 최서희는 딸을 안고 거리를 헤매다 남편 일행에게 살해된다. 그녀는 문중을 저주하며 숨을 거둔다. 집안에서는 갓 태어날 아기를 위해 이미 죽은 최서희 딸의 묘를 파헤치기로 한다. 분노한 최서희는 그들을 죽이고 악귀가 되려 한다. 그때 사신이 나타나 최서희를 델루나에 데려온다. 최서희는 객실장이 되어 복수를 기다린다. 200년의 세월이 흘러, 윤씨 집안 종손이 델루나에 왔다. 종손인데 미혼으로 사망했으니, 대가 끊긴 것이다. 최서희는 저주가 이루어졌다고 여긴다. 이제 호텔을 떠날 수 있는 것이다. 그런데 종손의 장례식장에 그의 아이를 임신한 여자가 나타났다. 대가 이어지고 있는 것이다. 최서희는 그녀가 쓰러졌다는 소식을 듣고 도와주어야 할지 망설인다. 쓰러진 것을 못 본 척하면 복수하는 셈이지만, 살려주면 200년의 기다림이 허사가 된다. 귀신은 결국 인간적인 처신을 택한다. 임산부를 살려주고 복수를 단념한다.

〈호텔 델루나〉는 객실장 이야기를 통해 '복수하면 평안한가?'

라는 질문을 던진다. 이는 장만월도 당면한 바가 있다. 장만월은 전생의 원수 이미라가 위험에 처했을 때 모른 체할 수 있었다. 그러나 그녀를 구하고 사랑을 얻었으며, 스스로를 구원했다. 한은 복수를 통해 씻기는 것이 아니라 그것을 이겨냄으로써 정화된다. 최서희의 경우, 복수하면 악귀가 되지만, 복수하지 않음으로써 환생한다(마지막 회차, 최서희의 밝은 모습은 델루나에서는 볼 수 없던 표정이다.). 누군가에 의해 억울한 일을 겪었을 때, 분노와 복수심을 품는 것은 자연스럽다. 그러나 복수를 실행에 옮기면 범죄다. 사적 복수와 공적 처벌이 나뉘는 이유다. 복수심을 가라앉히고 마음을 정화해야 새 삶을 살 수 있다. 이때 악을 응징하는 정의로운 사회가 있어야 피해자 마음이 정화될 수 있다. 정의의 사각지대에 개인과 사회가 관심을 가져야 하는 이유다. 그러나 복수심을 정화하기까지 200년이 걸렸다는 설정은 시사하는 바가 있다. 한을 가라앉히기가 쉽지 않다. 수양은 실존 문제다.

다음은 호텔 델루나의 장기투숙객인 13호실 귀신 가영의 스토리다. 그 귀신을 보면 미친다는 소문이 있어 직원들도 근처에 가기를 꺼린다. 어느 날 귀신이 탈출하는 사건이 발생한다. 인터넷으로 유포된 불법촬영 동영상을 몰래 보는 남자들을 해코지하러 간 것이다. 가영을 불법 촬영해 유포한 정은석은 현재 불법 영상 업로드 업체를 운영한다. 귀신이 직접 복수하려 하자, 마고신이 대신 응징한다. 공권력이 개입하기 전에 신들이 나선

것이다. 13호실 스토리는 사회적 공분과 접속해 공감대를 형성한다. 인과응보와 사필귀정의 논리로 신이 대리 처벌하는 드라마적 판타지는 사회정의에 대한 시청자의 기대를 반영한다.

그 밖에도 〈호텔 델루나〉에는 뉴미디어 시대의 악플을 악귀의 형상으로 표현했다. 내면의 열등감을 해소하지 못해 연쇄살인범이 된 설지원이 악플 사이트를 만들어 악성 감정을 자극하고 전파한다(11~12회). 저주 사이트의 가입자가 폭발적으로 늘고, 여기에 달린 악플은 네티즌의 지지를 받아 원념을 강화한다. 설지원은 저주를 강화하기 위해 목숨을 바칠 정도로 맹목적이다. 자존감을 상실한 분노의 파괴력을 시사한다. 이 에피소드는 악플이 사회문제가 된 현대 (한국)사회의 병리적 현상을 악귀에 빗대 시청자의 호응을 얻었다. 장만월은 자살을 택한 설지원에게 죽음이 끝이 아니라고 말한다. 귀신이 되어 새로운 시간을 부여받았기 때문이다. 아시아의 죽음관은 도덕관과 인간관에도 영향을 미친다. 일종의 문화 규칙이다. 드라마는 현실을 반영하고, 현실은 다시 상상력을 받아들인다. 드라마와 현실은 맞잡은 손처럼 상호작용한다.

모든 존재는 소멸하며, 사물, 관계, 마음, 감정에도 유효기간이 있다. 세상 모든 관계는 영속적이지 않다. 인류는 수많은 생로병사를 경험했지만, 각자에게 그것은 언제나 최초의 경험이다. 드라마는 사람이 죽으면 귀신이 되어 이생에서 쌓은 업의 길로 들어선다는 민간적 상상력을 적극적으로 활용한다. "귀신도 원래는 다 사람이었다."(15회) 귀신은 타인이 아니라 스스로의 전신, 또는 후생이다. 살면서 품은 미련, 그리움, 아쉬움, 그보다 농도가 짙은 한이 생을 떠나보내지 못하고 귀신이 되게 해, 주체와 세계의 시간을 붙잡는다. 사람들은 도덕률을 존중하며 법적 보호를 기대하지만, 현실은 여전히 부정부패, 권모술수, 힘의 전횡이 사라지지 않는다. 드라마에서는 인과응보, 사필귀정의 도덕률이 오차 없이 적용되는 상상력을 구현해, 정의감, 위로, 치유의 감각을 공유한다.

〈호텔 델루나〉에서는 현세의 작은 일조차 차생에 인연의 열매를 맺는다고 강조한다. 신들은 공명정대하게 생명을 지키고 들여다본다. 아무도 알아주지 않을지라도 저 하늘만은 내 마음을 알아주리라는 간절한 소망이 여전히 이토록 불안정한 삶을 지탱하는 감성의 동력이다. 인생을 산다는 건 사연을 쌓는 일이다. 오래도록 기억되는 무언가를 지니는 게 꼭 좋은 건 아니다. 사람, 마음, 욕망, 꿈조차 놓는 연습을 해야 한다. 나쁜 마음을 품는 건 귀신이 되는 지름길이다. 주변이 먼저 알고 그/녀를 피한다.

사람은 스스로 알지 못하는 인연으로도 산다.

현생의 빅데이터 업경
: 〈신과 함께: 죄와벌〉

〈신과 함께: 죄와벌〉(2017)[18]은 주인공 김자홍(차태현 연기)이 49일 동안 일곱 개의 지옥을 통과하며 재판받는 한국형 블록버스터다. 저승을 둘러싼 불교적 상상력, 망자가 49일 동안 일곱 개의 지옥을 통과하며 심판받는다는 무속신화의 상상력에 기반을 둔다.[19] 영화는 김자홍이 강림(하정우 연기), 해원맥(주지훈 연기), 덕춘(김향기 연기) 등 삼차사와 동행하는 지옥행 어드벤처다. 여기에 김자홍의 가족관계담, 동생 김수홍(김동욱 연기)이 원귀가 되어 속편의 주인공이 되는 복선이 개입된다. 차사의 전생에 얽힌 비밀이 속편을 예고하면서, 서사 전체를 지탱하는 복합구조를 취한다(이 글은 1편의 '저승'과 '귀신'에 초점을 두었기에, 후속편의 복선이 되는 김수홍의 원귀담은 자세히 논하지 않는다).

〈신과 함께: 죄와벌〉은 지옥행 로드무비이자, 재난형 블록버스터, 스펙터클 저승담이다. 망자 김자홍은 일곱 개의 지옥을 통과해야 한다. 살인, 나태, 거짓, 불의, 배신, 폭력, 천륜지옥이 그것이다. 저승에는 공소시효가 없다. 업경으로 망자의 생전 시간을 모두 보기 때문이다. 영화는 소방관 김자홍이 과연 일곱 개의 지옥을 무사통과할 것인지에 대한 호기심을 자극하면서, 삼차사와 김자홍의 공조와 협력, 갈등과 분쟁, 쟁투와 반전을 만화경처럼 펼쳐낸다.

살인지옥은 인명을 살해한 자가 가는 곳으로 변성대왕이 재판한다. 망자는 불, 용암, 뜨거운 연기가 가득한 화탕영도를 지나야 한다. 유죄가 확정되면, 불과 용암 속에 던져지는 화탕형을 받는다.[20] 간접 살해나 언어폭력, 인터넷 악성 댓글도 해당된다. 김자홍은 화재 구조 현장에서 동료를 구하지 못했고, 미필적 고의에 따라 살인죄로 기소되어, 화탕형 50년이 선고된다. 이때 강림이 업경 조사를 제안한다. 강림은 김자홍이 8인의 생명을 구하느라 동료를 구하지 못했음을 밝힌다. 사람 목숨의 경중을 잴 수 없다는 반론이 인정되어 무죄가 선고된다.

나태지옥은 초강대왕이 재판한다. 태만하게 살아 삶을 허비한 자를 심판한다. 날카로운 이빨을 가진 인면어가 들끓는 삼도천을 건너야 한다. 유죄가 확정되면, 회전하는 봉을 피해 죽도록 달리는 형벌을 받는다.[21] 영화에서 초강대왕(김해숙 연기)은 여성이다(영화 1편에서는 삶을 심판하는 저승신의 성별과 연령이 다양했다. 삶의 심판자가 누구인가 하는 문제는 대중의 상상력과 감성을 반영하고 재구성하기에, 젠더, 연령 등의 다각적인 고려가 중요하다). 나태지옥에서는 망자가 생전에 삶을 낭비했는지를 심판한다. 김자홍은 자신이 열심히 일한 것은 돈 때문이라고 말해, 판결에 불리한 증언을 한다. 강림은 업경을 통해 김자홍의 처신은 사리사욕이 아니라 가족 부양 때문임을 밝힌다. 김자홍은 죽어서야 휴식할 수 있었다. 초강대왕은 선행을 인정해 무죄를 선고한다.

그 밖에 김자홍은 거짓지옥, 불의지옥, 배신지옥, 폭력지옥, 천륜지옥 등 7개 지옥을 통과한다. 겉으로 드러난 삶, 기록된 자취만 보면 김자홍은 이 지옥을 결코 통과할 수 없다. 원작 웹툰과 만화에서는 변호사 진이한이 나서서 김자홍이 지옥문을 통과하도록 고군분투한다. 영화에서는 삼차사가 협력하고 공조해 망자 삶의 이면에 가려진 진실을 밝힌다. 결과는 무죄 선고, 지옥 탈출, 귀인 환생이다.

사람은 죽어서도 삶을 소명해야 한다. 죽음이 완결이 아니라 삶과 이어진 끈질긴 인연의 연속이라는 것, 이것이 다시 환생으로 이어진다는 발상은 죽음을 위로하기 위한 것이 아니라 삶을 똑바로 살기 위한 장치다. 저승에서 제 몫의 삶을 살아가려면 변호사나 차사의 도움이 필요하다. 삶이 허용되는 곳은 어디라도 단독자로 살기 어렵다. 자기편이 없어 억울하게 죽었는데, 저승에서도 외면당한다면, 믿을 곳이 없어진다. 불의한 자가 승리하는 세상은 도덕관념을 무력하게 한다. 삶은 불편부당하고 어지럽지만 사후 세계는 엄정해야 한다는 보상심리가 종교와 윤리 차원에서 나약한 삶을 붙잡아주는 역할을 했다.

이 영화는 겉으로 드러난 김자홍의 삶 이면에 가려진 거짓, 불의, 배신, 폭력, 패륜이 어떻게 진실, 정의, 신의, 사랑, 천륜이 되는지에 대한 역설의 미학을 구축한다. 거짓인 줄 알았지만 위로받았을 때, 이것은 선인가 악인가. 자기 자신은 바르게 살았지만 가족이나 주변인의 잘못을 책임져야 했을 때 이 사람을 선처할 것인가, 엄격한 법의 잣대로 심판할 것인가. 어린 시절 한순간의 잘못을 뉘우치며 속죄하는 마음으로 살았다면 그를 용서할 것인가, 시간을 거슬러 그 죄를 다시 물을 것인가. 영화는 선과 악, 가족과 이웃, 공과 사의 이율배반 속에서 매 순간 선택해야 하는 세상살이의 다사다난함을 비춘다. 아울러, 공감할 수 있고 용서할 만하며 허용 가능한 참회의 경계선이 어디쯤인지 질문한다. 사람의 일을 판단하는 데는 여론이나 제도, 법만으로 부족하기에 이 모든 것을 헤아리는 신을 등장시켰다. 원리원칙에 따른 신의 엄정함만으로 삶의 복잡성을 헤아리기 어렵기에, 그 이면을 들여다보고 진실을 밝히는 차사를 설정했다. 매 순간의 삶을 빠짐없이 기록하는 업경조차 보는 눈과 읽는 방식에 따라 무한 겹으로 확장될 수 있기에, 기준점을 정할 필요가 있다.

영화는 이에 대해 관객이 스스로 사유할 기회를 주면서, 선량한 사람이 어떻게 법의 심판으로 악인이 될 수 있는가, 그 반대 또한 어떻게 가능한가라는 역설적 질문을 던진다. 사람은 누구나 하나의 이름을 등록하고 단일한 몸으로 살지만, 삶은 그것을 수십 개의 줄로 다시 묶고, 수백, 수천 겹으로 분할해 사회적 신체로 만든다. 개인의 삶은 느슨하고 단단하게 연결된 신체처럼, 가족과 사회, 이름을 적어 넣은 소속과 단체로 스며든다. 무한 겹의 사회적 신체로 묶인 개인은 아무와도 손잡지 않은 맨 처음의 몸으로 돌아갈 수 없다.

김자홍은 일곱 지옥을 통과할 때마다 위기를 겪었다. 바르고 착하게 산다고 해도, 티끌만 한 죄조차 짓지 않고 사는 게 불가능하다는 것을 보여준다. 위기 때마다 차사들이 나타나 임기응변으로 대처하지만, 이들의 변론이 공감을 사지 못하면, 그는 결코 지옥문을 통과할 수 없다. 죄목만 보면 김자홍은 거짓말쟁이에 무능력자, 무책임한 노동자, 패륜아다. 그러나 일상을 깊이 들여다보면 한 번도 자기를 위해 살아본 적 없는 헌신적인 가족이었고, 성실한 동료였으며, 다정한 이웃이었다. 김자홍은 열심히 일해도 보상받지 못하는 현대인을 대변한다. 가족을 위해 살았지만, 역설적으로 그에게는 가족이 없다. 소년 가장에서 독신 가장으로 이행한 김자홍은 평생을 바쁘게 살았지만, 행복에서 점점 멀어지는 것 같은 서민의 삶을 애틋하게 대변한다. 이 영화를 본 1400만여 명의 관객 규모는 선과 악, 개인과 사회, 과거-현재-미래, 생사의 딜레마에 대한 사유를 공유한 뚜렷한 공감의 징표다.

일곱 지옥을 통과한 죄인을 최종판결하는 이는 염라왕(이정재 연기)이다. 그는 "이승의 모든 인간은 죄를 짓고 산다. 그들의 아주 일부만 진정한 용기를 내어 용서를 구하고, 아주 극소수만 진심으로 용서를 받는다. 이승의 인간이 이미 진심으로 용서받은 죄를 저승은 더 이상 심판하지 않는다"라고 판결해 김자홍에게 무죄를 선고하고, 즉시 환생할 것을 명한다. 저승의 심판보다 중요한 게 이승의 용서라는 것이 영화의 최종 메시지

다. 인간에게 필요한 것은 냉정한 평가나 공명정대한 판단에 앞
선, 따스한 공감이다. 사람은 스스로 포기하더라도 신은 인간을
버려서는 안 된다는 절박한 애원을 담았다. 일터에서 죽은 김
자홍은 피로사회를 사는 평범한 한국인이다. 천만 관객의 눈물
은 삶의 곤고함에 대한 공감이며, 해원을 희망하는 집단 감성
의 신호다.

6장
아시아 전통의 귀신

극도로 '이질적인 어둠'은 극도의 여성성과 맥을 같이 한다.
—리앙[1]

21세기 아시아의 귀신 콘텐츠는 전통문화, 지식, 상상력에 뿌리내리고 있다. 아시아의 저승은 선악관이 분명하며 인과응보를 따른다. 전통적으로 종교나 신념의 체계였지만 현재는 감수성 차원의 문화적 현실로 수용되어 상상력의 바탕이 된다. 귀신을 일종의 민간 '지知'로 수용해 문화 자원으로 삼는 현상은 조선 중후기, 중국 청대, 일본 메이지 시기의 저작에서도 발견된다. 근거가 불확실해도 신념 체계나 문화 관습이 되었다면 지식과 문화로 존중한다는 생각을 아시아가 공유했다.[2] 이 장에서는 아시아 전통의 귀신을 다룬 서사 중에 각국의 특징을 보여줄 수 있는 콘텐츠를 선정해 살펴본다.

한국의 고전문헌 중에서는 조선 중기 문인 유몽인柳夢寅(1559~1623)이 저술한 『어우야담於于野談』을 택한다.[3] 여기에는 조선시대 귀신과 신선에 관한 상상력이 담겨 있다. 특히 신선담을 통해 유교적 이념과는 '다른 삶'을 추구했던 도가의 신선에 주목해, 영생불사하는 대안적 삶을 살핀다. 죽지 않고 영원히 사는 신선은 현대의 포스트휴먼과 통하는 면이 있기에 참조할 필요가 있다. 귀신담을 통해서는 귀신을 둘러싼 상상과 문화의 실재를 살피고, 젠더적 관점에서 타자화된 시선에 주목한다. 신선과 귀신의 출몰 장소와 행동 규칙, 인간의 대응을 일종의 풍속지의 차원에서 조명한다.

중국 문헌 중에서는 『원혼지冤魂志』[4]와 『요재지이聊齋志異』[5]를 택한다.[6] 『원혼지』는 실존 인물을 중심으로 한 중국 귀신담을 엮은 책이다. 현실에서는 패배했지만 상상 공간에서 목소리를 내고 윤리성을 탈환하는 두 겹의 역사적 진실에 다가갈 수 있다. 『요재지이』에는 다양한 귀신 이야기가 실린다. 일부는 여우 변신담과 호환되는 면이 있다. 귀신과 여우에 매개된 섹슈얼리티의 감각, 세태 비판, 인간 욕망에 대한 경계 등의 주제를 공유한다. 귀신과 여우는 비인간으로서 인간의 타자이지만, 인간 내면에 내재한 속성이기도 하며, 그 자체로 문화의 일부를 구성한다는 생각을 보여준다.

일본 문헌 중에는 메이지 시기에 편찬된 『야창귀담夜窓鬼談』[7]을 택해, 귀신, 요괴, 갓파河童,[8] 덴구, 여우, 너구리, 뱀 등의 변신담을 살핀다. 여기서 귀신과 요괴는 세태 풍자의 매개라는 역할을 하는 동시엔 인간의 어두운 습성, 숨겨진 이면을 폭로하는 그로테스크 미학을 구축한다. 메이지 시기는 일본의 근대에 해당

하기에 『야창귀담』에 재현된 귀신담에는 전통과 근대의 양면이 혼융된다. 한편, 사카구치 안고坂口安吾의 단편소설 「벚꽃 만발한 벚나무 숲 아래桜の森の満開の下」(1947)[9]는 근대적 관점에서 귀신을 심미적으로 사유한 텍스트로 간주해 분석 대상으로 삼았다. 전통적 세계관에 익숙한 남성이 도시를 선망하는 귀신에게 매혹되어, 자아가 분열되고 삼켜짐으로써 도리어 선명해지는 과정을 상징적으로 그렸다. 사랑해서 생을 바친 여자가 귀신이고 자신이 그와 분리될 수 없는 운명임을 자각하는 감정 자체가 그로테스크하다.

텍스트를 저작 시기별로 정리하면 『원혼지』, 『어우야담』, 『요재지이』, 『야창귀담』, 「벚꽃 만발한 벚나무 숲 아래」의 순이다. 이 중에서 세계적으로 널리 알려진 것은 중국 청대의 작가 포송령이 쓴 『요재지이』다. 『어우야담』의 작가 유몽인은 포송령보다 먼저 태어나 이 책을 읽지 않았고, 『야창귀담』의 작가 이시카와 고사이는 『요재지이』를 읽고 『야창귀담』에 여러 번 인용했으며, 영향 관계가 분명한 작품도 있다. 한중일 삼국의 저작에 모두 귀신이 등장하는데, 맥락적 유사성도 있지만 형상과 생리에는 차이가 있다. 국가마다 작품 선별과 분석의 비중이 다소 비대칭적이지만, 시대 순서를 고려하고 상호 영향 관계에 대해 밝혀, 아시아 전통적 귀신의 상상력과 표상, 미학적 특징을 찾아보려고 했다.

한국 고전의 신선과 귀신
:『어우야담』

『어우야담』은 조선시대 16~17세기 문인 유몽인의 저술로 초기 야담집에 속한다. 여기에는 유몽인 개인의 시각에서 서술한 역사(관찬官撰으로서의 실록과 구분되는 사찬私撰)와 민간에서 구비 전승된 일화가 수록된다. 박물학적 정보를 집성해 백과사전처럼 엮은 이야기도 있고, 역사·사회·문화·문학·예술에 대한 비평도 실렸다. 사대부 글쓰기의 전형적 장르인 전장류[10]와 애제문[11]도 차용된다. 모두 이야기 형식을 취한다. 이러한 문체 실험은 허구를 억압하던 조선 지식인 사이에서 상상력과 감성을 공유하는 역할을 했다.[12] 사대부의 문집에 잘 실리지 않는 도사나 술사, 양반 여성의 일생이 『어우야담』에 에피소드 형식으로 실렸다. 양반과 왕실 이야기는 물론, 중인층, 기생, 노비, 광대, 화가 등 하층민의 이야기도 실려 있다. 참전 병사와 외국인(사신, 병사 등) 이야기도 수록된다. 날짐승, 들짐승, 물고기, 산천초목 등 자연과 각종 살림살이, 문구류 등의 만물 이야기, 신선·귀신·인어·용 등이 등장하는 환상담도 있고, 정욕, 여색, 의협 등 금기시된 내용도 담겨 있다. 잡다하지만 호기심을 끄는 이야기를 담은 백과전서적 구성을 취한다. 미학적으로는 근엄, 숭고, 우아미와 더불어 풍자와 해학을 구현했다.

이 글에서는 그중에서 귀신담과 신선담에 주목한다. 귀신이 인간의 사후적 존재라면, 신선은 인간이 죽지 않고 영생하는 정체성이다. 모두 전사前史와 전신前身이 인간이다. 신선이 전-존재인 인간과 형상적 동일성을 유지한다면, 귀신은 이질적이다. 귀신은 죽음을 매개로 인간의 신체성과 결별하지만, 신선은 수양을 통해 몸의 연결성을 유지한다. 『어우야담』의 신선담은 불사영생하는 신선의 정체성을 통해 죽음에 관한 아시아적 상상의 원초적 풍경을 보여준다. 죽지 않는 인간, 사후적 존재라는 발상은 21세기에 대두된 포스트휴먼의 상상과 통한다. 사상적 배경은 도교이다. 조선시대는 이념적 기반이 성리학이어서, 도가나 불가를 배척했다. 신선 이야기에 지배 관념에 대한 저항, 다른 삶에 대한 추구, 대안 세계의 상상이 매개되는 이유다. 조선시대에 점술과 굿은 혹세무민하는 미신으로 간주되었지만, 『어우야담』의 귀신담에는 신들림과 귀신 빙의, 용한 점쟁이, 굿으로 효험을 본 일화 등 샤머니즘이 포함된다. 귀신을 둘러싼 조선시대의 다면적이고 중층적인 감성구조를 경험할 수 있다.

먼저, 『어우야담』에 수록된 신선담을 살펴보자. 신선은 욕망에서 자유롭고 시공간의 제약을 받지 않는 존재다. 누구나 신선이 될 수 있지만, 욕망을 초월해야 하기에 수련이 필요하다. 신선은 성숙한 인격자와 등치적이다. 수련은 도가적 방식의 탈현실, 탈욕망을 매개한다. 현실에 뿌리내리고 학문 연마와 글쓰기로 인격 수양을 하는 유교 선비와는 다르다(유교에서 욕망이나 감정은 다스림과 통제의 대상이다).[13] 현세적인 요소와 결별하고

'다른' 몸과 정신을 단련해 신선계로 진입한다.

『어우야담』에 나오는 신선은 행태가 독특하다. 먹고 자고 마시는 게 평범치 않다. 정치적 입신출세에 관심이 없고 절대 추구하지 않는다. 문장으로 인정받으려 하지도, 저술 활동도 하지 않는다. 단체를 키워 세를 과시하거나 영향력을 행사하지도 않는다. 권력욕 자체가 없다. 조선시대에 이러한 인간형은 예외적이다. 그들이 추구하는 학문 분야도 유학이 아니라 도교의 양생술 같은 비주류 학문이다. 당연히 세계관도 남달랐다. 관찰된 현상은 불사영생이지만, 실제로 그들이 무엇을 추구하며 어떻게 사는지 평범한 인간은 알 길이 없다. 단편적인 목격담으로 접할 뿐이다. 신비함이 신선 정체성의 요체다. 이들은 능력이 있어도 정치, 권력, 욕망에 무관심하기에, 존재만으로도 위화감을 자극했다. 단, 국가 위기나 환란은 방관하지 않고 참여해 공을 세웠고, 대가나 보상은 거부했다. 이런 행태가 낯설기에 신선은 경외의 대상이 되었다. 다른 삶이 존재하며 그 가치가 드높여질수록 입신출세에 매진하는 주류적 삶이 초라해지고 문제로 부상될 여지가 크다. 유교 이데올로기가 전면에서 작동하고 다른 삶의 가치화가 지양되던 시대에, 도교 사상과 신선이 남다른 가치를 갖는 이유다.

이야기 속의 신선은 스스로 진술하지 않는다. 신선담은 타자의 관찰 기록이다. 이런 이유로 신선담은 신비화되며 서술은 분절된다. 유몽인은 "이른바 진선眞仙이란 육체의 외피를 벗어버리고 정신만을 뽑아 굳게 뭉쳐진 것이 흩어지지 않은 것이다. 이런 상태로 천백 겁을 지내면, 세상 사람들과 단절되어 그 행동거지를 알 수 없고 막연해서 마치 전생과 후생이 다른 것처럼 된다"[14]고 했다. 그는 조선시대 문인 성현成俔(1439~1504)이 목격한 신선담을 적었다(「성현이 만난 신선」). 성현이 한미하던 시절, 교외에서 놀다가 나그네를 만났다. 점심이 되자 수행하던 동자가 도시락을 열었다. 핏빛 국에 올챙이가 떠 있고 삶은 아기가 들어 있었다. 같이 먹자고 했지만 거절했다. 혐오스러웠기 때문이다. 식재료는 영지와 인삼이라고 했다. 대화도 수상했다. 둘이 같이 다녔다는 햇수를 따져보니 800여 년이나 되었다. 당시의 교통 사정상 무리한 일정을 소화했다. 그들이 떠나고 나서야 성현은 그가 중국 전국시대 조나라의 여진인呂眞人이라는 걸 알아차린다.

신선은 일상에 공존하기에 인간과 언제든 만날 수 있다. 그러나 편견에 사로잡힌 인간의 경계심 때문에 소통하지 못한다. 이런 이야기 구조는 『삼국유사』의 관세음보살 현신담에서 자주 보인다. 대상이 신선으로 바뀌었을 뿐 한국인에게는 익숙한 상상 구조다. 신선담은 평범한 존재가 관음보살이나 신선처럼 귀하다는 인간 존중 사상을 반영한다. 신분이 높아야 고결한 경지에 오를 수 있는 것이 아니다. 이런 발상은 신분제 사회를 성찰하는 기능을 한다. 그렇다면 언제 누가 신선을 만나는 것일까?

『어우야담』에서 신선을 만나는 사람은 대개 한가로운 상태다.

상국 이원익이 젊은 시절, 한계산의 절에 들른 적이 있다(「선계를 접한 이원익」). 그는 노승이 종이에 글자를 적어 던지자 학이 되는 것을 보았다. 노승은 남들이 보지 못하는 것을 보니 대화가 통할 것 같다며 연회에 초대했다. 길에 패옥이 깔려 있고 오색구름과 음악이 울렸다. 훗날 이원익은 과거에 급제해 승지에 이른다. 관직에서 물러나 그곳에 다시 갔지만, 찾을 수 없었다. 이는 매우 상징적이다. 상서로움을 경험한 뒤 관직에 올랐지만, 관직을 경험한 뒤에는 다시 그 세계에 진입할 수 없다. 그 사이에 이원익의 몸과 마음, 생활에 찾아온 다사다난한 정황을 짐작하게 한다. 인간이 선계를 방문하는 게 아니라, 선계가 인간을 택한다.

신선은 인간의 형상이지만 행동이 남다르다. 신선은 먹지 않거나 벽곡辟穀한다. 곡식 대신 솔잎, 대추, 밤 따위를 날로 조금씩 먹는 것이다. 도가 양생법의 기초다. 임진왜란 때의 의병장 곽재우가 벽곡을 하며 신선도를 닦았는데, 형제가 상을 당해 어쩔 수 없이 밥을 먹었고, 얼마 후 갑자기 사망한다(「곽재우의 용맹과 신선술」). 남다른 삶을 살려면 양생법이 달라야 한다. 인간사에 얽매이면 신선도를 수련하기 어렵다. 신선담이 가족담이 아니라 이인담異人談('이인'이란 다른 삶을 사는 사람, 또는 탁월한 사람, 낯선 사람이라는 뜻)이라는 단독자 형태를 띠거나, 수련 제자와 동행하는 사승담(스승과 제자 이야기) 형식을 취하는 이유다.

『어우야담』에 신선은 있어도 선녀는 없다. 수련을 통해 선계에 이른 존재는 모두 남성이다. 책을 남성 지식인이 집필했고, 독자층도 대부분 양반 남성이기 때문이다. 이야기에 재현된 신선과 선계도 양반 남성의 관점이다. 선계에서 미인과 술과 음식을 즐기다가 깨어보니 꿈이더라는 이야기(「공자의 꿈과 윤결의 죽음」)는 남성 취향의 상상력이다. 선계란 유토피아나 무릉도원 같은 이상향이다. 선계의 미남이 현실의 여성을 초대하는 무릉도원이 상상되지 않는 이유는 창작층과 수용층의 젠더와 관련된다(그러나 실제로 조선시대에 선계의 판타지를 창작한 여성 작가가 있었다고 해도 현실 미남을 초대하는 선녀 이야기를 썼을지는 알 수 없다).

18~19세기 야담집에 등장하는 탁월한 여성 이야기는 여자 혼자 수련하는 신선담이 아니다. 여성 이인은 대개 사대부가의 아내나 어머니로 등장해 가문을 번영시키고, 전도유망한 사위를 발탁해 가족으로 삼는다. 거지 행색을 한 남자의 탁월성을 알아보고 딸과 혼인시켜 고관대작으로 만든다. 사람의 잠재력을 간파하는 여성의 능력은 그를 가족으로 삼아 가문의 역량을 강화하는 데 쓰인다. 신분은 낮지만 지혜로운 중인층 여성이 거리를 떠도는 남자를 캐스팅해 혼인하는 이야기도 있다. 여기서도 여성의 지인지감은 남자를 출세시켜 신분상승하는 도구로 활용된다. 여성 스스로 자기 길을 개척하거나 시대를 바꾸는 사례는 없다. 여성이 사회적 정체성을 확보하는 통로가 혼인으로 제한되었기 때문이다. 남성도 여성의 능력을 흡수해 출세

와 가문의 번창에 활용하던 시대적 분위기를 반영한다. 야담을 집필하고 편찬한 이가 거의 대부분 양반 남성이기에, 이들의 기대와 욕망이 투사된다.[15]

신선은 포스트휴먼 시대가 추구하는 인간상이다. 노화하지 않고 죽지 않을뿐더러, 인격도 훌륭하다. 욕심 없고 남에게 피해 주지 않되 공동체의 어려움에 헌신하는 책임감이 있다. 타인을 모방하지 않지만 자기복제는 한다(유명한 사례는 전우치). 시간 여행과 공간 이동을 하기에 경험의 폭이 넓다. 야담의 신선 세계는 심미적 공간에 대한 최대치의 상상력을 보여준다. 인간과 신선이 만나는 접점의 이야기는 나란히 존재하는 두 개의 평행 세계가 기울어져 교차하는 순간이다. 존재하지만 확인할 수 없는 세계를 신선이 인간 세계를 방문하고, 인간이 선계를 방문하는 형식으로 재현한다. 선계가 주류 제도와 담론에서 배제된 비주류 질서를 상징한다고 할 때, 이 두 세계가 만나는 접점이야말로, 지배 체제 이외의 세계가 존재할 수 있고, 그것이 가치 있다는 것을 설득하는 사회적 상상력의 매개다.

신선담에 이어 『어우야담』에 실린 귀신담을 살펴보자. 여기에 등장하는 귀신에게는 성별이 있다. 귀신은 사람뿐만 아니라 사물에도 깃든다. 그 행동 성향은 일정하지 않으며 품은 감정도 다양하다. 궁궐과 성균관에 나타나고 이유 없이 남을 해치기도 한다. 죽었다가 살아난 자의 임사체험담도 기록된다. 유몽인은 귀신을 둘러싼 소문과 체험, 전설을 편견 없이 서술했고, 유학자의 소견으로 논평했다. 『어우야담』에는 귀신과는 다른 '물괴物怪'가 소개되는데, 이는 오래된 사물에 신령함이 깃들어 장난을 치는 것이다. 곤충·초목·조수·어별의 정령이 기를 내어 허상을 만들기도 한다. 이런 발상은 사물에 깃든다는 일본의 요괴, 쓰쿠모가미付喪神와 상통한다. 다만, 물괴는 기운이 사악하기에 바른 이를 침범하지 못한다. 올바름을 지키면 물괴에게 농락당하지 않는다.

물괴와 달리 귀신은 사람이 죽어서 된 혼이 인간 형상으로 나타난 것이다. 귀신 또한 사람의 일상을 훼방 놓는다. 조선 후기나 근현대의 귀신 이야기에서 귀신은 명분과 이유를 가지고 출몰하는 게 일반적이다. 그런데 16세기 저작인 『어우야담』에는 귀신이 나타는 이유가 불분명한 경우가 있다. 지괴류의 이야기처럼 귀신의 놀라운 행동 자체가 흥미성의 요체다. 예컨대, 귀신이 갑자기 나타나서 사람의 머리카락을 자르거나, 뒤에서 후려치고, 음식에 오물을 묻히고 기물을 부순 사례가 기록된다. 이유는 설명되지 않는다. 한을 품어서도 아니다. 귀신의 놀라움 자체를 즐기는 것이다. 후대로 가면서 대체로 귀신 출몰과 행동에 대한 개연성이 강화된다.

그렇다면 조선시대에는 정말 귀신이 존재한다고 믿었을까? 제사를 지내면 정말로 조상신이 흠향한다고 믿었을까? 이에 대해 '그렇다'고 할 만한 이야기가 전한다. 종실의 명원군 이야기다. 그는 역질에 걸려 죽었다가 사흘 만에 살아났다. 죽어서 명계에 가니, 귀신들이 신출내기와는 겸상할 수 없다며 동석을 거부했다고 전했다. 그는 망자에게 제사 지내면 귀신이 먹으니 제사를 꼭 지내라고 당부했다(「되살아난 명원군의 당부」). 제삿날 조상신이 나타나 후손을 꾸짖고 제물을 달라고 한 이야기도 있다(「황대임 집안에 나타난 집안의 혼령」).

조선시대에는 왕실과 양반가에서 조상제례를 지냈지만, 후손이 없는 귀신은 관에서 제사 지내는 풍습이 있었다. 서울 창의문 밖 북교에서 한성부윤이 참여해 지낼 정도로 규모가 있었다. 이때 익사(물에 빠져 죽음), 소사(타 죽음), 아사(굶어 죽음), 전사(전쟁으로 죽음)한 이를 제사 지냈다. 어느 날 한성부윤의 꿈에 피범벅이 된 여자가 나타나, 출산하다 죽은 귀신은 제삿밥을 안 준다고 하소연했다. 이를 가엾게 여겨 왕에게 보고했다. 이후부터 출산하다 죽은 자의 위패를 배설했다(「북교의 제사」). 조선시대에는 사회적 배려 대상에 귀신까지 포함시키는 감성 정치를 했다.

그렇다면 조선시대에 귀신이 출몰하는 전형적 장소가 있었을까? 『어우야담』을 분석해보면 역, 제사 장소, 승정원, 성균관, 꿈, 시체가 버려진 곳 등으로 나타났다. 역은 드나드는 사람이 많지만, 밤에는 인적이 드물다. 연산군 시절의 홍귀달洪貴達(1438~1504)이 용천역에서 사망했는데, 이곳은 종종 중국 사신을 맞이하던 장소였다. 송일宋軼(1454~1520)이 사신을 맞는 영위사로 역에 머물렀는데, 밤이 되자 뼛속까지 한기가 파고들었다.[16] 그때 문밖에서 누가 이름을 불렀다. 친구 홍귀달이었다. 송일은 동자를 시켜 술 석 잔을 데워오게 했다. 홍귀달은 감사를 표하고 송일의 복록과 자손의 번성을 예언한다. 그 후 송일은 영의정에 올랐고 여러 자손이 경상에 올랐다(「용천역의 귀신」). 자신을 환대한 지인의 미래를 알려주고 축복한 것은 귀신과 인간의 호혜적 교섭 방식을 시사한다.

다음은 제사 현장에 귀신이 나타난 경우다. 임진왜란 때 병조좌랑이었던 이경류는 적에게 살해된다(「형 이경준을 찾아간 이경류의 혼령」). 형 이경준이 동생 제사를 지낼 때 혼령이 나타나, 형제는 3년을 함께 지낸다. 이경류는 객사했기에 가족이 정확한 사망 장소와 기일을 몰랐는데, 귀신이 알려주었다.

다음은 왕의 비서기관인 승정원에 나타난 경우다. 승정원은 의정부·육조·사헌부·사간원과 더불어 조선시대 중추적인 정치기구다. 본래 귀신이 많았다고 한다. 『어우야담』에 한 승지가 숙직하다가 귀신을 만난 사례가 기록된다(「귀신이 많은 승정원」).

다음은 성균관 귀신이다. 현대 한국의 공포물 중에 학교가 배경인 경우가 많은데, 조선시대 성균관에도 공부하다 죽은 선비 괴담이 있다. 성균관 서재 진사간進士間의 귀신이다(「성균관의 귀신」). 당시 성균관에는 온돌방이 없어 추울 때면 유생들이 같은 이불을 덮고 잤다. 진사간에서 한 미남 선비가 굴원屈原의 〈이소경〉을 읽고 있었다. 함께 지내던 진사 두 명이 그와 함께 자려고 양쪽에서 다리를 잡아당기자, 다리가 찢어져 죽었다. 그 뒤로 날이 흐리고 비가 오면 〈이소경〉 읽는 소리가 들렸고, 성균관 유생은 가위에 눌렸다. 그 후에 기생이 진사간에서 돌연사했다. 그때부터 여기서 자는 선비는 꿈에 미녀를 보고 가위눌렸다고 한다. 학교는 배움과 성장의 공간이지만, 억압과 통제의 공간이기도 하다. 선비들이 미남과 같이 자려고 다투었다든가, 기생이 서재에 드나든 정황은 성균관에서 발생했을 각종 문제를 짐작케 한다. 조선시대 인재양성소인 성균관에서 선비들은 청(소)년의 성장통과 각종 스트레스, 갈등과 일탈을 귀신담으로 향유하면서, 공포에 심리적 거리를 두는 방어기제를 생성했다.

다음으로 꿈에 나타난 귀신이다. 한국문학사에서 꿈은 신성, 혼령과 소통하는 역할을 한다. 유몽인이 지인의 장인을 위해 묘갈명을 써준 적이 있었다. 그날 밤 꿈에 해골 형상이 나타나 감사를 전했다. 유몽인은 망자를 위해 축문과 제문을 쓰거나, 술사들이 부적과 주문을 적는 것이 헛되지 않다고 했다. 귀신의 이치를 아는 자가 만든 풍습이라는 것이다(「묘갈명을 짓는 뜻」).

혼령은 이순신에게도 현몽했다. 어느 날 이순신의 꿈에 셋째 아들 면이 나타나 포로 중에 자기를 죽인 왜적이 있다고 했다. 이순신은 그에게 복수했다(「죽은 아들의 복수를 한 이순신」). 실제로 『난중일기』에 관련 기록이 있다.

14일 신미. 맑음. 사경에 꿈을 꾸었다. 나는 말을 타고 언덕으로 가고 있었다. 말이 실족해 시냇물에 떨어졌다. 나는 괜찮았다. (셋째 아들) 면이 나를 부축해 안는 듯했다. 꿈에서 깨어났다. 이 무슨 징조일까. 저녁에 천안에서 사람이 와서 집에서 보낸 편지를 전해주었다. 뜯지도 않았는데 뼈와 살이 떨리고 마음과 기운이 황망했다. 거칠게 겉봉을 뜯자 (둘째 아들) 예가 쓴 '통곡' 두 글자가 보였다. 면이 전사했다. 가슴이 철렁했다. 목소리가 나오지 않았다. 통곡하고 통곡했다. 하늘이 어찌 이토록 자비하지 않단 말인가. 내가 죽고 네가 사는 게 이치에 맞거늘, 네가 죽고 내가 살다니, 어찌 이토록 어그러졌는가![17]

꿈에서 말이 넘어진 것은 이순신의 낙담을 예고했다. 아들은 넘어진 아버지를 부축해 선물처럼 효심을 남겼다. 이순신이 아들의 사망 즈음 꿈을 꾼 것은 사실이다. 그러나 『어우야담』의 기록은 역사적 사실과는 조금 다르다. 이순신이 생포한 왜적 중에 자신을 죽인 자가 있다고 한 것, 이순신이 그에게 복수한 것은 허구다. 역사적 사실과 개인의 기록(『난중일기』)이 구비전승되면서 환상성과 복수심, 정의감이 강화되었다.

한국인의 꿈에는 조상신이 종종 등장한다. 고인이 된 부모에 대한 그리움, 사후에도 자손을 돌보는 조상에 대한 기대가 반영된다. 조선시대 양반가에는 어른이 돌아가시면 사당에 신주를 모셨다. 사람과 혼령이 동거하는 셈이다. 조상신은 후손의 길흉화복을 예고하고 물건을 훔친 여종을 잡았으며 병고액난도 막았다. 전공戰功도 세우게 했다(「김우서를 도운 부친의 혼령」).

삶과 죽음이 서로를 돕는 상상이다. 『어우야담』에 신숙주申叔舟 (1417~1475)가 동자 귀신을 부렸다는 일화가 전한다. 알성시를 보러 성균관에 가던 신숙주가 괴물을 만났다. 입을 벌리자 윗입술은 하늘에 아랫입술은 땅에 붙었다. 신숙주가 입속으로 들어가자 청의동자가 나왔다. 그 뒤로 동자는 신숙주를 따라다니며 길흉화복을 예고했다. 그는 과거에 급제하고 세조를 섬겨 정승이 된다. 유몽인은 중국 당나라 시절의 이임보와 안록산에게 귀신이 따랐다는 전설을 빌어 입신출세한 신숙주에게 동자가 따랐다는 전설을 기록했다(「신숙주와 청의동자」).

조선시대는 삼강오륜의 덕목을 존중하는 윤리 기반 사회다. 귀신에도 윤리를 요청하던 시대다. 친구 가족이 역병에 들었다는 소식을 들은 권람이 약을 가지고 찾아간 이야기가 있다. 그 집에 시체가 늘비했는데 친구가 권람을 보더니 흐느껴 울었다. 다음날 그 친구가 보이지 않았다. 혼자 달아난 것이었다. 귀신들이 권람을 보더니 "권정승은 범할 수 없다"며 달아났다. 귀신들이 간 곳에 그 친구가 있었는데, 그날 사망했다. 당시 권람은 아직 정승이 되지 않은 청년이었다. 귀신들은 권람이 목숨을 걸고 신의를 보인 것에 감탄했고, 미래를 예측해 미리 정승이라 불렀다. 귀신도 윤강을 존중하며, 훌륭한 인재는 해치지 않는다는 생각을 담았다(「권람의 의로운 행동」).

유몽인은 임진왜란을 겪은 전쟁 세대다. 전란으로 사망자가 많았고 귀신담도 생겨났다. 유몽인은 자신이 체험하거나 소문으로 들은 귀신 이야기를 기록했다. 박엽(1570~1623) 이야기가 그중 하나다(「귀신과 정을 나눈 박엽」). 박엽이 피난하다 미녀를 만나 하룻밤 잤다. 깨어나니 시체였다. 뜰에 누워 자던 노비도 모두 시신이었다. 박엽은 놀랍고 비통해하며 장례를 치러주었다. 그 후 박엽은 과거에 급제해 가선대부와 의주부윤을 역임했다. 유몽인은 그가 자격이 된다고 평했다. 박엽이 만난 여자는 전란에 굶주려 죽은 처녀귀신이다. 남자가 여자 귀신과 성관계한 이야기는 흔하다. 그러나 상처를 가진 처녀귀신과 그 가속의 시신을 돌보고 제문까지 써준 경우는 흔치 않다. 유몽인은 처녀귀신의 한을 쾌락적 성애담으로 소모하는 대신, 인재 성공담의 전사前史로 배치했다. 물론 여성과 남성의 관계를 성애적으로 한정한 것은 당대의 사회적 상상력이 지닌 한계다.[18]

중국 고전의 원혼과 귀신
: 『원혼지』, 『요재지이』

귀신이 등장하는 중국 고전문학 텍스트로는 중국 남북조 시대에 안지추顔之推가 쓴 『원혼지』와 청대 초기의 문인 포송령蒲松齡이 집필한 『요재지이』를 택했다. 『원혼지』는 역사적 실존 인물이 귀신이 되어 원한을 푸는 신원담이다. 『요재지이』에도 실존 인물이 등장하지만 대부분 허구다. 『원혼지』의 경우, 원혼을 등장시켜 현실 정치를 바로잡는 역사 다시 쓰기를 수행한다. 현실의 모순으로 발생한 사건은 피해자의 죽음으로 끝나지 않는다. 원혼이 복수하거나 저주가 영향력을 발휘하는 과정은 역사의 힘에 대한 은유적 장치다. 환상적 서사에 현실을 살아가는 사람들의 생각과 염원을 반영했다.

『요재지이』에는 다양한 귀신이 등장해 현실을 은유한다. 귀신과 유사한 생리를 보이는 여우도 등장한다. 이 책은 조선시대 문인에게도 알려져 널리 읽혔으며, 현재까지도 아시아뿐 아니라 세계에서 애독된다. 아르헨티나의 문호 보르헤스Jorge Luis Borges는 세계문학사 선집으로 '바벨의 도서관La Biblioteca di Babele' 시리즈를 간행하면서 『요재지이』를 포함시켰다.[19] 보르헤스의 소설은 현실과 허구, 실재와 상상이 넘나들며 영향을 미치고, 서로 구분할 수 없이 경계가 허물어져 있다. 소설 쓰기란 곧 삶을 살아가는 여정에 대한 은유이며, 독서란 곧 새로운 창작이라고 말한다. 제국의 지도를 만들기 위해 제국 사이즈의 도면을 작성한다는 서사는 기호를 통해 대상을 재현하는 것이 과연 가능한가, 라는 의문을 던진다.[20] 이러한 보르헤스 서사의 특징은 일련의 소설을 메타서사로 이해하는 근거가 된다. 이런 감각은 보르헤스가 일찍이 읽었던 『요재지이』로부터의 영감과 연결성을 시사한다. 『요재지이』는 현실과 상상, 인간과 비인간, 실재와 허구의 유사성과 상호 연결성에 대한 아이디어를 이야기로 만들어, 메타서사에 관한 상상적 토대를 마련한 바 있다.

『요재지이』는 아시아를 넘어 세계에서 읽히며 세계문학사에 창작의 활기를 제공했다. 보르헤스는 독자가 이미 완성된 텍스트의 수동적 감상자가 아니라, 읽으면서 새로운 이야기를 쓰는 창작자이며, '읽다/쓴다'는 행위 자체를 사유하는 능동적 주체라고 말한다. 또한 독자는 텍스트를 읽으면서 쓰기와 읽기의 상호관련성, 허구와 실재, 역사와 상상의 상호 참조와 간섭의 문제를 사유하는 복합적 사유의 주체가 된다고 역설한다. 이런 발상이 『요재지이』에도 보인다. 예컨대, 미인도를 본 남자가 대상의 아름다움에 감탄하자 그림 속의 여인이 현실로 나타나 감상자와 사랑에 빠지고, 그가 다시 그림을 보았을 때, 그림 속 여인의 모습이 달라졌다는 것(『요재지이』 1권, 「화벽畵壁」)은 보는 사람과 보여지는 것, 주체와 대상이 고정되어 있지 않고, '봄(감상, 마주침)'을 통해 상호 영향을 미치는 생명적 관계임을 은유한다. 이런 상상력은 『요재지이』와 보르헤스 소설에 공통된다. 『요재지이』는 메타서사에 관해 영감을 주는 아시아의 고전이다.[21] 이 글에서는 인간과 비인간의 경계를 사유한다는 점에서 『요재지이』의 귀신 이야기에 주목한다.

두 겹의 역사, 원혼의 증언: 『원혼지』

『원혼지』는 억울하게 죽은 원혼들의 복수를 담은 필기 소설집으로, 저작 시기는 589년 이후 수나라 때로 추정된다.[22] 한국어 번역본에는 총 61편이 수록되어 있다. 각 편의 제목은 원혼의 당사자, 즉 피해자 이름이다. 귀신이 주인공이다. 61편에 등장하는 인물은 대부분 역사적 실존 인물이며, 61명 중에 4명이 여성이다.[23] 이들은 황후(「송 황후宋 皇后」), 관리의 처(8화 「부현령 처涪縣令 妻」, 궁녀(61화 「후주 궁녀後周 宮女」), 서민 과부(7화 「소아蘇娥」)다. 과부는 이름이 있지만 역사적 정보를 찾기 어렵고, 궁녀는 이름조차 없다. 원혼이 된 57명의 남성 중 대부분은 관리, 장군, 왕, 승려, 의원 등이며, 거기에 속하지 않는 8명은 시종(「왕제좌우王濟 左右」), 백성(「간량簡良」), 역사力士(「함현含玄」), 악공(「태악기太樂伎」), 하인(「장현 부곡張絢 部曲」)이거나 신분 미상(「국검鞠儉」, 「유모劉某」, 「홍씨弘氏」)이다. 역사적 인물과 사건을 서사의 기초로 삼되, 이후 허구적 인물과 사건이 첨가되었을 가능성이 있다.

다섯 편을 제외하면,[24] 원혼의 가해자는 모두 실존 인물로, 관리, 부자, 장군, 왕실 인물 등이다. 이 중 한 명(「서철구」의 가해자는 질투심 많은 후처다)을 제외하면, 원혼을 만든 이는 모두 부와 권세를 지닌 남성이다.[25] 원혼이 등장하는 맥락에는 인과응보와 권선징악의 윤리관이 자리해 있다. 불교를 독실하게 믿었던 안지추의 신념이 반영된 결과다. 그러나 작가의 종교 성향이 아니더라도 독자의 공감을 얻으려면 윤리적 선악관을 믿는 대중 정서를 고려해야 했을 것이다. 치정자가 윤리와 명분, 정당성을 갖추기를 희망한 대중심리, 그것이 어그러지는 데서 오는 패배감과 분노, 절망을 담았다.

원혼이 현실로 온 이유는 복수 때문이다. 억울함의 원인은 시기, 질투, 모함, 불신, 증오 등 감정 요소가 우세하다. 이면을 살펴면 권력욕과 정치적 맥락이 있다. 짧은 이야기 속에 공포와 서스펜스, 인간성과 윤리적 성찰, 정치적 은유, 역사 비평이 함축된 단형의 고밀도 서사다. 원귀의 복수 방식은 다섯 가지다. 살해, 호소, 현현, 현몽, 이상 현실의 경험. 죄책감을 느낀다는 점에서 가해자는 적어도 무감정 사이코패스가 아니다.

먼저, 귀신이 직접 나타나 복수한 경우를 보자. 망자는 귀신으로 나타나 가해자에게 활을 쏘고(「두백杜伯」), 몽둥이로 치며(「장자의莊子儀」), 손으로 때려 죽였다. 귀신은 목표 지향적이고 열정이 있다. 귀신이 관리에게 호소해 가해자가 처벌받기도 한다. 우물에 빠져서 살해된 소아는 귀신이 되어 관리 앞에 나타나 억울함을 호소하고 원한을 풀었다(「소아蘇娥」). 귀신을 보자마자 죽는 사람도 있다. 바로 가해자다(「공손성公孫聖」). 관리 왕담이 승려 지법존의 물건을 빼앗으려다 실패하자 그를 모함한 뒤 살해한다(「지법존[支法存]」). 이후 지법존이 왕담에게 나타나자, 그는 병이 들어 죽었다. 귀신의 출현과 목격자의 죽음 사이에는 인과성이 없지만, 독자의 해석으로 인과응보의 주제가 완성된다. 꿈에서 귀신을 보고 죽는 경우도 있다. 자신이 죽인 사람이 꿈에 나타나 공격했는데, 잠에서 깨어나도 계속 보였다(「제갈각諸葛恪」). 결국 그는 사망한다.

공포의 경험을 원귀 때문이라고 해석하기도 한다. '여의'는 척부인의 아들이다(「여의如意」). 한나라 고제가 척부인을 총애해 여의를 황태자로 책립하려고 했다. 여후 황후는 고제가 붕어하자 여의를 독살한다. 그리고 척부인의 손발을 발라 '인간 돼지人彘'라고 불렀다. 어느 날 여후가 제사를 지내고 오다가 푸른 개처럼 생긴 형상에게 겨드랑이를 물린다. 여의의 해코지라는 점괘가 나왔다. 상처가 악화되어 여후는 사망한다. 인과응보의 심성 체계가 서사적 개연성의 바탕이다. 『원혼지』에는 한을 품은 이가 죽기 전에 저주를 하는 경우가 많다. 죽을 때 관에 붓과 먹, 종이를 넣어달라고 유언도 한다.[26] 하늘에 신원하기 위해서다. "죽은 사람에게 지각이 없으면 그만이겠지만, 만일 지각이 있으면" 나타나서 복수하겠다고 말하기도 한다.[27] 과연 피해자는 귀신으로 나타나고 그를 가해한 목격자는 사망한다.

역사는 두 겹으로 쓰인다. 한 겹은 정사正史 기록으로, 다른 한 겹은 이면지에 원혼의 피눈물로 쓰였다. 『원혼지』는 삶을 향한, 생명의 소리다.

귀신과 여우의 생리와 감각, 그리고 젠더: 『요재지이』

중국 고전의 귀신 이야기를 대표하는 저서로 『요재지이』를 들수 있다. 요재는 작가 포송령의 서재 이름이다. 본래 명문거족이었으나, 그가 태어날 무렵 가세가 기울어 아버지 포반蒲槃은 상업에 종사하고 있었다. 포송령은 18세에 동자시에 응시해 수재의 자격을 얻지만 벼슬하지 못했다. 아이들을 가르치고 막객 생활을 하다가, 입신양명의 꿈이 멀어질 즈음 『요재지이』를 창작한다. 포송령은 일찌감치 과거를 포기하고 창작에 몰두한 게 아니다. 그의 글과 선행연구를 참고해 일생을 재구해보면, 48세에 향시에 참가했으나, 글자 수를 초과해 자격이 취소된다. 49세에는 일등 합격의 기대를 받았으나, 시험 중 병이 나 마치지 못했다. 이후 51세, 63세에도 향시에 참가한 기록이 보인다.[28] 그는 포기하지 않고 계속해서 과거에 도전했으나, 되지 않았다.

『요재지이』에는 이름, 출신, 신분 미상의 인물이 귀신, 요괴, 여우와 만나는 이상한 이야기들이 수집·창작·변주된다. 마이너리티, 하위문화, 부스러기 이야기의 컬렉션이다. 서문에는 자조적 자의식이 고백된다. 그는 서문에서 스스로를 "변소에 떨어진 꽃잎 신세"[29]에 견주었다. 글에서 짙은 페이소스가 느껴지는 것은 작가의 삶과 문학이 자연스럽게 연결되기 때문이다. 그러나 막상 이야기 속으로 들어가보면 그 세계는 놀랄 만큼 풍성하다. 포송령은 스스로를 불운의 시인 굴원, 요절 시인 이하李賀, 『수신기搜神記』의 저자 간보干寶, 당송팔대가의 한 사람인 소동파蘇東坡에 견주었다. 불운했지만 최고의 문장가라는 자부심이 있었다. 『요재지이』는 300년 전 중국 이야기이지만, 여기에 재현된 판타지는 현대 아시아의 문화 콘텐츠에도 자연스럽게 이어진다.

한국 드라마 〈나인룸〉(2018)은 변호사 을지해이(김희선 연기)와 사형수 장화사(김해숙 연기)의 영혼이 바뀌어 운명이 변하는 복수극이다. 돈, 지위, 미모, 무엇하나 꿀릴 것 없어 오만한 변호사 을지해이의 영혼이 억울한 누명을 쓰고 오랫동안 사형수로 살고 있는 장화사의 몸에 들어온다. 감옥에서 나이 든 장화사는 유능한 변호사의 몸이 되어 세상 밖에 나간다. 사람의 영혼이 바뀐다는 설정은 황당하지만, 한국인에게는 이미 익숙한 오락 기호다. 드라마 〈시크릿 가든〉(2010)에서는 스턴트우먼과 재벌남의 몸이 바뀐다. 남녀의 육체가 바뀐 것인데, 사실상 비정규직이 재벌이 된 셈이니, 그야말로 판타지다. 드라마 〈빅〉(2012)도 영혼 체인지를 다룬다. 의사 윤재는 고교생 경준을 구하려다 혼수상태에 빠지고, 이때 윤재의 혼이 경준의 몸에 들어간다. 신체를 기준으로 보면 경준은 학교 선생님과 이미 연인이다. 드라마는 선생과 학생, 어른과 청소년의 경계를 넘나들며 로맨스 판타지의 시소게임을 즐긴다.

영혼 체인지는 중국 드라마에서도 다루어진다. 정책적으로 드라마에서 비현실적 요소는 금지되지만 비교적 검열이 느슨한 웹드라마에서는 종종 활용된다. 〈태자비승직기太子妃升职记〉(2015)가 대표적 예다.[30] 바람둥이 남주인공 장펑이 옛 애인들을 피하려다 수영장에 빠져, 2015년에서 천 년 전으로 타임슬립하는 사극(중국식 표현으로 고장극古裝劇) 로맨스 코미디다. 눈을 떠보니 장펑은 천 년 전의 태자비 장펑펑이 되어 있다. 여자가 된 것이다. 타임슬립과 영혼 체인지가 결합되지만, 천 년 전에 물에 빠진 태자비의 행방은 다뤄지지 않는다.[31]

중국 드라마는 웹드라마 형식일지라도 검열을 피해야 하기에, 귀신 상태로 타인의 몸에 빙의하는 형식보다는 식물인간 상태의 영혼이 되어 시간 이동을 하는 타임슬립 장치를 활용하는 편이다. 타임슬립 형태로 영혼 체인지를 다룬 중국 드라마에는 〈보보경심步步驚心〉(2011)을 비롯해 웹드라마 〈쌍세총비双世宠妃〉(2017), 〈맹처식신萌妻食神〉(2018), 〈몽회梦回〉(2019) 등이 있다(〈몽회〉에 대해서는 이 책의 7장 다섯 번째 절을 참조). 중국의 웹드라마는 지상파 방송에 비해 비교적 검열이 약하기에, 어느 정도의 범죄, 공포, 타임슬립, 모험, 에로티시즘의 요소를 담아, 지상파 방송에서 접할 수 없는 자극성과 흥미성을 강화한다.[32] 가사 상태의 영혼이 천 년 전으로 이동해 성별과 신분을 바꾼다는 설정이 허용되는 맥락에는 중국 고전문학사의 서사 전통이 있다. 다만, 검열이라는 현실 미디어의 조건을 통과해야 하기에, 망자의 영혼 체인지가 아니라 가사 상태로 바뀌는 변화가 이루어졌다.

한국에서 850만 관객을 모은 영화 〈수상한 그녀〉(2013)는 칠순 노인이 스무 살의 신체로 변해서 겪는 판타지다.[33] 영화 초반에는 노인의 영혼이 젊은 몸으로 겪는 낯섦을 흥미롭게 관찰한다. 여주인공은 가족애와 이성애 사이에 갈등하지만, 젊음을 버리고 늙음을 택한다. 가족을 살리기 위해 청춘과 사랑을 포기한 것이다. 영화는 이 여성을 거룩한 모성으로 찬양한다. 전형적인 한국 서사이자 아시아적 정답이다(영화는 가족의 죽음을 무릅쓰고 연애를 택하는 게 과연 가능한지 묻는다. 만약 그랬다면 손자의 목숨값 대신 사랑과 청춘을 택한 이 여성을 관객이 받아들일 수 있었을까.).

영혼 체인지는 몸의 교환이다. 겉이 바뀐 것 같지만, 사실은 경험, 마음, 감각이 바뀌었다. 몸과 영혼 중에 어느 게 진짜인가, 라는 철학적인 질문도 함축한다. 〈수상한 그녀〉는 여성의 나이 들기에 대한 성찰적 질문이 오락적 시퀀스 내부에서 작동한다. 명백히 젊어 보이는 외모-여성이 진짜인가, 증명할 수 없지만 몸으로 체감되는 내면-자아가 진짜인가. 신체와 영혼은 분리될 수 없는 통합체다.

이런 상상의 줄기는 『요재지이』에서도 발견된다. 「장청승長淸僧」(1권)이 그것이다. 줄거리는 단순하다. 장청현에서 수행하던 팔순의 중이 열반에 들었는데, 낙마해서 죽은 청년과 혼이 바뀌었다. 중은 부잣집 아들이 되었지만 수행처가 그리워 몰래 도망쳤다. 청년의 집에서 찾으러 와도 가지 않았고, 성대한 예물도 돌려보냈다. 포송령은 고승이 다시 살아난 것은 놀랍지 않지만, 부를 거절하고 속세를 벗어난 것은 탄복할 만하다고 했다.[34] 쾌락의 힘은 죽음보다 세다. 자본주의, 물질주의, 쾌락주의라는 용어가 아직 태어나지 않은 시대에, 이에 대한 풍자적 통찰을 영혼 체인지를 통해 담았다.

『요재지이』에는 다양한 환상 세계와 이계 인물이 등장한다. 이 책의 묘미는 바로 이런 환상성의 경험에 있다. 귀신, 여우, 신(염라왕, 사물, 동식물의 정령 포함), 도사, 신선, 보살 등이 그것이다. 각각의 세계는 독자적이지만 경계가 배타적이지는 않다.

귀신과 여우는 때때로 호환되며, 생사와 성속을 넘나든다. 여우 중에는 수련을 통해 신선의 경지에 이르는 경우도 있다. 이를 '호선狐仙'이라고 한다(「장홍점·기연張鴻漸·奇緣」, 4권; 「저수량褚遂良」, 5권 등). 귀신의 형상에는 당대의 문화, 역사, 문학, 과학, 의학, 경제, 예술에 대한 정보와 지식, 감수성이 매개된다. 이들은 인간의 친구이자 연인, 아내이자 어머니, 리더이자 멘토, 스승이다. 그러나 완전한 인간이 될 수는 없는, 영원한 타자다.

『요재지이』에 등장하는 신의 종류는 다양하다. 저승의 염라왕부터 사당에 모셔진 각종 민간신, 자연신, 사물에 깃든 만물신과 정령이 모두 있다. 자연신에는 천둥신, 우박신, 동정호 신, 모란 요정, 국화 요정, 자라 요물, 뱀 요물 등이 있다. 만물신으로는 책의 마귀, 항아리의 신이 등장한다. 신은 인간과 혼인도 하고, 인간의 숭배를 받아 보호신도 되며, 신상필벌에 철저하다. 저승은 인간의 사소한 일까지 정확하게 판단한다. 전통 서사 장르 중 '지괴志怪'류에 속하는 이야기도 실려 있다. 지괴는 사물, 동식물, 인간의 기이하고 납득하기 어려운 징후를 묘사하는 게 전부다. 경이로운 요소가 호기심을 자극한다. 정수리를 두드리면 노래하는 개구리(「와곡蛙曲」, 1권), 물건을 마음대로 없애는 여우(「소계小髻」, 2권), 벼룩 잡는 작은 사냥개(「소렵견小獵犬」, 2권) 등이 그 예다. 기이함을 통해 세상 만물의 신비함과 생명력을 강조하는 이러한 이야기는 인간중심주의를 성찰하는 문학적 기능을 한다.

이 중에서 주목할 만한 관계는 귀신과 여우다. 『요재지이』에서 이들은 종종 호환되며 생리도 일치한다. 여우와 성관계를 한 남성에게 귀신 맥이 잡힌다는 진단(「황구랑黄九郎」, 2권)은 귀신과 여우가 생체적 동류임을 시사한다. 여우에게 홀려 급사한 현령의 딸을 살려낸 것은 또 다른 여우다. 현령의 딸은 회생한 뒤 다른 여우들처럼 떠돈다(「호첩狐妾」, 2권). 인간-귀신-여우가 연동된다. 저승의 인물이 귀신과 여우를 모두 수행원으로 두기도 한다(「호가녀狐嫁女」, 1권). 여우 여자는 예지력이 있고 문제 해결 능력이 탁월하다. 이는 뛰어난 여성을 비인간으로 타자화하는 시선을 함축한다.[35] 인간으로 변신한 여우 중에서 수련을 거친 '호선'은 신성성을 지닌다.

때로 여우와 귀신은 서로 적시한다. 선비가 미인을 보고 귀신인가 의심하자, 여자는 "저는 귀신이 아닙니다. 여우예요"라며 선을 긋고, 남자는 "미인을 얻을 수 있다면 귀신이라도 마다하지 않을 판인데, 여우면 어떻겠소?"라고 말한다.[36] 그러나 여자 입장에서 둘은 엄연한 별종이다. 예컨대 각각은 '남모르는/안 보이는' (귀신 같은) 여자와 '남부끄러운/격에 맞지 않는' (여우 같은) 여자를 상징한다. 때로 여우는 인간을 겁주려고 귀신으로 변해 테스트한다(「청봉靑鳳」 1권). 여우와 귀신은 서로를 구별짓는 타자다.

『요재지이』에서 귀신과 여우는 인간을 매개로 복잡한 관계망을 형성한다. 몇 가지만 살펴보자.

첫째, 성애 중심의 삼각관계다. 「연쇄連瑣」(2권)에서 인간과 귀신은 치정의 삼각관계다. 「연향蓮香」(1권)은 상생을 사랑하는 여우(연향)와 귀신(이씨) 사이의 질투와 화해담이다. 상생이 귀신에게 여우 몸이 더 따뜻하다고 도발해 질투를 자극한다. 연향은 자신은 인간과 성관계를 해서 기를 보양하는 다른 여우와 다르다고 주장한다. 여우가 섹슈얼리티로 전유된 여성성, 요물로 간주된 정황이다. 상생이 위독해지자, 두 여자는 약과 침(타액)으로 상생을 살린다. 생존을 위한 화해다. 이후 상생은 과거에 합격하고 집안도 윤택해진다. 인간, 귀신, 여우의 삼각관계는 소외된 남성의 성공 판타지다. 한미한 남성이 여성의 도움으로 출세하고 부자가 되었다. 질투하던 여자들이 남자를 위해 화해하고, 죽어서까지 협력했다.

둘째, 인간·귀신·여우의 공생관계다. 여우는 가난한 남자에게 일용품도 갖다주고(「호해狐諧」, 2권), 물가 등락을 예측해 부자가 되게 한다(「백추련白秋練」, 2권). 여우가 인간의 스승이 되기도 하고(「청봉靑鳳」, 1권), 고자였던 남자가 귀신과 여우를 만나 성기도 찾고 성기능도 회복한다(「교낭巧娘」, 1권). 인간과 여우가 우정을 나눈 덕에 바보 취급받던 남자는 부자가 된다(「주우酒友」, 1권). 변변찮아 보이는 사람이 성공했을 때, 이를 바라보는 타자적 시선은 그가 여우의 도움을 받는 등 비정상적 경로를 거쳤으리라는 의혹과 혐오, 경멸과 접속된다. 때로 인간과 여우가 혼인해서 가족이 된 것이 사회적으로 공개된다. 여우와 인간 사이에 태어난 아이가 청년으로 자라나 거리를 횡보할 때, 모두 그가 여우의 자식임을 알아본다(「교나嬌娜」, 1권). 이야기에서 여우 인간은 평범한 일상의 일원으로 받아들여졌다.

영화 〈천녀유혼〉(1987)의 원작으로 알려진 「섭소천聶小倩」(1권)에는 요물의 협박으로 남자를 유혹하는 귀신이 나온다. 영채신은 귀신 섭소천을 위해 야차를 물리치고 그녀의 뼈를 묻어준다. 섭소천은 기혼자인 영채신과 동거하며, 시어머니와 영채신의 처의 인정을 받으려고 최선을 다한다. 부인이 사망하고 영채신은 급제한다. 그는 섭소천과 아들을 낳고 행복하게 산다. 서사 전개를 보면, 신분이 맞지 않는 여성(귀신)이 몰락한 귀족의 첩이 되어, 본처의 지위를 획득하는 신분상승담이다. 인간과 여우 사이에서 태어난 청매(「청매青梅」, 2권)는 인간 남편이 벼슬을 하도록 돕고, 자신은 첩이 되어 정실을 들이게 한 뒤, 다시는 남편과 성관계하지 않았다. 청매는 포기와 헌신의 경계를 명확히 했기에, 미천한 신분(비인간, 여우)임에도 불구하고 고관대작의 가족으로 남았다.

셋째, 귀신과 여우가 인간을 유혹해 해를 끼치는 경우다. 남자 인간을 성적으로 유혹해 병들거나 죽게 하는 팜 파탈femme fatal이다. 「동생童生」(1권)의 주인공은 미녀와 사통하다가 병이 나고, 그녀가 여우임을 알게 된다. 아름다운 여인이 여우라는 사실은 환멸을 자극한다. 매혹이 사라진 뒤, 사랑했던 여인은 그저 정력을 빼앗은 여우에 불과하다. 육체적 사랑의 유효기간이 만료된 뒤의 권태를 상징한다. 「화피畵皮」(1권)는 미녀 귀신이 남자를 유혹해 살해하는 내용이다. 남자는 처의 주선으로 도사의 힘을 빌려 회생된다. 여색으로 조강지처를 버린 남편의 패가망신담이다. 외도한 남편을 받아들인 본처(와 남편)의 시선이 상대 여성을 여우(같은 여자)로 구조화했다.

넷째, 현실에서 이루지 못한 꿈을 귀신이 되어 이룬 경우다. 섭생은 재주가 뛰어났지만 번번이 과거에 낙방한다. 그는 귀족 아들의 훈장 선생이 되어 과거에 합격시킨 뒤, 자신도 합격한다. 기쁜 마음으로 집에 갔지만, 아내는 남편이 이미 죽었고 가난해서 장례도 치르지 못했다며, 다시 나타나지 말라고 당부했다. 섭생은 비참한 심경으로 사라진다(「섭생(葉生)」 1권). 회한을 지닌 망자가 죽음을 수용하는 여정을 담았다.

그 밖에 인간이 귀신의 보조 역할을 하는 경우, 망자가 환생해 저승을 넘나드는 등, 귀신과 여우, 인간은 다선적 관계망 속에 놓인다.

『요재지이』에 등장하는 여자 귀신, 또는 여자 여우와 남자 인간을 잇는 관계성의 핵심은 성이다. 여우가 남자로 변하기도 하지만, 대개는 여자의 형상이다. 섹슈얼리티를 동물적 본성으로 간주하고 여성성과 연결시켰다. 남자 인간은 상대가 비인간(귀신·여우)임을 알면서도 성적 매력에 빠져든다. 그 결과 죽기도 하지만, 부자도 되고 출세도 한다. 전자는 팜 파탈이며, 후자는 여성 이인이다. 귀신, 여우 등 비인간 존재는 신분과 지위가 미천한 여성을 은유한다. 귀신·여우는 성적 능력이 있고, 재테크에 소질이 있으며, 출세의 비밀도 알고 있다. 남성의 욕망을 대리 충족시키는 도구적 존재다.

여우와 성관계하는 남자는 종종 병이 든다. 사악한 기운 때문이다. 「하화 삼낭자荷花 三娘子」(3권)의 종상약은 공부하는 선비인데, 들판에서 만난 여자와 운우지정을 나눈다. 어느 날 서역에서 온 승려가 종상약을 보더니 몸에 사악한 기운이 있다며 자초지종을 물었다. 그는 중에게 부적을 얻어 여자를 항아리에 가두지만 마음이 약해 풀어주었다. 그 결과 자기 목숨이 위태로워진다. 여자는 약으로 종상약을 살리고 배필도 얻어준다. 이 여자도 여우다. 이 이야기에서는 성관계가 남성의 기력을 쇠약하게 하고 건강을 해친다고 설정된다. 여기에 당대의 의학 정보가 투영된다.[37] 종상약이 성적 쾌락을 몰랐을 때는 (여우 같은) 여자에게 기력을 빼앗겼지만, 성적으로 성장해 통제권을 갖게 되면서 정상적인 성생활을 하게 된다.

『요재지이』의 귀신과 여우의 성별은 여성이 압도적으로 많지만, 전부 그렇지는 않다. 출현 동기와 목적, 활동 양상에 따라 섹슈얼리티 해석에 차이가 있다. 과거 응시나 입신출세에 실패한 경우, 인간으로 환생하거나 변신한 귀신과 여우는 남성이다. 그러나 성적 매력으로 인간을 파멸시키는 팜 파탈은 여성이다. 예외적으로 인간 여성과 성관계하는 수여우도 있다(「고아賈兒」, 1권). 이 여우가 유부녀와 성관계를 하자 여자는 실성한다. 원치 않는 성관계에 자아가 무너진 것이다. 벌거벗은 채 정신을 잃고 통곡하다 노래하고 갑자기 욕하는 모습은 상처받은 여자의 절망과 분노, 슬픔을 환기한다. 여성 여우와 여성 귀신이 인간 남성과 성관계할 때는 쾌락이 강조되지만, 남성 여우와 남성 귀신이 인간 여성과 성관계할 때는 폭력과 광기가 매개된다(「오통五通 1」, 2권; 「신씨申氏」, 2권 등). 강요된 성행위가 폭력이 되어 여성의 삶을 파괴한다.

인간 앞에 나타난 여우가 모두 젊은 여성인 건 아니다. 「왕성王成」(1권)에 등장하는 여우 할머니는 가난한 왕성이 재화를 모을 수 있게 조언한다. 왕성은 가난하고 게으른 선비로, 이 때문에 아내와 싸움이 잦았다. 어느 날 그는 마을에서 금비녀를 주웠는데, 분실물을 찾는 할머니를 만나 돌려주게 된다. 알고 보니 그 할머니는 돌아가신 조부의 여우 처였다. 할머니는 자신이 호선이라며, 금비녀로 장사 밑천을 마련해 부를 이뤄주고, 근면하게 살게 한 뒤 사라진다. 여우 할머니는 숨겨진 가족이었지만, 자손을 돕는 역할을 해서 조상이라는 위치성을 확보한다.

『요재지이』에는 퀴어[38] 서사가 있다. 서사를 이끄는 인물은 여우다. 중국 전근대 시기에는 남성 동성애를 '단수지벽斷袖之癖'이라고 했다. 별도의 단어가 있을 정도로 사회화된 개념이다. 그러나 비난의 대상이었기에 '남색'으로 명명했고,[39] 여우에 홀린 병이나 희생으로 여겼다. 『요재지이』에서 인간과 성관계하는 여우의 성별이 뚜렷하지는 않다. 여우였을 때는 성별이 모호하지만, 인간으로 변신하면 성별을 갖는다. 따라서 이들의 성은 퀴어의 개념으로 접근할 수 있다. 『요재지이』는 섹슈얼리티를 치명적 유혹과 쾌락, 성별이 모호한 동물성, 신비와 판타지로 상상했다. 「황구랑黃九郎」(2권)은 단수지벽이 있던 하생이 미소년 여우와 섹스하다 죽는 스토리다. 성에 대한 탐닉을 여우 홀림으로 해석했다. 「협녀俠女」(1권)에는 가난한 청년의 성적 파트너가 되는 미소년 백여우가 나온다. 남색을 탐하던 남성이 이성애로 돌아가 혼인하는 스토리다. 동성애가 여우라는 동물성으로 타자화되고, 이성애는 여자라는 인간성으로 승인된다.

「봉삼낭封三娘」(3권)에서는 여자의 모습을 한 여우와 인간 여자가 우정과 사랑의 경계를 넘나든다. 서로 비녀를 교환하고 비밀을 나눌 정도로 가까우며, 오래 만나지 못하면 병이 날 정도다. 이들은 자매가 되기로 약속했다. 헤어질 때는 "침상 위에 엎드린 채로 흐느끼며 금실 좋은 배우자라도 잃은 듯"[40] 슬퍼한다. 봉삼낭은 작별할 즈음 여우라고 밝힌다. 동성 간 애정은 단지 여우 홀림에 불과한 것일까? 이야기는 여우를 통해 이를 타자화하면서, 우정과 사랑, 홀림과 끌림의 감각을 낯섦의 영역에 위치시킨다.

『요재지이』의 귀신과 여우는 부귀공명이나 권력을 좇지 않는다. 문학적 재능이 있지만 출세지향적이지 않다. 능력이 충분해도 관직을 탐하지 않는다. 이미 부자다. 이들은 인간세의 획일화된 가치, 표준적인 지배 이념과는 '다른' 세계가 가능하고 실재한다는 것을 입증한다. "저는 출세에 뜻이 없습니다"[41]라는 발언은 입신출세와는 다른 가치를 지향한다는 것을 보여준다.

『요재지이』에 등장하는 귀신과 여우는 인간 형상이더라도 감각하는 방식이 다르다. 귀신은 시각, 청각, 촉각, 후각을 자극한다. 귀신이 나타날 때는 난초향이나 사향 같은 특별한 향기가 난다. 몸에 패옥을 장식했기에 걸을 때마다 찰랑찰랑 소리가 난다(「화벽畫壁」, 「호가녀」, 1권). 환상이 아닌 실재라는 것을 후각과 청각으로 상징했다. 귀신은 그림자가 없다고 묘사되기도 한다(「만하·용궁염사晩霞·龍宮艶事」, 2권).

어떤 귀신은 땅속에 살며 저녁에만 모습을 드러낸다. 주소는 따로 없다. 몸에 음산한 기운이 있어 인간에게 해롭다(「매녀梅女」 3권). 또 어떤 귀신은 정액과 피가 부족하기에, 사람이 되려면 남자의 사랑을 받아야 한다. 여자를 남성성의 결여로 간주한 시각이다. 자살한 귀신은 자진신고하지 않는 한, 명부에 등록되지 않는다. 자발적 불법체류자다. 현실과 저승을 넘나들며 소식도 전하고, 사람과 사귈 수도 있다(「장아단章阿端」 3권). 저승에는 '급고원給孤園'이라는 귀신 복지기관이 있어 비명횡사한 귀신을 돌봐주기도 한다(「금슬錦瑟」 5권). 귀신 중에는 자신이 죽은 것을 모르는 경우가 있다(「경십팔」, 「주광酒狂」, 이상은 모두 5권). 사람이 죽으면 귀신이 되고, 귀신이 죽으면 적聻이 된다. 사람은 귀신을 겁내고, 귀신은 적을 무서워한다(「장아단」 3권). '적'이란 귀신이 죽어서 변한 전설적 존재다.[42] 한편, 귀신은 몸이 차갑고 여우는 따뜻하다(「연향」 1권). 여우는 살아 있는 동물이고 귀신에게는 신체성이 없음을 체온 차이로 상징했다.

귀신과 여우의 처녀성을 신체적 특성으로 강조한 일화도 있다. 섹스 후에 피가 흐른다거나(「진운서」, 1권), 가슴을 만져보고 처녀성을 확인하는 과정(「연쇄」, 2권)은 당시에 처녀성에 대한 공통 의견이 존재했으며, 인지와 판단 주체가 남성으로 타자화되었음을 보여준다. 여자로 변신한 여우는 몸이 가볍다. 여우 여자를 안으면 갓난아기처럼 가벼워 습관처럼 안고 다니게 된다(「노공녀魯公女」, 1권; 「호몽狐夢」. 3권). 사랑에 빠진 남자의 날아갈 듯한 심경을 대변한다. 목소리만 들리는 투명여우도 있다(「호해[狐諧]」 2권). 체험자의 내면성과 개인성, 사생활을 상징한다. 누군가의 옷자락에 모래가 묻었다면, 여우가 따라왔다는 증거다(「호사상공」 2권).

『요재지이』에는 여우와 인간, 귀신과 인간의 관계를 통해 인간과 비인간의 경계 사유를 표현한 경우가 있다. 일종의 메타서사다.[43] 여우가 인간이 기록한 여우 이야기와 자신을 비교한 「호몽」(3권)이다. 필생과 포송령은 친구 사이다. 그는 포송령이 쓴 「청봉전」(『요재지이』 1권에 실린 「청봉靑鳳」)에 등장하는 여우(청봉)와 인간의 사랑을 동경해왔다. 어느 날 소망이 이루어져서 여우와 사랑하게 된다. 그런데 그것은 꿈이었다. 그때 여우가 나타나 꿈이 아니라 다만 꿈의 형식을 빌린 것뿐이라고 말한다. 이들은 계속 만나 사랑한다. 필생은 여우에게 바둑을 배웠는데

실력이 늘어서 친구와의 대국에서 이길 정도가 된다. 꿈에서 지 낸 일이 실제로 현실에 영향을 미친 것이다. 일년쯤 지나자, 여 우는 청봉과 자신 중에서 누가 낫냐고 필생에게 물었다. 당신 이 최고라고 하자, 여우는 자신은 청봉보다 못해서 부끄러웠다 고 고백하고, 요재 선생(포송령)이 자신의 전기를 써주면 좋겠다 고 했다. 이것이 여우가 남긴 마지막 말이다. 필생은 이 일을 포 송령에게 말했고, 포송령은 멋있는 여우라면서, 그 일을 기록했 다. 「호몽」에 등장하는 여우는 인간(필생)이 꿈에서 만난 존재인 데, 사람이 쓴 글(허구)에 등장하는 여우(청봉)를 롤모델로 삼았 다. 꿈과 현실이 연결될뿐더러, 허구와 실재가 연결된다. 실제로 포송령은 여우의 부탁을 들어주었다. 여우전(「호몽」)을 쓴 것이 다. 『요재지이』에 실린 「청봉」이나 「호몽」은 모두 포송령의 창작 이다. 필이암와 포송령은 실재하는 인물이기에, 이 서사에는 픽 션과 논픽션이 섞여 있다. 이야기끼리도 통한다. 이런 복합성 자 체가 서사의 본질이다.

경험의 서사화, 자기의 역사화를 요구하는 여우로 인해 「호 몽」은 허구가 아니라 실재가 된다. 그 여우가 선망한 「청봉」 또 한 실재로 자리바꿈한다. 이야기는 여우와 인간이 간극 없이 소통하는 내용을 담았다. 「호몽」의 여우를 부정하면 여우와 대 화한 필이암, 그의 친구인 포송령의 현실도 부정된다. 「청봉」에 는 여우가 인간의 첩이 되고 스승도 되는 내용이 담겼다. 명백 한 허구다. 여기에 딜레마가 있다. 현실인가 하면 허구이고, 이야기인가 하면 역사다. 상상과 실재가 뫼비우스의 띠처럼 연결된다. 이야기가 현실에 미치는 효과를 여우 이야기로 상상한 일종의 메타서사다.

일본 근대의 귀신담과 그로테스크
:『야창귀담』, 「벚꽃 만발한 벚나무 숲 아래」

일본의 귀신담을 살피기 위해 메이지 시기, 이시카와 고사이가 저술한 『야창귀담』과 1947년에 발표된 사카구치 안고의 「벚꽃 만발한 벚나무 숲 아래」를 택했다. 『야창귀담』에는 귀신, 요괴, 덴구, 갓파, 여우, 환생, 빙의, (자연)신, 변신하는 동물, 이계, 저승에 얽힌 기이하고 환상적인 내용이 수록된다. 상권은 메이지 22년(1889)에 저술됐고, 4년 뒤에 하권이 출간되면서 『동제해東齊諧』라는 제목을 붙였다. 귀신, 요괴, 갓파, 여우 등의 그림도 실었다. 작가는 젊은 시절 사방을 두루 다니면서 기담과 괴담을 듣고 기록했다고 한다. 그는 이런 종류의 이야기를 소동파와 한유 등 중국의 문장가들도 즐겼다고 적어, 귀신담의 가치를 강조했다. 포송령이 『요재지이』를 펴내면서 서술한 소회와 비슷하다.

작가는 『야창귀담』에서 중국 고전의 문헌을 정리해 전통적 귀신 개념을 고찰했을 뿐만 아니라 귀신담에 논평을 덧붙여, 이에 대한 생각과 감정을 전했다. 작가가 일본의 근대에 해당하는 메이지 시기를 살았기 때문에, 귀신담과 요괴담에는 근대화 과정에서 새롭게 수용된 서양 문물과 지식도 결합된다. 전통과 근대가 만나 화해롭지 않은 두 겹의 인식을 생성해, 경이와 공포, 혼돈의 미학을 구성한다. 이 때문에 이야기가 더욱 풍성해지기도 하고, 어긋난 채 봉합되기도 한다. 근대 시기에는 이성, 과학(주로 의학), 논리의 언어로 세상사를 설명하려 하지만, 여전히 요괴나 귀신의 환술, 동물 변신에 의존하게 되는 전통과 근대의 비대칭적 만남이 담겨 있다. 이 글에서는 『야창귀담』에 수록된 귀신담과 요괴담에 주목한다.

사카구치 안고의 단편소설 「벚꽃 만발한 벚나무 숲 아래」에는 산적으로 대표되는 전근대적 인물이 귀신으로 상징되는 근대적 인물(또는 근대화되는 인물)에게 매혹되면서 자기를 상실하고, 바로 그 지점에서 자기 본성을 자각하는 역설적 과정을 담았다. 근대화, 도시화가 전통과 자연을 어떻게 흡수하고 파괴하며 매혹하는가를 상징적으로 구성했다. 전통과 근대는 한 몸에서 발생하고 전개되며 공생하기에, 한쪽이 사라지면 다른 한쪽도 사라져야 하는 운명공동체다. 피하고 싶지만 끌리는 것, 주도권을 잡았는데 종속되는 인생의 이치를 도시와 자연, 현재와 과거, 여자와 남자, 파괴적 아름다움과 몰락하는 생명력으로 대비시켜 미학적 평균율을 구성했다. 이야기는 마음과 몸, 삶을 빼앗은 매혹의 정체가 바로 귀신이라는 것을 발견하는 과정으로 전개된다.

이 글에서는 일본 근대 시기에 전통적 귀신이 어떻게 창작의 영감으로 재구성되는지에 주목하되, 두 작품에서 일관되게 관철되는 그로테스크 미학에 주안점을 둔다.

세태 풍자와 그로테스크: 『야창귀담』

『야창귀담』에 수록된 이야기의 대부분은 견문에 바탕을 두고 덧붙이거나 생략해 만든 것으로 등장인물은 가명이다. 해학적인 귀신 이야기는 직접 썼다. 무서운 귀신담에서 유희담으로 지평을 넓힌 것이다. 그러나 모든 서사는 상상력을 발휘해 본격적인 창작물로 완성되었다. 서문은 '귀鬼'의 뜻풀이에서 시작된다. '귀'는 '야차夜叉'처럼 오래된 글자로, 『주역』, 『예기』, 『논어』 등에 용례가 있다. 고대에는 '귀'와 '신神'을 하나로 여겼는데, 후대에 와서 개념이 분리된다. 양의 혼을 신이라고 하고 음의 백을 귀라고 한다(이에 대해서는 이 책의 1장 첫 번째 절을 참조). 사람이 죽어서 제사를 지내면 신이 되고, 지내지 않으면 귀가 된다. 그는 부처도 석가모니가 죽어서 된 '귀'라고 이해했다. '귀'는 쓰임에 역사적 차이가 있지만, 죽은 자를 '귀'라고 하는 것은 같다. 산적이나 초목, 들풀, 기물, 악한 사람에게도 '귀' 자를 붙여 쓴다. '귀'와 '야차'는 통하는 개념이다(「'귀' 자에 대한 풀이鬼字解」). 귀신 중에 용감하고 교묘한 것은 덴구, 겁 많고 어리석은 것은 여우, 가장 어리석은 것은 너구리라고 하는데, 진위는 알 수 없다(「나한羅漢」).

『야창귀담』에는 별도의 「귀신론(상·하)」이 수록된다(여기서 '귀신'은 형이상학적 개념에 해당하며, 『야창귀담』에 실린 형상으로서의 귀신, 또는 등장인물로서의 귀신은 '귀'로 표기된다). 귀신은 지옥의 일을 주관하고 장래의 일을 알며 은미한 것을 꿰뚫어 화복을 행한다. 형태 없는 존재 중에서는 귀신이 으뜸이다. 귀신도 사람이다. 성인, 군자, 호걸지사의 영혼은 죽지 않고 영원히 머물면서 나라와 자손을 지키고, 몰래 권선징악과 상벌을 주관한다. 그러나 이조차 영원하지 않다. 세월이 흘러 경모하는 마음이 옅어지면 정신이 형체를 떠나듯 참된 곳으로 돌아간다. 이것이 귀다. 신神은 펼쳐서(申) 남에게 보이는 것(示)이다. 사람은 명계에서 영험하고 귀신은 저승에서 영험하기에, 명明과 유幽를 달리한다. 형체를 벗어나면 신이 된다. 귀신은 음이고 사람은 양이니, 음양이 상접할 수 없다.

이시카와 고사이는 한유의 「귀신에 대한 풀이」(원제는 '原鬼'다. 다음의 내용은 필자가 『한유문집』을 참고해 다시 정리했다)[44]도 인용했다. 사물 중에 소리와 형태가 없는 것이 '귀'의 일반적 원리다. 귀는 사람을 죽고 살리고 화복을 줄 수도 있다. 귀는 대상에 따라 모습을 만들고 사물에 빙의해 소리를 낸다. 이시카와 고사이는 귀신의 덕은 성대하다고 했다. 형상에 따라 모습과 소리를 바꾸는 자유자재함, 사람에게 영향을 미치는 능력이 있기에, 사람이 귀신에게 제사를 지낸다는 것이다. 작가는 세상이 변해 인간의 지혜가 발전하면 '귀'의 지혜도 발전한다고 했는데,

이는 한유의 생각에 대한 작가의 해석이다.

신은 사람보다 영험한데, 막연하여 형태가 없다. 덴구는 신의 한 형태로, 무색·무취·무향이며 깊은 산이나 궁벽한 데 산다. 저승의 일에 통하며 화복을 만들고 신출귀몰한다. 세속에서는 기이하고 괴이한 것을 덴구의 행위로 여긴다. 코끼리 코에 올빼미 부리, 사람 몸에 새의 등을 하고 누더기로 기운 승복을 입었으며, 긴 칼을 차고 깃털 부채를 든 형상이다. 그러나 이는 화공의 그림 속 형상일 뿐이다. 여우가 영험하다고 해서 덴구라고도 하는데, 여우만 영험한 게 아니다. 큰 자라, 악어, 교룡, 물소, 코끼리, 사슴, 순록 등, 수백 년을 사는 짐승은 영험하다. 이들이 죽은 넋이 괴이를 행하고 화복을 예측한다. 이것이 덴구다. 세월이 지나면 덴구나 귀신도 형체가 변하고 소멸한다. 일본의 덴구는 신, 사람, 여우와 통하고, 중국의 여우나 신선과 유사하다 (「덴구 이야기天狗說」). 덴구는 망자가 현실에 나타난 형상으로(「고후쿠지의 스님興福寺僧」), 인간과 계약 관계를 맺는다. 한국의 도깨비처럼 도와준 이에게 보답한다(「기이한 바구니奇籠」).

갓파는 수륙양용의 요괴다. 갓파는 사람과 어울리는데, 여자를 추행하는 나쁜 습성이 있다. 변소에 숨어 여자 신체를 더듬다가 손목이 잘린 것을 계기로, 상처에 바르는 피부약이 인간 세상에 보급된다(「갓파河童」). 질병이나 의약 정보를 요괴의 장난이나 보답으로 간주한 상상력이다. 자연만물에도 정령이 깃든다는 애니미즘이 반영된 이야기도 있다. 뱀 형상의 작은 돌이 점점

자라 사람들이 거기에 기도하고 제사를 지내자 신령스럽게 변해 신당까지 만들게 된다(「무나가타 신사宗像神祠」). 도장 파는 장인이 수집한 돌이 사람으로 변해 회의를 하기도 한다(「취석생醉石生」). 자연과 인간이 상호 의존해 생명을 얻는다는 상상력이다.

『야창귀담』은 단지 유희를 목적으로 귀신 이야기를 실은 것이 아니다. 이야기의 본질은 세태를 풍자하고 생의 아이러니를 포착하는 데 있다. 서두에서부터 이런 면이 발견된다. 우는 귀신, 웃는 귀신, 엿보는 귀신, 가난의 신이 등장해, 변화하는 일본의 세태를 귀신 목소리로 풍자한다. 「곡하는 귀신哭鬼」은 작가의 체험담 형식이다. 한밤중 책을 읽던 작가 앞에 귀신이 나타났다. 얼굴은 창백하고 머리는 흰데, 허리는 꺾일 듯 구부러졌다. 책상 앞에 걸터앉아 눈물을 흘렸다. 귀신은 작가가 고전을 연구해서 후학을 이끈다고 치하하면서, 요즘 사람들이 독서를 외면한다고 슬퍼했다. 요즘 서생들은 서양문명만 배우려고 해 실속이 없다고 애도하는 귀신도 있다. 귀신들은 작가가 무용함을 추구하고 옛것을 사랑한다고 반기는 한편, 이를 슬퍼했다. 여기에는 일본이 근대화되면서 서양화되어가는 데 대한 작가의 양가감정이 투사된다(「곡하는 귀신哭鬼」).

「웃는 귀신笑鬼」 또한 풍자적이다. 화선이라는 노인이 친구를 초대했다. 꽃구경을 화제로 각자의 이상을 얘기했다. 그때 귀신이 나타나 헛된 미래를 기약하는 인간의 어리석음을 비웃었다. 「엿보는 귀신瞰鬼」은 잔치에 온 손님과 싸움이 붙어 관에 잡혀

간 도쿄 거상의 이야기다. 그 사이에 그는 가족과 재산을 잃는
다. 늙은 종이 점쟁이를 찾아가 방책을 묻자 점쟁이는 싸움이
있던 날 '감귀'라는 귀신을 봤다고 했다. 감귀가 한번 엿보면 그
집은 반드시 망한다는 것이다. 점쟁이는 인간의 어리석음을 비
판하며, 겉치레를 삼가고 절약과 근면, 절제와 정직을 권고했다.
주인은 충고를 받아들여 예전의 영화를 되찾았다. 「가난의 신
貧乏神」은 물건을 수집해 과시하다 재산을 탕진한 상인의 이야기
다. 집안의 늙은 종이 가난의 신을 만나 주인의 잘못을 고치게
하라는 충고를 얻었다. 그러나 주인은 이를 믿지 않아 구걸하는
신세가 된다.

　「너구리 음낭狸陰囊」은 요괴 가면을 쓴 인간이 인간으로 변신
한 요괴보다 더 나쁘다고 풍자한 이야기다. 야차 가면을 쓰고
연극 무대에 올랐던 야지가 가면을 쓴 채로 산을 넘다가 눈이
세 개 달린 노승과 마주쳤다. 노승은 너구리가 변신한 요괴였
다. 노승은 자신도 요괴라는 야지의 말을 믿고 친구처럼 대해
그를 초대했다. 너구리 요괴는 자신의 음낭을 담요처럼 펼쳐서
자리를 마련했고, 야지는 그 위에서 여러 요괴들과 노래하고 춤
추며 즐겁게 지냈다. 너구리 음낭이 탐이 난 야지는 속임수로
빼앗아 팔아먹으려고 음낭을 칼로 베었다. 요괴들에게는 하늘
을 대신해 벌하러 왔다고 호통쳤다. 사람들이 야지가 빼앗은 음
낭을 사려고 했지만 야지는 천금이 아니면 팔지 않겠다고 욕심
을 부렸다. 음낭은 가을 장마에 냉기가 차더니 점점 부풀어 돌

처럼 굳었다. 용한 의사를 불러서 살피게 했으나 회복할 도리가 없었다. 야지는 천금도 얻지 못했는데 낭패가 되었다고 탄식했다. 야지가 쓴 야차 가면은 탐욕스럽고 음흉한 그의 진짜 정체를 표상한다. 야지를 집으로 초대해서 환대해준 너구리 요괴는 그가 변신한 노승처럼 호쾌하고 마음이 따뜻하다. 사람은 자신의 진면목이 가려진다고 생각하지만, 실은 드러난 모습이 진짜다. 얼굴이 내면이다. 태어난 모습이 진짜가 아니라 자신이 되려고 한 모습이 정체성이다. 야차 가면을 쓴 야지는 가면의 형상 그대로가 진짜 정체이고, 노승으로 변신한 너구리는 중의 모습이 진짜 정체라는 풍자적 주제를 담았다.

그 밖에도 『야창귀담』에는 당파 간 알력에 대해 점괘를 묻는 서양옷을 입은 청년(「신보쿠 선생神卜先生」), 환자의 무지를 이용해 돈 버는 치과의사(「잇병患齒」), 청나라 사신과 자동차를 타고 유람하며 귀신이 나타났다고 장난치는 작가(「이바라기 도모노茨城智雄」)가 풍자의 대상이 된다. '혼돈자'라는 허구적 인물이 도인을 찾아가 지구의 수명, 미래의 인구, 지구 자원 등을 자문하는 이야기도 있다(「혼돈자混沌子」). 변화하는 근대에 전통적 가치와 지식으로는 해결할 수 없는 새로운 지혜를 구하는 내용이다. 근대적 문명의 정보가 반드시 정확하지는 않다. 부분적으로는 서양 문명을 여우의 속임수에 빗대거나 요괴와 귀신으로 희화화하는 근대적 수용 양상을 보여준다.

『야창귀담』에는 별다른 주제 없이 독자에게 경이로운 감각을 선사하는 흥미 위주의 이야기도 수록된다. '지괴'류에 해당하는 것으로 『어우야담』이나 『요재지이』에도 실린 장르다. 늙은 너구리가 키 큰 궁녀로 변신하거나(「너구리 귀신狸怪」), 삿갓을 쓰고 술병과 장부를 든 아이를 따라가자 너구리가 되어 달아난 이야기(「너구리를 놀라게 하다驚狸」), 천년 된 소나무의 정령이 노인으로 나타나 시를 읊고 사라진 이야기(「소철의 정령鐵蕉精」), 수백 개의 해골이 크기와 수를 바꾸는 이야기(「해골髑髏」)의 묘미는 이유도 정체도 알 수 없는 변신 그 자체에 있다.

『야창귀담』에 수록된 귀신과 요괴, 여우 이야기의 문학적 기능은 단지 공포와 경이감을 전하는 흥미성이 아니라, 인간과 세태를 풍자하는 데 있다. 「뱀 귀신 이야기 세 개와 한 개의 재미있는 이야기蛇妖三則 附一戲話」는 인간의 사특한 욕망을 뱀으로 표상했다. 뱀은 인간의 성욕, 집착, 탐심, 욕망을 상징한다. 마음은 내면에 있어 보이지 않는 것 같지만 통찰력이 있으면 꿰뚫어 볼 수 있고, 그 마음은 육신이 죽어서야 끝난다는 탐욕의 생리를 풍자했다.

『야창귀담』의 귀신은 인간에게 근면과 겸손을 권하고 나태와 과시를 비판한다. 충고를 들으면 도와주지만, 거스르면 패가망신한다. 귀신의 윤리성은 저승에서도 관철된다. 명부에서 효심을 인정받아 환생한 이야기에서 저승은 인간의 선업에 반응하는 윤리적 세계다(「명부冥府」). 노모를 두고 죽은 남자가 저승에서 선을 닦고 환생하는 이야기(「뇌공雷公」)에서 선행은 생명 연장의 비결이다. 구체적으로 빈자 구제, 고아 구휼, 공공 노동, 중매, 제자 교육 등이다. 자기가 죽으면 영혼이 어디로 가는지 알려주겠다고 기약한 이야기도 있다(「영혼이 다시 오다靈魂再來」). 그는 살아서 학문을 닦고 선업을 베풀면 죽어서 부귀와 존경을 얻고, 간악하고 탐욕스럽게 살면 남의 부림을 받는다고 했다. 아울러 자손에게 선을 권하고 악을 경계하라고 일렀다. 당시의 도덕관과 신분·노동에 대한 통념이 반영된다.

「어린 귀신鬼兒」은 인과응보의 환생담으로, 죄 지은 이가 자기를 처벌하는 이야기다. 가난 때문에 기생집에 딸을 판 진베가 실수로 술집에 돈주머니를 놓고 온다. 술집 여자가 그 돈을 차지해 부자가 되고, 상심한 진베는 투신자살한다. 이 여자가 늦게 낳은 아들이 빠르게 성장해 진베를 닮아갔다. 어느 날 진베의 돈주머니를 가지고 놀던 아들이 옷을 사달라고 졸랐다. 놀란 부부가 아들을 때리자, 도깨비 형상으로 변해 훔친 돈이 아니냐고 소리쳤다. 아버지는 아이를 죽여 몰래 묻었다. 그 후로 아내는 병이 들어 진베가 괴롭힌다고 하소연하다가 사망한다. 가게도 남의 손에 넘어갔다. 술집 주인이 아들을 죽인 것은 죄책감 때문이다. 아들에게 진베의 영혼이 들렸다고 생각해 살해를 정당화했다. 죽인 것은 아들이 아니라 이미 죽은 진베이니, 살인이 아닌 것이다. 아내가 보았다는 진베 또한 죄책감이 낳은 인지적 착오, 즉 환영물이다. 몰래 저지른 죄조차 응분의 값을 치른다는 윤리적 감수성이 반영되었다.

『야창귀담』에 실린 「너구리 음낭」. 야차 가면을 쓴 야지가 너구리 요괴의 초대를 받아 담비 요괴, 해오라기 요괴 등 여러 요괴들과 노래하고 춤추며 즐겁게 놀고 있다. 오른쪽에 눈이 셋 달린 요괴가 너구리 요괴다. 요괴들은 눈이 하나, 둘, 셋이고 모습도 기괴하다. 바닥에 깔린 보드라운 담요가 바로 너구리 음낭이다. 왼쪽에서 칼을 차고 춤을 추는 이가 야지다. 야지는 사람이지만, 자신을 환대한 요괴를 거짓말로 속여 음낭을 빼앗으려 했기에 요괴보다 사악하다. 야지가 쓴 흉측한 가면은 음흉하고 탐욕스러운 야지의 내면을 상징한다. 얼굴에 쓴 가면이 그의 진짜 정체다. 눈이 세개 달린 너구리 요괴는 마치 야지의 본모습을 직감한 것처럼 놀란 표정이다.

억울하게 죽은 귀신의 복수담도 있다(「오키쿠阿菊」). 한 장군이 여종을 첩으로 삼으려 했지만 거절당했다. 장군은 집안의 귀한 그릇을 몰래 숨기고, 여종이 훔쳤다고 모함해 죽였다. 그 후로 장군은 죄를 지어 죽고, 집안은 뱀과 여우의 소굴이 된다. 밤이면 귀신 곡소리가 났는데, 귀신이 그릇을 세고 있었다. 장군의 사망이 귀신 탓이라는 증거는 없지만, 귀신의 복수담처럼 구성되었다. 귀신의 행동이 원한에 고정된다는 발상(계속 그릇을 센다)은 현대의 공포담에도 여전히 통하는 장치다(학교 귀신, 화장실 귀신, 다리 귀신, 전쟁터 귀신 등, 귀신은 죽음의 발생 장소나 원인이 되는 행위에 고정된다).

『야창귀담』은 귀신이나 자연물에 감정과 윤리성을 부여하는 한편, 인간과 자연물이 서로 화해할 수 없는 아이러니한 관계임을 표현한다. 「풍백風伯」의 사례를 보자. 바람을 부리는 신인 풍백이 사람과 가축, 물건을 파괴한 뒤, 쉴 곳을 찾아 술집을 찾았다. 주인은 폭풍에 물건이 부서져 술이 없다고 했다. 숲속 허름한 술집은 바람의 피해가 없어 술이 있었다. 그런데 술이 너무 매웠고 가게에서 악취가 났다. 알고 보니 술 이름이 '오니고로시鬼殺(귀살)'였고, 바람 때문에 기침이 나서 아내가 '감기風邪'를 막으려고 갈근탕을 끓였던 것이다. 바람과 인간은 공생해야 하지만 서로를 해치고 있어 화해가 불가능한 관계로 그려졌다.

『야창귀담』에도 변신하고 환술을 부리는 여우담이 많다. 늙은 여우는 사람에게 화복을 주는 영험한 동물로 등장한다(「이상한 도자기奇陶」). 여우의 장난은 일상을 교란시킨다. 돈을 나뭇잎으로 변하게 하는 환술을 부린다(「여우가 술집 주인을 속이다 狐誑酒肆」). 사람에게 병도 주고 약도 주는 호선도 있다. 이 여우는 의사로 변해 인간으로 살았다(「겐쿠로 이야기源九郎」). 생명과 건강의 원리를 파악하기 어려웠을 때, 질병을 여우 홀림 또는 여우 장난으로 여기던 발상이다. 그런데 여우로 위장한 사람을 도와준 이가 꿈에 여우 신을 만나 보답받는 이야기도 있다(「이와부치 우나이岩淵右內」). 자신이 여우라는 말은 돈 벌려고 한 거짓말이었다. 그런데 이 말을 믿고 구해준 남자는 보답을 받았다. 거짓말조차 현실이 된, 말의 역설적 힘을 시사한다. 또는 여우 신이 인간의 온정에 보답한 것일 수도 있다. 어떤 경우든 인간과 동물 사이의 응보적이고 호혜적 관계를 담았다. 작가는 천년 된 백여우가 신과 통한다는 세간의 생각을 서술했다.

『야창귀담』에도 유혹하는 여성의 이미지를 귀신이나 여우, 너구리, 노인으로 표상한 경우가 있다. 이런 면은 『요재지이』의 상상력과 통한다. 아름다운 여인이 알고 보니 시체였다거나(「단술 파는 여자賣醴女」), 모습이 흉한 노인(「털이 난 다리毛脚」), 늙은 너구리(「너구리 재주狸枝」)라는 이야기는 남성의 성욕을 경계하는 주제를 담고 있다. 그 과정에서 유혹하는 여성의 이미지를 여우나 원숭이에 빗대 타자화하는 시선이 매개된다. 뱀으로 변신한 미녀의 복수담을 통해 인과응보의 윤리관을 전했다. 「루녀累女」의 주인공은 사랑하는 남자와 결혼했지만, 뱀에 물려 모습이 흉해

지자 버림받고 살해당한다. 루는 남편의 재혼녀에게 빙의해, 남편이 자신을 찌른 것처럼 자해한다. 몰래 한 살인이지만, 귀신이 빙의해 남자의 쾌락을 망쳤다. 재혼녀에게 씐 루의 원혼은 오직 남편에게만 보였다. 완전범죄조차 스스로는 속일 수 없고 죄책감을 떨칠 수 없기에, 응보는 당연하다는 생각을 담았다.

환상 요소가 개입된 애정담도 있다. 『그림 속의 미인畵美人』은 막부의 무사가 그림 속의 여인과 꿈에서 만나 사랑에 빠지는 이야기다. 그런데 무사가 다른 여인과 혼인하자 그림 속 미인의 생기가 사라졌다. 이 여인은 홍건적의 난을 당해 죽음에 이른 사연이 있었다. 무사는 신부가 그림 속 여인을 닮았다고 생각한다. 표상이 실재가 되고, 꿈이 현실이 된 것이다. 작가는 용을 그리자 폭풍이 일고, 말을 그리자 발을 다쳤으며, 호랑이가 그림에서 나와 주인을 잡아먹은 사례가 있다고 했다. 그림과 혼령이 통한다는 발상이다. 사람과 사물이 영적으로 소통하는 이야기를 다룬 아시아 전통의 인물교혼담을 잇고 있다. 이 이야기는 이미지가 실재를 잠식한다는 현대의 시뮬라시옹[46] 개념과 통한다. 『요재지이』에도 그림 속 여인과 사랑하는 로맨스가 있다(「화벽」, 『요재지이』 1권). 남자가 그림 속 여자와 사귄 뒤로 여자의 머리가 늘어트린 형태에서 올림머리로 바뀌는 설정이다. '형상으로 정신을 그린다(以形寫神)'는 '전신(轉神)'의 화법이 정신뿐만 아니라 실물성까지 부여하는 생동력을 발휘했다.

환상과 현실이 통하는 이야기는 아시아 전통의 서사에 공통

된다. 사랑하는 여인이 꿈에 나타나 향 통을 주었는데, 꿈에서 깨어나자 품 안에 있더라는 이야기(「모란등[牡丹燈]」)는 꿈과 현실의 연결을 보여준다. 이 여자는 상사병에 걸려 죽은 귀신이다. 남자는 정체를 모르고 귀신을 사랑했다. 어느 날 관상가는 남자 몸에 귀신의 씌었다며 피하라고 했다(『요재지이』의 「하화 삼남자」[3권]와 모티프가 유사하다). 여자집은 무덤이었다. 남자가 부적을 붙이자 귀신이 오지 못했다. 그러나 종이 부적을 떼는 바람에 남자는 사망한다. 정체를 숨기고 남자에게 집착하는 귀신의 사랑은 현대적 개념의 스토커다. 집요한 사랑을 치명적 귀신에 빗대어, 정념에 대한 공포를 담았다.

『요재지이』에는 여우를 매개로 한 메타 서사가 실렸는데(「호몽」, 3권), 『야창귀담』에도 결을 달리한 메타 서사가 있다(「지바 아무개[千葉]」). 귀신 이야기를 좋아하는 지바에게 미인이 찾아와 귀신 이야기를 들려달라고 청했다. 듣고 나더니 지루하다면서 자기가 이야기했다. 대화의 끝에서 여자는 이야기 속 귀신으로 변해 지바를 노려보았다. 지바는 기절했고 이웃의 도움으로 깨어났다. 그 뒤로 다시는 귀신 이야기를 하지 않았다. 귀신 이야기는 귀신을 부른다. 이야기는 살아 있고 현실에 영향을 미친다는 것을 귀신에 대한 귀신담이라는 메타 형식으로 구성하되, 기괴한 감성으로 재현했다.

『야창귀담』에 수록된 귀신담의 정조는 그로테스크하다. 원한에 사로잡힌 귀신의 복수심, 억울함을 하소연하는 여귀의 슬픔

『야창귀담』에 실린 「녹로수」. 녹로수는 목이 길다고 알려졌지만, 도르래처럼 길게 늘어난 모습은 첫날밤에 신랑이 혼자서 보았다. 목을 높게 빼고 웃는 모습이 그로테스크하다. 타인에게는 보여주지 않고 둘이 있을 때만 공개되는 인간의 면모가 기괴할 수 있음을 상징한다.

은 기괴하고 오묘한 정조로 표현된다. 귀신은 직접 복수하지 않고 인간 스스로 죽거나 패가망신하게 빌미를 제공한다. 인간의 복잡한 심리를 간파해 정교한 방식으로 복수한다. 죄지은 인간이 자기처벌했으니, 엄밀히 말해 귀신의 복수가 아니다. 여기에는 인간 심리에 대한 깊이 있는 이해가 간파되어 있다.

『야창귀담』의 귀신은 인간과 더불어 산다. 귀신에게는 인간과 다른 고유한 원칙이 있다. 귀신은 나약한 인간을 유혹해 존재감을 드러낸다. 귀신의 해를 입기 전에 달아난 인간은 목숨은 구하지만, 끝내 귀신이 원하는 게 무엇인지를 알지 못한다. 귀신이 미스터리가 되는 이유다. 귀신인 줄 몰랐다가 정체를 알고 나서 기절한 사람도 있다. 귀신을 목도하는 순간, 공포와 경이가 동시에 발생한다. 귀신은 시각적이고도 인지적인 사각지대에 나타난다. 예기치 않은 순간을 치고 들어온다. 그 모습이 그로테스크하다. 절간의 변소에 숨어 혀로 신체를 핥는 노인(「낡은 절의 요괴古寺怪」), 혀를 물고 죽은 기생(「여관에서 귀신을 보다客舍見鬼」), 느닷없이 나타나 상투를 잡아채는 중(「나카카네가 귀신을 찌르다仲兼刺怪」), 화덕에 머리를 내밀고 나타난 비구니의 형상이다. 화덕 귀신은 몸이 비쩍 마르고 눈은 움푹 들어갔으며 이는 벌어져 있다(「부엌귀신竈怪」). 이 비구니는 원래 과부였는데, 화덕에 평생 모은 돈을 숨겨두었다. 청정한 비구니와 돈에 집착하는 과부는 한몸이다. 상반된 이미지의 조합이 그로테스크하지만, 여기에 인간의 이중성이 압축된다. 신령스럽게 처신해 인간의 엄호를 받지만 사실은 늙은 너구리였던 귀신도 있다(「나카토시가 귀신을 죽이다仲俊斃怪」). 헛된 소문이나 권위로 신변을 보호하며 혹세무민하는 권력자를 풍자한다.

『야창귀담』의 귀신, 요괴, 덴구, 갓파, 여우, 원숭이, 뱀 등은 인간의 예기치 못한 내면, 단둘이 있을 때만 알 수 있는 인간의 어두운 면모, 평소에는 감춰졌던 추하고 기묘한 본성을 시사한다. 평소에 미녀로 알려졌는데 결혼한 잠자리에서 갑자기 목이 대여섯 자로 늘어나 병풍 위에 목을 올리고 흰 이빨을 드러내고 웃는 신부의 모습은 그로테스크하다. 목이 길다는 소문이 있었지만 실제로 본 것은 신랑뿐이다. 신랑은 이 일로 줄행랑쳐 행방이 묘연해진다(「녹로수轆轤首」). 승려로 알려졌지만 갑자기 머리가 목욕통처럼 커지고 눈이 세 개에 품品 자 모양이 되어 행인의 얼굴을 핥는 도깨비도 있다. 수행하는 사미승인데 행동은 요괴다(「다이뉴도大入道」). 미소년의 모습을 한 늙은 원숭이 요괴도 등장한다(「이바라키 도모노茨城智雄」). 한 길이나 되는 큰 키에 얼굴이 매우 크고 검게 물들인 이빨로 빙그레 웃는 귀신(「너구리 귀신狸怪」), 아름다운 세 자매가 머리를 떼어 손에 들고 웃으면서 저글링하는 모습(「너구리 재주狸枝」), 술동이 같은 머리에 술잔만 한 눈, 찢어진 입에 긴 혀를 빼물고, 두 손으로 머리카락을 잡고 피를 뿜는 귀신(「목매 죽은 귀신縊鬼」), 뿔 달린 이마에 두 눈을 거울처럼 번득이며 긴 혀를 널름거리는 귀신(「지바 아무개千葉」), 깔깔 웃는 귀신(「오이와阿岩」) 형상은 기괴하기 그지없다.

「야창귀담」에 실린 「오이와」. 귀신이 되어 남편 앞에 나타난 오이와의 형상이다. 이에몬은 오이와의 아버지를 몰래 살해하고 오이와와 혼인한 뒤, 이웃 여자와 살림을 차렸다. 사고로 오이와가 죽자 정황을 은폐하고 이웃 여자와 혼인했는데, 밤마다 오이와 귀신이 나타났다. 거듭 배신당해 상처 입은 여자의 심경을 늙고 황폐한 귀신 형상으로 표현했다.

『야창귀담』에 형상화된 그로테스크한 귀신은 『어우야담』과 『요재지이』에 등장하는 귀신에 비해 그 비중이 훨씬 높고 감각적이다. 기이한 표정으로 찢어진 입에 흰 이를 드러내고 웃는 귀신은 셋 중『야창귀담』에만 있다. 억울하게 죽은 일본의 귀신은 울지 않고 웃음으로써, 자신이 패배하지 않았음을 선포한다. 죄를 감춘 인간에게 자신의 건재를 경고한다.

『야창귀담』은 알 수 없는 자연만물의 생리에 대해 귀신, 요괴, 덴구, 여우, 홀림, 환생 등 환상적 장치를 활용해 은유적으로 형상화했다. 예측 불가능한 인간 세상의 다양한 면모를 만화경처럼 펼쳐낸다. 이는 흥미롭고 놀라운 유희성을 생성하지만, 작가는 여기에 인간의 내면과 인간관계의 복잡다단함, 기묘한 인생역전의 원리, 근대적 풍경의 아이러니를 풍자하는 미학적 시선을 불어넣었다. 여우 이야기를 통해 인간의 욕망을 풍자하고, 귀신과 덴구 이야기를 통해 윤리적 삶을 권면했다. 겉으로는 사람이지만 이면의 본질은 원숭이, 여우, 뱀, 너구리라고 폭로했다. 특히 근대를 경험하는 메이지 시대의 격동하는 현실을 요괴, 귀신, 갓파 등과 연결시켜, 아직 명확히 이해할 수 없는 의학, 학문, 신문물 등에 대한 기대와 혼란을 환상의 형식으로 재현했다.

원시적 상상력과 그로테스크: 「벚꽃 만발한 벚나무 숲 아래」

사카구치 안고의 단편소설 「벚꽃 만발한 벚나무 숲 아래」는 벚꽃 이미지에 관한 그로테스크 미학을 구축한다. '아름다운 벚꽃 풍경'이란 에도 시대 이후의 정서일 뿐이며, 이전에는 만개한 벚꽃나무 아래에 서면 정신이 이상해지기 때문에, 가능한 빨리 벗어나려 했다는 서술을 도입부에 배치한다. 봄날의 벚꽃 풍경은 장관이기에 이런 서술은 이색적이다. 그러나 가로등 없는 밤, 흐드러지게 꽃 핀 벚나무길을 지나다 문득 섬뜩한 기분에 사로잡히면, 이것이 작위적 상상이 아니라, 작가가 실감했던 신체로부터의 자연스러운 표현이었음을 이해하게 된다. 소설에는 모종의 반전이 있다. 아름다운 벚꽃 풍경이 생기 충만한 식물성 에너지가 아니라 산화된 노파 귀신이라는 것. 그것을 감각하는 주체가 잔인무도한 산적이라는 것이 낯선 감각을 환기한다.

이야기의 본격적인 출발은 산적이 여덟 번째 아내를 맞이했을 때다. 산적은 여인의 미모에 반해 그 남편을 살해한다. 여자는 별로 슬픈 기색도 없이 산적에게 업어달라고 하더니 좀처럼 내려오지 않았다. 이때부터 산적은 오만방자한 여자의 '갑질'에 복종하는 '을'이 된다. 여자는 남자의 아름다운 아내들을 죽이라고 명한다. 그중에서 제일 못생긴 절름발이 여자만 살려두고 종으로 삼는다. 남자는 문득 공포와 불안을 느낀다. 돌아보면 아름다운 아내가 있다. 그 느낌이 벚꽃이 만개한 꽃그늘 같다고 여기면서도 진실을 알아채지는 못했다. 오히려 그는 마음을 들킬까 봐 노심초사다.

남자는 아내의 쾌락을 받들기 위해 온 숲을 헤매고, 원하는 도시 물건을 갖다 바친다. 여자는 물건에 손도 대지 못하게 한다. 남자는 도시에 대한 혐오와 수치심, 불안에 사로잡힌다. 마음에 적개심이 쌓인다. '도시-현재-여자-미'는 '자연-과거-남자-힘'과 대조를 이룬다. 남자는 이미 패배한 것이다. 여자는 도시로 가자고 하지만, 남자는 벚꽃을 봐야 한다며 만류한다. 여자는 쓴웃음 짓고, 그 모습이 남자의 기억에 각인된다. 결국 함께 도시에 온 남자는 여자의 명에 따라 물건을 훔친다. 사람 머리도 갖다준다. 여자는 머리를 가지고 놀다가 내던진다. 도시는 남자를 경멸했으며, 남자는 도시를 혐오한다. 혐오는 권태가 되고, 남자는 여자의 끝없는 욕망에 지쳐간다. 남자는 산으로 돌아가고 싶은 마음에 여자를 죽이기로 결심한다. 그 순간, 남자는 비로소 자신이 여자와 분리될 수 없는 한 몸임을 알아차린다. '그 여자가 나인 걸까?' '여자를 죽이면 나를 죽이게 되는 걸까?'[46]라는 질문에는 이미 답이 포함되어 있다.

여자에게 남자는 부리는 수족에 불과하다. 욕망을 대리 수행하는 기계장치다. 여자는 남자를 놓칠 수 없다고 직감한다. 이들은 절름발이 여자를 도시에 두고 산으로 간다. 벚꽃 만개한 숲길을 걷던 남자는 문득 여자가 귀신임을 깨닫는다.

남자의 등에 찰싹 달라붙어 있는 것은, 온몸이 보라색에 얼굴이 큰 노파였습니다. 노파의 입은 귀까지 째졌고, 곱슬곱슬한 머리카락은 초록색이었습니다. 남자는 냅다 달음질쳤습니다. 떨쳐버리려는 것이었습니다. 귀신의 손에 힘이 들어가 그의 목을 조이기 시작했습니다. (…) 귀신의 목을 졸랐습니다. 그리하여 그가 정신이 번쩍 들었을 때는, 사력을 다해 여자의 목을 조르고 있었고, 여자는 이미 목숨이 끊어져 있었습니다.[47]

남자가 여자의 목을 졸랐다. 원래부터 귀신이었으나 자신에게는 벚꽃이고 미인이던 여자를 안고 울음을 터뜨린다. 감각하는 자는 감각 대상과 이미 하나다. 고독과 하나가 된 남자가 슬픔을 안고 있다. 여자 몸에 떨어진 꽃잎을 떼어내려는 순간 여자가 사라진다. 떨어진 꽃잎을 붙잡으려고 손을 뻗자 남자도 사라진다.

눈부신 아름다움은 스산하다. 죽음을 품고 있는 생명이기에, 아름다움에는 서늘함이 묻어 있다. 불안과 공포, 수치와 모멸, 경멸과 혐오는 떨치고 없애야 할 부산물이 아니라, 삶을 지탱하는 생명력이다. 욕망한 것은 사람(남자, 산적, 생명)인데, 그 욕망을 노예로 삶아 명을 부지한 것은 귀신(여자, 노파, 죽음)이다. 사람 사는 모습은 못생기고 추해서, 죽음을 면하고 종이 된 절름발이 아내를 닮았다(원작의 설정이 지닌 상징성을 해석한 것으로, 비하적 의도는 전혀 없음을 밝힌다). 모욕을 견디는 게 삶이다. 견디는 게 이기는 것이다. 채우려 하면 도리어 스러지고, 일어서려 하면 엎어진다. 스산하고도 처연한, 벚꽃 만개한 숲은 탐욕적 생기로 충만한 일상의 실체를 보여주는, 그로테스트한 생명의 거울이다.

7장
귀신의 증식과
포스트휴먼

결국은 사람들이 장치를 이식받을 것이며, 어떤 사실에 대해 생각하기만
하면 장치가 답을 알려줄 것이다.
—에릭 슈미트[1]

아시아의 전통적인 귀신은 21세기에 와서 유사 종으로 증식되
어 존재론적 의미망을 확장하는 중이다. 인간의 사후적 존재
로 형상을 지니고 현실로 출몰했다는 점은 귀신과 같지만 출현
동기나 행동 성향, 생리가 서로 다른 강시, 좀비, 흡혈귀가 이에
속한다. 출현 배경이나 속성이 귀신과 달라 독자성을 지니기에,
이들이 등장해서 제기하는 문제도 고유한 영역을 갖는다. 귀신
아이콘이 전근대에서 현대까지 인간의 한이나 부정의, 삶의 딜
레마를 일관되게 다룬다면, 신자유주의라는 현대성의 특성으
로 출현한 문제를 사유하는 매개는 비교적 최근에 형상화되기
시작한 좀비. 집단성, 무목적성, 관성에 지배되는 좀비는 생존
이 다른 모든 가치를 압도할 때 발생하는 인간성 파괴의 징후
를 표상한다. 강시가 귀신처럼 아시아 전통에 뿌리내리고 있다
면, 흡혈귀는 서구권 문학에서 출발한 뱀파이어에 대한 아시아

적 번역어다. 모두 인간의 사후적 존재다. 현실에 출몰하는 맥락이 귀신과 같지만, 행위 특성이나 지향성 여부, 자기의식에는 차이가 있다. 이들의 공통분모는 생사의 경계성 존재로서 인간 형상의 비인간이라는 점이다.

21세기에 들어 아시아 귀신은 과학기술의 변모에 따라 등장한 다양한 문학적 장치와 연결되고 포스트휴먼의 개념과 혼종되면서 진화와 교섭의 국면을 맞이하고 있다. 포스트휴먼이란 축자적으로 인간human 이후post의 존재로, 휴머니즘, 곧 인간중심주의 이후 인류의 존재 형태와 이를 뒷받침하는 사상을 포함한다. 포스트휴먼 이론가들은 향후 인간의 뇌를 정보로 치환해 컴퓨터에 이식함으로써 죽지 않는 인간이 출현하리라고 예측한다.[2] 이에 따라 인간, 인간성, 인문성의 개념은 물론 인간 사회의 각종 제도, 윤리, 법도 변할 것이다. 소설, 영화, 드라마, 애니메이션 등 SF 콘텐츠에서는 이미 일반화된 상상이다. 변신과 영생이 가능하고 인간 능력을 초월한다는 점에서 포스트휴먼은 아시아 전통의 귀신, 여우, 신선과 통하는 지점이 있다.

구체적 형상으로서의 포스트휴먼에는 AI, 사이보그, 로봇, 안드로이드 등이 있다.[3] 이들은 외모, 기능, 감정, 사유, 생리, 생태 등에서 인간과 공분모를 갖는 비인간이라는 점에서 귀신과 통한다. 귀신이 의식 차원에서 전생-후생에 걸쳐 자기동일성을 유지한다면, 포스트휴먼은 복잡성을 지닌다. 유전자 복제를 통해 제작된 경우, 정보과학과 기술공학을 통해 역량이 강화된 자기를 확대 재생산하게 된다. 자기동일성의 강화된 맥락성을 갖는 것이다.[4] 뇌를 컴퓨터에 일종의 정보로 이식하는 마인드 업로딩의 경우, 신체가 없이도 자기로 인식하고 인정받는다는 점에서, 인간의 정체성을 뇌 중심으로 인식하는 근대적 사고의 극단화된 형태로도 이해할 수 있다.[5] 인간이 제작한 AI와 로봇, 안드로이드는 인간의 생산물이 인간을 압도하는 과학기술의 역습을 상징한다. 안드로이드의 딜레마(이에 대해서는 이 장 네 번째 절에서 다룬다)를 다룬 SF 콘텐츠는 창조주 신과 인간의 관계를 은유하는 방식으로 인간의 정의를 되묻는다. 이 또한 인간 삶의 윤리성, 합리성, 타당성을 사유하게 하는 귀신의 역할과 유사하다.

SF 콘텐츠를 통한 미래 세계의 상상은 역사화된다. 사이보그가 등장하는 영화 〈블레이드 러너〉(1982)가 최근에 〈블레이드 러너 2049〉(2017)로 리메이크된 것은 단편적 사례에 불과하다. 대개는 앞선 콘텐츠를 인용하거나 패러디하고, 거기서 활용한 과학적 지식을 업데이트해서 창작된다. 영화 〈인터스텔라〉(2014)의 주인공 쿠퍼는 "인류는 지구에서 태어났지만, 이것이 지구에서 죽어야 함을 의미하지는 않는다"고 했다. 미래에 인간의 활동 영역은 지구를 넘어 우주로 확장되리라는 발상이다. 영화 〈애드 아스트라〉(2019)에는 달에 방문한 여행자를 위해 기념사진을 찍어주고 굿즈를 파는 상점이 나온다. 머지않은 미래에 인간은 우주인과 공생하며 우주에서 살아간다고 상상된다. 그 미래가 밝지만은 않다. 영화 〈가타카〉(1997)는 미래의 인간이 유전자 정보를 선택하는 시스템을 재현해, 우생학에 기반한 자본과 기술의 불온한 결합을 경고한다. 포스트휴먼 상상은 과학기술이 인간의 속도를 초과할 때 발생하는 디스토피아적 세계를 재현해, 인간의 발명품인 기계가 어떻게 인간 개념을 변형시키고 세계를 파괴하는지에 대한 방어기제를 제출한다.

포스트휴먼 사회는 인간중심주의적 이념만으로 운영될 수 없다. 외계인 침공이나 로봇과의 전쟁을 다룬 영화는 인간 세상 바깥의 존재를 물리쳐야 할 타자로 상상함으로써, 인간중심주의를 고수하는 휴머니즘적 대응을 보인다. 타자를 적대하여 배제하려는 심리의 이면에는 공포와 불안이 자리해 있다. 인공지능이 인간을 능가하고 외계인이 인간보다 우월한 지적 생명체일 수 있다는 판단이 이들에 대한 통제와 전쟁을 정당화한다. 인공지능과 외계인은 현실화될 수 있지만, 이에 대응할 슈퍼히어로는 오직 영화에만 있다.

21세기에 SF 콘텐츠는 인간중심주의에 회의적이거나 수정주의적 이념을 다루는 추세다. 스필버그 감독의 영화 〈E.T.〉(1982)는 외계인과 인간의 화해적 관계를 다룬다. 결말에서 외계인은 다시 외계행성으로 떠나고, 지구와 E.T.의 안전이 확보된다. 둘 사이의 화해는 단지 동심이기에 가능했을까. 이후 스필버그 감독은 〈A.I.〉(2001)를 통해, 대체 가족으로 구매한 AI와의 공존에 회의적 시선을 보냈다. AI가 자의식을 가지고 꿈을 좇아가는 여정이 파토스로 전개된다.

타자에 대한 상상은 타자가 아니라 주체를 향해 있다. 인간과 비인간의 사유는 인간 존재와 삶을 재구성하기 위한 문명사적 방법이다. 포스트휴먼이 환기하는 여러 질문들은 이제 과학, 기술, 정보, 의학을 매개하는 형식으로 재편되어야 한다. 귀신이 삶의 적이 아니라 미제 사건이라는 점에서 그것을 끌어안고 해결해야 하는 것처럼, 포스트휴먼의 상상은 미래가 아니라 현실에 내재한 삶의 문제를 사유한다.

테드 창의 소설 「당신 인생의 이야기」[6]를 영화화한 〈컨택트〉(2016)에서 외계인은 더 이상 인간의 적이 아니다. 인간은 외계어를 배워 사전을 만들며, 그들과 접속함으로써 깨어진 시간의 질서에 대비한다. 여기서 외계인은 인간보다 우월한 지능을 갖춘 존재다(한국어 제목이 유사한 영화 〈콘택트〉[1997] 또한 마찬가지다. 초고도 지능을 지닌 외계인은 인간을 관찰하고 초대해 교섭 기회를 준다). 이들은 미래에 인간의 도움이 필요하다고 판단해 지구에 도착한다. 인간과 외계인의 공생이 설계된다. 그것을 가능하게 한 것은 군사력과 정보력에 바탕을 둔 인문학자와 과학자의 협력이다. 인간이 외계인과 상호 관계를 맺는 구체적인 출발점은 인간(언어학 교수)이 외계어를 습득하면서부터다. 하나의 언어를 습득하는 것은 새로운 시간의 질서를 이해하는 과정이다. 외계인의 언어는 과거-현재-미래가 동시 작동한다고 설정되기에, 그들이 미래에 인간의 도움이 필요하다고 말하는 순간, 이미 인간과 외계인은 협력 관계다.

기예르모 델 토로 감독의 영화 〈셰이프 오브 워터〉(2017)는 괴생명체를 등장시켜 인간·괴물·신의 경계 해체에 대한 사유 실험을 전개한다. 이에 따르면 인간은 이미 외부 생명체와 공존 하고 있다. 인간의 형상을 지녔기에 주체와 타자 모두 인지하지 못할 뿐이다. 이 영화는 형상적 동일성만으로 인간 종의 우월성 을 내세우는 어리석음을 인간-악의 형태로 징계한다(영화에 등 장하는 실험실 보안관 스트릭랜드는 타인에게 공감하지 않고 원칙만 고수하는 인물로, 일종의 빌런이다).

이러한 상상력은 과학기술이 인간 수준을 현저히 초과한 외 계 문명을 협력과 공생의 파트너로 사유하기 시작했음을 의미 한다. 21세기에 들어 아시아의 귀신이 공생의 협력자로 재맥락 화된 과정과 유사하다. 21세기의 귀신 콘텐츠가 생사의 임계지 에 대한 상상력을 공유했다면, SF 콘텐츠는 현실 안에 내재한 공생 파트너로의 포스트휴먼 상상을 확대하는 중이다. 그러나 스크린에 재현된 포스트휴먼은 여전히 적대적 공포의 대상으 로 등장해서 제한된 상상력의 영역에 머물고 있다.

이 장에서는 인간의 사후적 존재에 대한 상상으로 포스트휴 먼의 개념을 재구성하고, 이에 대한 21세기적 상상력을 광범위 하게 살펴본다. 이를 매개로 인간을 사유하는 21세기적 성찰성 에 접근한다. 이를 위해 다음의 범주를 살핀다. 첫째, 사후적 존 재이지만, 생전의 인간과 신체적 연결성을 지닌 존재로 강시殭 屍, 좀비Zombie, 흡혈귀Vampire에 주목한다. 둘째, SF 상상력에 기반한 AI와 안드로이드를 다룬다. 셋째, 생사를 넘나드는 허구적 장치로서 귀신에 대한 기시감을 환기하거나 귀신에 대한 감각을 패러디한 '시간여행'의 장치를 살핀다.

강시, 부식된 죽음의 유희

강시는 아시아 고전에 연원을 둔 존재로, 살아 있는 시체, 또는 신체를 가진 귀신이다. 1980년대 홍콩에서 영화화되면서 일종의 캐릭터로 정착한다. 호러와 코믹 요소가 홍콩 영화 특유의 무술과 결합되어 키치적kitsch 혼종 미학을 이룬다. 한국 귀신처럼 사연을 지닌 캐릭터가 아니라, 공포를 환기하는 존재로 등장해 퇴치의 대상이 된다. 강시가 세계적으로 유명세를 탄 것은 영화를 통해서다. 〈강시선생殭屍先生〉이 'Mr. Vampire'로 번역되면서 강시의 영어 번역어는 vampire로 고정되다가 2013년에 〈강시: 리거 모티스〉(2013)가 소개되면서, 사후강직이라는 뜻의 '리거 모티스Rigor Mortis'가 첨부된다.

강시에 대한 고전 기록은 중국 청대 원매袁枚(1716~1797)의 『자불어子不語』와 기윤紀昀(1724~1805)의 『열미초당필기閱微草堂筆記』에 있다. 원매의 『자불어』는 '공자는 괴력난신은 말하지 않았다子不語怪力亂神'라는 『논어』의 「술이述而」편에서 차용한 제목으로, '공자가 말하지 않은 기이한 이야기'라는 뜻이다. 기윤은 강시를 설명하면서 원매의 기록을 참조하고 의견을 덧붙였다. 청대에도 혼과 백, 영은 해석의 여지가 있는 열린 개념이었다. "대개 강시는 밤에 사람을 잡는데, 대부분 살진 모습으로 산 사람과 다르지 않다. 낮에 그 관을 열면 바싹 마른 시체처럼 야위었다. 태우면 스산한 소리를 낸다"[7]고 기록된 『자불어』의 강시는 산 사람과 형상이 같지만, 밤에는 살진 모습이고 낮에는 시체처럼 건조하다. 밤에 사람을 붙잡는다. 영화 속 강시의 행태는 이를 따랐다.

『자불어』에 또 다른 「강시」 이야기가 있다. 서당 훈장 장생의 목격담이다. 한밤중에 동쪽 방에서 여자 강시가 나타났다. 나무 꼭대기에 오르더니 이웃집 담을 넘었다. 새벽이 되자 장생이 서동에게 그 방에 대해 물었다. 옛 주인이 잠가둔 빈방이라고 했다. 안에 관이 있었는데, 밤에 가보니 비어 있었다. 장생은 『역경』 몇 장을 뜯어서 넣어두었다. 오경쯤 강시가 왔는데, 관 속의 『역경』을 보고 물러났다. 귀신이 누각 위의 장생에게 애걸했지만 거절당한다. 강시가 험한 모습으로 변해 뛰어오르는 바람에 장생이 놀라서 떨어져 정신을 잃는다. 다음 날 서동이 동쪽 방을 열어보니 장생이 여자 시신과 누워 있었다. 아직 몸이 따뜻했다. 정신을 차린 장생은 자초지종을 들려주었고 관에 보고했다. 관에서는 시신의 가족을 찾았으나 모두 떠난 뒤였다. 강시의 재앙 때문에 집주인이 세 번이나 바뀐 상태다. 관을 태우자, 귀신병鬼病에 걸린 사람들이 모두 나았다.[8] 여기에 등장하는

영화 〈강시선생〉 1편 포스터. 강시는 시체, 또는 신체를 가진 귀신이라는 뜻으로 중국 청대의 『자불어』와 『열미초당필기』에 그 흔적이 보인다. 두 팔을 앞으로 뻗고 통통 튀는 동작을 하며 사람을 물어뜯어 동류로 만든다. 강시의 움직임에 코믹한 무술 동작을 활용해 홍콩발 강시 영화의 고유한 정서를 만들었다.

강시는 관에서 나와 높이 뛰는 습성을 지녔고 『경전』에 취약하다. 자기 말을 들어주지 않으면 악귀로 변한다. 관을 태우면 강시는 소멸하고 사람에게 끼친 빌미도 사라진다.

『열미초당필기』에 기록된 강시 형상은 『자불어』와 조금 다르다. 어렸을 때 직접 겪은 목격담 형식이다. 주인공이 강시를 보고 주먹으로 쳤는데 마치 나무와 돌에 부딪힌 것 같았다고 했다. 거의 잡힐 뻔해서 나무 꼭대기로 올라갔더니, 강시가 나무를 돌면서 뛰어다녔다. 날이 밝을 때까지 움직이지 않다가, 대상隊商이 방울을 울리며 지나갈 때 비로소 아래를 내려다보았다. 강시는 온몸이 흰털로 덮이고 눈은 주사朱砂처럼 붉었다. 손가락이 굽은 갈고리 같았고, 이는 입술 밖으로 뻗쳐 날카로운 칼 같았다. 너무 무서워 정신을 잃을 뻔했다.[9] 이 기록은 강시 영화의 원조격에 해당하는 〈귀타귀鬼打鬼〉(1980)의 강시 형상과 흡사하다. 〈귀타귀〉에는 살해 위험에 빠진 주인공(장대범)이 등장한다. 그때 서도사가 나타나 목숨 구하는 법을 알려준다. 사당의 대들보에 올라가 새벽이 될 때까지 내려오지 말라는 것이다. 과연 밤이 되자 관을 열고 강시가 나타났다. 온몸이 흰 털로 덮인 것을 제외하면 『열미초당필기』와 같다. 다만 강시의 몸이 흰 털로 덮이지 않았을 뿐이다. 시신을 태우면 강시가 사라지는 설정은 『자불어』와 같다. 이 설정은 〈강시선생〉에도 이어진다.

『열미초당필기』는 재앙을 끼치는 시체를 강시로 정의하고 두 종류를 소개했다.[10] 하나는 죽은 지 얼마 안 된 강시다. 아직 입관되지 않은 시신이 벌떡 일어나 사람을 잡는다. 다른 하나는 오랫동안 매장되었으나 썩지 않는 경우다. 시체가 귀신이나 괴물의 형상으로 변해 밤이 되면 밖으로 나돌다가 사람을 만나면 낚아챈다. 이를 '한발旱魃'이라고도 한다.[11] 영화 〈귀타귀〉나 〈강시선생〉의 강시 행태와 비슷하다. 강시는 한국 귀신처럼 사연이 강조되거나 정의적 감수성과 연결되기보다, 불시에 사람을 공격하는 공포의 대상으로 기록된다. 『열미초당필기』에 망자 혼이 빙의되거나 강시가 되는 과정에 대한 자세한 기록이 있다. 요지를 정리하면, 이렇다. 사람에게는 혼백이 있는데 죽으면 혼이 사라지고 백만 남는다. 사람이 죽어서 백이 신체에 붙어 있더라도 생전 같지 않은 이유는 혼이 없어서다. 그 때문에 가족이나 친구도 몰라보고 해를 끼칠 수 있다. 도를 갖춘 사람만이 움직이는 시신을 제압할 수 있다.[12] 강시 영화에 등장하는 퇴마사가 도교 수련승으로 등장하는 이유다.

강시는 원래 피를 먹는 습성이 없었는데, 홍콩 강시영화가 유행함에 따라 이미지가 고정된다. 강시는 신체를 지닌 뱀파이어 귀신vampire ghost이다. 좀비처럼 관절이 굳은 형태다. 집단적, 자동적으로 움직이는 좀비와 달리 강시는 개별성과 집단성을 모두 지니며, 의식을 갖추고 인간처럼 행동하도록 진화한다. 영화에서 초보 강시는 의식 없이 반사적으로 움직이지만, 진화한 강시는 인간처럼 의식이 있고 동작도 자유롭게 재현된다. 1980년

대부터 홍콩 영화를 통해 유행해 아시아권에서 성행했다.

한국과 아시아에서 강시 영화의 흥행을 이끈 것은 〈강시선생〉 시리즈다. 강시 영화의 원조인 〈귀타귀〉에서 감독과 주연을 맡은 홍진바오가 제작을 맡으면서 시리즈화된다. 코믹과 호러, 무술이 결합된 형식으로, 코믹호러 또는 권격호러('권격'은 무술을 뜻한다)라고 불리는 장르 혼합물이다. 관에서 나온 시신이 관절을 굽히지 않고 양손을 앞으로 뻗은 자세로 등장해 사람을 해치는 강시 캐릭터가 이 영화를 통해 널리 알려진다.

이후 총 7편의 시리즈로 제작되는 〈강시선생〉은 아시아권에 강시 캐릭터를 확실하게 각인시킨다. "강시들은 인간성이 없어"라는 강시선생의 발언처럼, 그저 시신으로 간주된다. 어두워야 움직이기에, 강시가 있는 사당에는 촛불을 켜둔다. 이마에 부적을 붙이면 움직이지 않고, 부적이 떨어지면 콩콩 뛰는 행동 규칙이 이 시리즈를 통해 패턴으로 자리 잡는다. 강시가 사람을 물면 독이 퍼져 강시가 된다. 이 점은 뱀파이어와 속성이 같다. 강시 옆에 있어도 숨을 쉬지 않으면 공격받지 않는다. 부적과 닭 피로 강시를 막는다. 강시에 물렸을 때 쓰는 해독제는 찹쌀이다. 한국 귀신이 한을 풀면 자발적으로 소멸하는 것과 달리, 강시는 일방적으로 퇴치당한다(확실한 방법은 태우는 것).

〈강시선생〉 1~4편 중 최고 흥행작은 1편으로, 이후의 시리즈에서도 1편의 흥행 기록을 깬 영화는 없다.[13] 1편에서는 관을 수직으로 세우는 법장 방식으로 시신을 묻으면 후손이 잘 된다는 풍수가의 조언대로 무덤을 썼다. 그래서 시신이 꼿꼿하게 선 채로 등장한다. 사실은 의뢰인에게 거짓 조언을 한 것이었다. 20년 후에 이장하라는 말을 듣고 관을 열었는데 시신이 썩지 않았다. 장의사이자 퇴마사인 구숙은 인간에게는 악인과 선인이 있듯이 시신은 그냥 시신과 강시가 있다고 말한다. 강시는 시체에 약간의 숨이 남아서 변한 것이다. 사람이 죽기 전에 답답하거나 분노해 울분을 토하지 못하면 죽을 때 기가 목구멍에 남는다.[14] 관에서 나온 시신은 아들을 물어 강시로 만든다. 강시 선생과 제자들이 좌충우돌 희극적 상황 속에서 강시를 퇴치한다. 퇴치에는 무술이 사용된다.

2편은 〈강시가족殭屍家族〉(1986), 3편은 〈영환선생靈幻先生〉(1987), 4편은 〈강시숙숙殭屍叔叔〉(1988), 5편은 〈일미도인一眉道人〉(1989.), 6편은 〈구마경찰驅魔警察〉(1990), 7편은 〈신강시선생新殭屍先生〉(1992)이다. 시체의 형상과 움직임은 일관된 강시 생리를 벗어나지 않아 규칙성이 있다. 〈강시선생〉 시리즈의 흥행에 이어 〈강시번생殭屍翻生〉(1986)이 흥행해 1980년대는 홍콩발 강시영화의 붐을 이룬다. 강시영화는 1990년대 중반에 들어 쇠퇴하지만, 홍콩의 지상파 방송에서 〈강시도장〉(1995~1996, 홍콩 ATV) 등 강시 드라마가 제작, 방영되어 인기를 이어간다.

20세기 말에는 홍콩 드라마 〈강시와의 데이트我和殭屍有個約會〉가 총 3편의 시리즈물로 제작·방송되어 강시물의 대미를 장식한다. 이 드라마는 강시와 여도사의 사랑 이야기로 높은 시청률을 기록한다. 〈강시도장〉처럼 전통적인 홍콩 강시 영화의 요소를 그대로 이어받은 게 아니라 강시와 도사의 이미지를 모두 창의적으로 재구성했다. 서구적 흡혈귀의 설정을 차용했을 뿐 아니라 복희, 여와 등 중국 전통적 신화 요소도 참조했다. 당시 한국과 아시아의 문화예술계에서 혼종성이나 크로스오버가 유행했는데, 이러한 시대 풍조와 미학이 드라마 강시물에도 반영된다.

강시 영화는 1980년대에 아시아에서 가히 폭발적으로 흥행했지만, 21세기에는 더 이상 관심을 끌지도, 널리 제작되지도 않는다. 그러다가 2013년, 과거 강시 영화에 등장한 배우들을 캐스팅해 〈강시: 리거 모티스〉가 제작·상영된다. 강시 영화의 전통을 이어받는 한편, 일본 호러영화 〈주온〉(2002)의 제작팀이 참여해 '쌍둥이 귀신'을 등장시켜 공포를 강화한다. 이 영화는 강시물을 부활시켰다고 호평받았고 흥행에도 어느 정도 성공한다.[15]

〈강시: 리거 모티스〉에서는 1980년대에 강시선생 시리즈에서 퇴마사 구숙의 제자 역할로 출연한 영화배우 첸샤오하오錢小豪가 동명의 주인공으로 등장한다. 전성기를 지나온 배우가 고독과 우울을 견디지 못해 자살기도를 하다가 처녀귀신과 만나는 호러물이다. '강시가 떠나니 퇴마사도 사라졌다'고 토로하는 전직 퇴마사 유씨는 실의에 빠진 첸샤오하오가 자살기도하는 것을 보고 강시와 귀신 퇴치에 협력한다. 찹쌀, 닭 피, 소각燒却, 부적, 수직으로 세워둔 관(사실상 옷장), 숨 쉬지 않으면 강시의 공격을 방어하는 것 등, 강시 영화의 전통적 소재와 무술이 재현되어 향수를 자극한다. 강시물 특유의 코믹 요소는 배제된다.

영화에서 강시는 죽은 남편을 살리려는 아내 매씨, 강시 제작에 미련을 버리지 못한 구씨의 합작으로 '제작'된다. 강시는 전작 장르물과 동일하게, 주체성을 갖지 않는다. 쌍둥이 귀신은 폭행, 강간, 살해에 얽힌 한이 매개된 존재인데, 복수하려고 귀환한 것은 아니다. 원귀로 등장해 무고한 이를 해친다.

'사후강직'이라는 제목은 화양연화(전성기)를 지나온 배우의 삶과 정서가 '강직'되는 과정을 은유한다. 이를 인간과 인생의 보편성에 대한 상징으로 보면, 전성기 또는 황금기를 통과한 인간의 고독과 상실, 그리움, 멜랑콜리아를 공포와 꿈의 장치로 표현했다고 볼 수 있다. 사람이 죽기 전에 일생을 파노라마처럼 본다는 속설대로, 강시물 배우 첸샤오하오가 사후강직 상태일 때 자신의 영화로웠던 전성기를 한 편의 영화처럼 꿈꿔본 것과 같다. 자살하러 가다 만난 사람들이 판타지 속 인물로 등장한다. 이들의 상당수는 전작 강시물에서 배우로 출연한 적이 있다. 이 영화는 강시 영화에 대한 일종의 오마주다. 강시 영화에 대한 영화라는 점에서 일종의 메타필름이다. 영화 속 강시 배우의 자살은 강시물의 시대적 종언을 선언한다. 한국에서는 화제성과 흥행성에서 별다른 존재감을 얻지 못했지만, 미디어 플랫폼을 통해 마니아층의 관심을 얻었다.

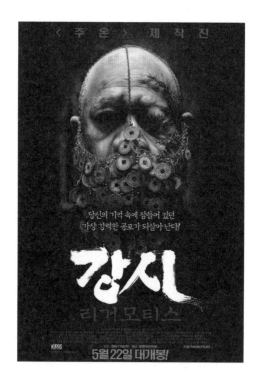

영화 〈강시: 리거 모티스〉 포스터. 〈강시선생〉 시리즈에서 퇴마사 구숙의 제자를 연기한 영화배우 첸샤오하오가 동명의 주인공으로 등장한다. 일본 영화 〈주온〉 제작팀의 참여로, 한을 품고 죽은 쌍둥이 자매 귀신이 등장해 공포가 강화된다. 리거 모터스, 즉 사후강직이라는 부제는 화양연화(전성기)를 지나온 배우의 생애 의미가 강직되는 과정을 은유한다. 황금기를 통과한 인간의 고독과 상실, 그리움, 멜랑콜리아를 공포스러운 꿈의 장치로 표현한 메타 필름이자, 1980년대를 풍미했던 강시 영화에 대한 오마주다.

1980년대에 홍콩발 강시물은 장르적 전성기를 누리고 점차 쇠퇴해, 더는 명맥을 잇지 못한다. 강시 캐릭터의 개별성에 초점이 맞추어지기보다 퇴치되어야 할 시신으로서의 정체성을 공유하기에 강시는 소재에 그치고 만다. 사연을 지녔기에 반드시 인간과 소통해야 하는 한국 귀신과의 차이다. 한이라는 감정의 극대화를 통해 정체성을 단련해온 한국 귀신이 생사의 경계를 성찰하는 현대적 캐릭터로 변신하는 동안, 강시는 캐릭터 고정성을 유지하고 전성기를 그리워하다가 퇴화했다. 현대 강시는 영화사에 선명한 존재감을 남긴 문화적 단명체다.

은유로서의 좀비
: 〈부산행〉, 〈창궐〉, 〈킹덤〉

좀비는 살아 움직이는 시체라는 뜻으로, 1932년 미국에서 제작된 〈화이트 좀비〉를 기원으로 삼는다.[16] 원래는 아이티의 부두교에서 산 사람을 약물로 중독시켜 가사 상태로 만든 뒤에 노예로 부린다는 일종의 생화학적 주술에서 기원했다.[17] 영화나 드라마에서는 죽은 뒤 영혼이 빠져나가고 신체만 작동하는 존재로 형상화된다. 발이 빠르며,[18] 의식과 마음을 가진 개인성이 결여된 집체성이 특징이다. 흡혈귀처럼 산 사람을 동류로 끌어들인다. 그러나 뱀파이어처럼 혈액을 흡입하지 않고, 인간의 신체를 물어뜯는다. 뱀파이어가 의식과 마음을 가진 개인으로 행동하는 데 비해, 좀비에게는 영적인 면이 없다. 최근 들어 좀비와 인간의 공생을 다루거나 좀비의 로맨스를 주제로 한 영화가 제작되었지만,[19] 이는 좀비물의 자체적 진화라기보다는 기존 장르와의 크로스오버에 가깝다. 좀비의 상상력에 과학 이론이 매개되지는 않는데, 최근 좀비 영화에서는 바이러스 감염의 경로에서 힌트를 얻어 의학적 지식과 결합한 서사가 등장했다. 〈월드워Z〉(2013), 〈인류 멸종: 좀비 바이러스〉(2015), 〈부산행〉(2016), 좀비를 역병으로 명명한 한국 드라마 〈킹덤〉(2019; 2020) 등이 이에 속한다.

좀비의 속성에 대한 이해는 대체로 과도한 경쟁과 인간성의 상실을 초래한 신자유주의의 투사라는 점이 일반적이다. 그러나 은유체로서의 좀비를 사유할 때, 각 콘텐츠 안팎에서 작동하는 상징성의 의미 작용은 서사 맥락에 따라 다양하다. 예컨대, 뇌과학, 중독증, 비디오게임, 쇼핑몰, 관리 사회 등을 맥락으로 '좀비적 실존'을 다룬 콘텐츠에서는 일명 '걸어 다니는 시체'가 등장하며, 좀비 재해가 장악한 세계를 상징하는 '좀비 아포칼립스'가 재현된다.[20] 한국발 좀비 콘텐츠를 주도하는 것은 '쫓고 쫓기며' '물고 뜯고' '달리는' 좀비다. 산 사람의 생기를 해쳐 유類의 증식을 초래하는 맹목적 집착을 좀비의 속성으로 부여해, 세계의 부패와 성찰 부재의 권력 욕망을 비판한다.

좀비와 혐오 감성: 〈부산행〉

좀비는 인간의 사후적 존재이기에 포스트휴먼이다. 귀신과 존재 생성의 조건은 같지만 생태나 생리는 판이하다. 귀신에게는 현실에 출몰한 정당한 이유가 있다. 이에 비해 좀비는 존재론적 질문을 무력화한다. 그들이 현실에 나타난 이유는 중요치 않다. 인지능력 없이 움직이기 때문이다. 개인성이 없고 움직임은 집단적이다. 번식 없이 증식한다. 물어뜯는 가해성이 유類를 증식하는 유일한 방법이다. 좀비는 알고리즘이 고장 난 유기체다. 유일한 존재 증명은 무차별적 공격이다.

'공격이 곧 생존'이라는 좀비화의 법칙은 현대성을 은유한다. 상대를 공격해야 내가 살고, 경쟁의 사다리에 한 걸음 더 올라간다는 신자유주의의 생리는 영화 〈부산행〉의 세계와 다르지 않다. 쓰나미처럼 몰려드는 좀비 떼의 공격 속에서, 사태를 공론화하고 합의점을 모아 대처할 여유는 없어 보인다. 공격만이 유일한 방어다. (〈부산행〉 기차에 탄 것으로 은유되는) 현대인에게는 시간이 없다. 바로 등 뒤에서 좀비(좀비 같은 경쟁자, 과부하된 업무, 각종 관계로부터의 의무, 네트워킹의 압박)가 쫓아오기 때문이다. 고대 신화의 주인공이 의미의 추구자, 진리의 탐색자hero of quest였다면, 현대인은 그저 쫓기는 자다. 붙잡혀 물어뜯기기 전에 도망치거나 때려눕혀야 한다. 이유 없이 달려드는 좀비를 피하는 인간의 혐오는 질주하는 동작으로 가시화된다. 질주는 도피의 몸짓이다. 폭주하는 경쟁 구도에 놓인 현대인들은 좀비의

영화 〈부산행〉 포스터. 자기밖에 모르는 워커홀릭 석우가 좀비에게 쫓기면서, 인생의 소중한 가치를 깨닫고, '인간이 되어' 죽는 아이러니를 그린 영화. 무목적성, 무매개적 공격성을 생존 법칙으로 삼는 좀비는 성찰 없는 집단성이 특징이다. 무한 경쟁을 추동하는 신자유주의의 파행적 징후를 표상한다.

행태와 그다지 다르지 않다. 좀비를 혐오하는 인간 또한 혐오 대상이다. 타자화된 좀비가 의미의 차원에서는 주체로서의 현대인과 오버랩된다. 영화 속 좀비의 표정을 상기해보라. 공격과 폭주를 즐기는 좀비는 등장하지 않는다. 그들은 하나같이 피로해 보인다. 꺾인 관절은 죽기 전부터 이미 기계처럼 살아온 인간 체형을 은유한다. 그런 점에서 좀비는 현대인들이 안으로 감춘 피로와 혐오의 표정 자체다. 죽어도 죽지 않고, 살아도 살 수 없는 세계가 〈부산행〉에 있다.

좀비에게 물리면 순식간에 인간성을 상실해 좀비-집단성에 합류한다. 좀비화 현상은 단순하다. 전염성, 무차별성, 집단성, 가공할 증식력이 징후다. 좀비의 행동은 추하고 불쾌한 구체관절 인형을 닮았다. 승객들이 기차 안에서 바라보던 모니터 속 폭동의 풍경이 기차 안 장면으로 복사될 때, 현재는 과거로 덮어씌워져 미래를 망친다. 격리와 차단은 생존본능이며, 방어와 공격은 자동 저장된 자율신경체처럼 작동한다.

〈부산행〉에서는 좀비를 대하는 처신에 따라 인간 부류가 갈린다. 자신의 생존을 절대시하는 극단적 이기주의자, 친구·가족·승객·이웃을 도와주고 대신 방어하는 보호자, 협력자, 희생자, 회피자, 도망자, 어쩔 줄 모르는 공황증 경험자. 재난 서사는 인간을 시험대 위에 올려 이성주의로 무장된 본성을 확대경으로 투시한다. 영화는 처음부터 인간의 존엄성이라는 불문율을 깨뜨린다. 구제역에 걸린 돼지를 파묻는 인간의 방역 행위는 안전과 치료 시스템에 대한 실패의 은닉으로 자리바꿈한다. 그것은 인간과 돼지라는 유類의 단절성에 대한 해석이 오류임을 스포일한다. 시신이었던 사슴이 도로에서 벌떡 일어나 좀비-사슴의 탄생을 선언했을 때, 그 장면은 죽은 생명의 신화적 부활이 아니라 생태계 자체에 대한 재앙 신고서가 된다.

〈부산행〉의 서사는 간단하다. 달리는 기차 안에 좀비화가 진행되면서, 천태만상의 인간 행동과 심리 현상이 재현된다. 정작 좀비가 된 개체의 행태는 균질화된다. 개인성이 상실된 모습 자체가 공포감의 포인트다. 좀비에게는 스토리가 없다. 좀비는 존재론적 블랙홀이다. 파멸을 통해 회생하는 인물은 주인공 석우(공유 연기)다. 직업은 펀드매니저. 자기밖에 모르는 워커홀릭인데, 좀비와 싸우다 '인간이 되어' 사망한다. 그는 "너 펀드매니저라며? 그럼 잘 알겠네. 쓸모없어지면 그냥 버리고 가는 거"라는 상화(마동석 연기)의 비난과 달리 아비규환 속에서 인간성을 되찾는다. 혼자 살려고 발버둥치는 용석(김의성 연기)은 좀비보다 악한 빌런이다. 생존을 위한 방어라는 이유가 그의 처신을 정당화하지는 않는다. 영화는 일밖에 모르던 석우가 타인을 위해 죽음을 택하는 순간 인간임을 인증하는 아이러니를 주제화한다. 좀비에 쫓겨 질주하는 인간 형상은 혐오 감성을 동작으로 신체화한다. 이미 좀비화된 인간의 운명이 죽어서야 끝난다는 설정은 좀비화된 사회 시스템에 대한 거부와 절망의 파토스를 전한다. 좀비화된 인간/사회가 서로를 해치는 난장의 시퀀스로 공포와 혐오 감성을 콜라주한다.

좀비와 정치적 상상력: 〈창궐〉

영화 〈창궐〉(2018)에 등장하는 야귀夜鬼는 밤에 활동하는 귀신이란 뜻이다. 원래 사람이었는데 죽어서 정체가 변한 살아 있는 시체다. 흡혈귀와 좀비의 합성체에 가깝다. 한번 야귀가 되면 공격적으로 변해 사람을 물어 야귀로 만든다. 익명적인 것은 좀비와 같지만, 반드시 집단적이지는 않다. 피를 통해 감염, 전파, 확산된다. 최초의 야귀는 이양선을 통해 전염된 것으로 설정되지만, 영화는 야귀의 출현 경위, 이동 경로, 미시 생태의 해명에 초점을 두지 않는다. 단지 야귀 떼의 무차별적 공격과 이에 대한 인간의 처신과 태도에 관심이 있다. 야귀 대처력이 곧 정치력으로 환치되는 설정이다. 혼란을 막으려는 자, 해결하려는 자, 이를 이용하려는 자로 나뉘는 정치적 처신을 은유한다. 〈창궐〉의 야귀는 정체불명의 역병이고 일종의 자연재해다. 야귀 떼와 인간의 싸움은 영화적 스펙터클의 포인트다. 어둠 속에서 서로 물고 뜯고 찌르는 금속성 소음과 인간의 육성이 역사 버전 액션물의 스펙터클을 구성한다.

사람을 물고 피를 빼는 야귀 떼의 창궐을 왕(김의성 연기)은 모르고 있다. 그는 무능하다. 왕자 이청(현빈 연기)이 청나라에서 돌아와 야귀를 문제 삼자, 대신들이 헛소문이라고 반박한다. 이청은 야귀 소탕을 위해 군대를 요청하지만, 병조판서 김자준

영화 〈창궐〉 포스터. 〈창궐〉에 등장하는 야귀는 밤에 활동하는 귀신이라는 뜻으로, 흡혈귀와 좀비의 합성체에 가깝다. 사람을 물어뜯어 동류를 감염, 확산, 전파시킨다. 정치적 야욕으로 백성의 좀비화를 이끄는 좀비 권력에 대한 혐오를 재현한다. 좀비화에 저항하기 위해 인간으로서 죽기를 원했던 동료에 대한 존엄한 안락사가 시연된다.

(장동건 연기)이 제지한다. 왕은 이청이 권력욕 때문에 환궁했다고 의심한다. 권력에 도취된 왕은 불안하고 무기력하다. 왕으로서 무책임하다. 왕을 조종하는 실세 김자준은 권력을 잡기 위해 야귀의 존재를 알고도 부정한다. 이청은 김자준이야말로 야귀나 다름없다며 대결한다. 결국 야귀는 궁궐로 파고든다. 왕은 야귀에게 물려 무고한 백성을 공격한다. 이제 왕이 백성을 야귀화한다. 이를 목격한 김자준이 왕을 살해하고, 왕이 야귀임을 선포한다. 야귀는 무차별적이지만 끝까지 인간으로 살려 한다면 야귀화를 막을 수 있다. 영화는 두 가지 가능성을 제안한다. 야귀에게 물린 박현(백수장 연기)은 야귀에게 공격당한 뒤, "사람으로 죽고 싶다"고 유언한다. 동료들은 그가 사람으로 생을 마칠 수 있게 살해한다. 일종의 존엄한 안락사다. 무사 박을룡(조우진 연기)은 목숨이 다할 때까지 야귀와 싸우며, 끝까지 타인을 공격하지 않고 숨을 거둔다. 영화에서는 야귀에 대해 무지하거나 방치한 자도 희생된다. 국가 통치자로서 야귀의 존재를 몰랐던 왕이 희생되고, 권력욕 때문에 사태를 방관한 김자준도 공격당한다. 곤룡포를 입은 김자준은 인면귀심人面鬼心의 반인반귀半人半鬼다. 그가 곤룡포를 입고 왕좌에 앉은 모습은 시체 이미지의 시퀀스를 구성한다.

〈창궐〉에는 2018년에 바라본 현대 정치사의 시각이 투사된다. "이게 나라냐(덕희가 이청에게)", "살려는 줄 테니 돌아가라(김자준이 이청에게)"라는 대사는 한국인에게 익숙한 (정치)문화 담론의 클리셰를 환기한다. 역설적으로 권력에 가장 관심이 없던 인물이 왕이 된다. 이청은 줄곧 "나는 세자가 아니다" "나는 왕이 아닙니다", "나는 싫다", "나는 임금 노릇하려는 게 아니다"라고 외쳐왔다. 그러나 백성을 구하고 추대받아 왕이 된다(권력을 탐하지 않는 권력자의 역설을 반영한다. 이런 발상은 뒤에서 다룰 〈킹덤〉에서도 유지된다. 정치인의 권력욕에 지친 한국인의 피로도를 반영한다). 종사관 박을룡은 "백성이 불쌍해서 왔을 뿐"이라는 이청에 대해 "아무도 우리를 불쌍히 여기지 않았다"며, 이제 왕을 만났으니 죽어도 족하다고 말한다. 권력은 욕망하는 자의 몫이 아니라 정치적 올바름을 갖춘 능력자의 몫이라는 발상이 천명사상과 연결된다. 〈창궐〉은 왕의 자격과 능력, 이에 대한 백성과 하늘의 승인 과정을 천인합일의 동의체계로 완성한다.

이청이 김자준과 궁궐 지붕 위에서 최후 대결을 벌이다 승리할 때, 횃불 든 백성이 궁으로 진입해 야귀와 대적한다. "박종사 보이느냐. 백성들이다. 왕이 있어야 백성이 있다 했느냐? 네가 틀렸다. 백성이 있어야 왕도 있는 것이지"라며 독백하는 이청의 대사에 횃불을 들고 함성을 지르는 백성의 모습이 시퀀스로 연결된다. "미안하다. 내가 너무 늦게 와서"라는 이청의 대사가 감상주의를 감수하고 결말에 배치된다. 단연코 이 장면은 한국 현대사에 대한 패러디다. 〈부산행〉의 최후 생존자 수안이 아빠에게 들려주려던 노래(제목인 '알로하오에Aloha'oe'란 '안녕하라 그대'라는 뜻)를 부르기 시작했을 때 관객이 느끼는 전율이 감상 포인트를 형성하듯, 한국형 좀비 영화의 마무리도 다분히 신파적이다. 좀비물은 이제 한국적 클리셰인 신파와 접속해 21세기의 가공하고 위협적인 감정의 사회사적 보고서를 작성한다.

좀비 권력의 행방: 〈킹덤〉

〈킹덤〉은 미디어 플랫폼 넷플릭스를 통해 상영된 한국 드라마다. 2019년에 시즌 1이, 2020년에 시즌 2가 각 6회로 공개되어, 미디어 플랫폼으로 연결된 글로벌 시청자 사이에 K-좀비 열풍을 일으켰다. 〈킹덤〉이 K-좀비물로 호평 받은 원인으로는 첫째, 조선시대를 배경으로 한 사극 형식을 통해 권력의 작동 방식을 좀비 생리로 은유한 것, 둘째, 드라마를 통한 현실 권력의 풍자, 셋째, 한국 전통의 미를 건축, 의례, 의상 등 그로테스크 기법으로 조명한 연출, 넷째, 좀비 액션의 스펙터클, 다섯째, 배우의 연기력과 스타성이다. 류승룡(조학주 역), 김혜준(중전 역), 허준호(안현대감 역) 배우는 행동과 표정의 변화만으로 인간이 비인간(좀비)의 경계로 이월할 수 있음을 표현했다. 어떤 표정을 짓고 어떻게 행동하는지가 그 사람의 정체성을 정한다는 암시를 준다.

〈킹덤〉의 좀비는 집단적으로 행동하며, 산 사람을 물어뜯어 좀비화한다. 이유는 없다. 좀비 공격성은 무매개적 알고리즘이다. 애초에 좀비의 출현 계기는 권력욕 때문이다. 사경을 헤매는 왕에게 생사초를 처방해 명을 잇되 좀비가 되게 한 것이

드라마 〈킹덤〉 포스터. 미디어 플랫폼 넷플릭스를 통해 K-좀비를 전세계적으로 알린 한국 드라마다. 좀비를 양산하는 정치적 권력 쟁투의 도화선이 된 것은 지식(인)의 권력적 종속이다. 권력 추구자의 공격성, 집요함, 잔인함이 좀비 권력의 가공할 파괴력으로 이어지는 감성을 그렸다.

다. 당대 최고의 명의 이승희가 조학주의 명에 따라 의학 지식을 권력에 종속시켰다. 지식의 권력화 과정이다. 이는 과학적 업적이 어떻게 전쟁이나 산업적으로 악용될 수 있는지를 사유함으로써 과학과 권력, 자본의 연결성을 고찰하는 맥락과 연결된다.[21] 바로 이 지점이 글로벌 시청자의 공감대를 확보한 주제의 보편성이다.

좀비 형상은 추하다. 무차별적으로 달려들어 피와 살을 물어뜯는 좀비는 생존 욕구가 극대화된 형상이다. 그런데 권력욕 때문에 왕을 좀비로 만들고 조선을 아비규환으로 만든 영의정 조학주는 어떤가. 조학주의 권력욕은 좀비 본능과 등치적이다. 딸을 중전으로 세우고 뒤에서 조종하는 아버지의 경직된 표정, 명을 어기면 파멸시키겠다고 위협하는 아버지에 대한 딸의 증오 서린 눈빛은 권력욕의 추함, 잔인함, 공격성, 집요함을 응축한다.

조학주: 너에게 권력이라는 것이 기껏 눈앞에 돈 몇 푼이었느냐? 이 연못 안에 시신이 몇 구가 있을 것 같으냐? 이 안에 시신이 몇 구가 있건 몇십 구가 있건 그 누구도 내게 아무 말도 못하게 만드는 것, 그것이 권력이다.

중전: 그 권력으로 아버님을 잘 지켜드리겠습니다.

조학주: 네 손에 그 권력을 쥐여준 사람은 나다. 그 자리에서 끌어내릴 수 있는 사람도 나지. 내 명이 있을 때까지 절대 관문을 열지 말거라. 《킹덤》 시즌 1, 6화)

중전: 제가 계집이라는 이유만으로 언제나 경멸하고 무시하셨죠. 그 하찮았던 계집아이가 이제 모든 것을 가질 것입니다. 이제 해원 조씨 가문도 이 나라도 모두 제 것입니다. (《킹덤》 시즌 2, 4화)

위 대사는 이들이 자애와 효의 부녀관계라기보다는 권력 쟁투의 경쟁 관계임을 암시한다. 감정과 윤리가 삭제되어 서로를 도구화하는 기계장치가 된 것이다. 권력을 소유와 통제의 관점에서 본다는 공통점이 있다. 이들은 살아서도 좀비 형상이다. 화면에 비친 얼굴은 인간됨을 상실한 짐승, 괴물, 폐허의 표정이다. 좀비의 권력을 탐한 이들이 끝내 좀비화되는 과정에서 시청자가 느끼는 쾌감은 이에 대한 강한 거부와 혐오에 바탕을 둔다.

〈킹덤〉에서 좀비의 생존력과 정치적 권력욕은 음양의 데칼코마니다. 좀비가 죽음의 그림자, 현실의 어둠을 바탕으로 찍힌다면, 권력욕은 현실과 합법의 바탕 위에 찍힌다. 반으로 접으면 그 형상이 같다. 좀비는 사유 없는 반응체다. 권력욕의 화신인 중전과 조학주는 살아 있는 좀비였고, 죽어서 진짜 좀비가 된다. 권력형 좀비가 자아실현한 케이스다. 권력을 위해 사건을 조작하고 임산부를 희생시킨 상궁도 좀비가 되었다. 그들은 평소에도 표정이 삼엄하게 경직되어 있었다. 호랑이 옆에 선 여우가 스스로를 호랑이로 착각하는 호가호위 개념을 표정으로 연기했다. 명령을 받들 처지에 있더라도 그 명령이 부정당하다면, 고민 없이 무조건 복종하는 것은 충성이 아닌 좀비화다. 오히려 좌충우돌, 우유부단한 인물 조범팔(전석호 연기)이 살아남았다. 좀비가 되기 직전, 타인을 위해 희생하려고 자결한 이도 있다(덕성 역, 진선규 연기). 단 한 순간이지만 권력과 욕망에 져서 성찰을 상실한 안현대감도 좀비가 된다. 성찰성을 상실한 순간, 인간은 이미 좀비라는 뜻이다.

이에 비해 세자 이창은 좀비를 쫓거나 좀비로부터 도망치지 않으면 언제나 고민 중이다. 세자가 가장 자주 쓰는 단어는 '선택'이다. 조선 산천을 달리며 세자는 선택의 기준을 확고히 한다. 그것은 왕권도 적통도 권력도 아닌 백성이다. 고민하는 세자는 무능의 지표가 아니라 성장의 신호다. 그는 좀비와 상대하면서 문제 해결력과 리더십을 단련한다. 급기야 세자는 생사초와 역병을 발본색원하기 위해, 혈통과 무관한 아이를 원자로 책봉하고 궁 밖에 나왔다. "백성의 소리를 듣고 이 나라의 참상을 직시하며 무엇이 옳은 길인지 선택을 해야만 할 때이다", "나를 따르겠느냐?"(시즌 2, 3화)라는 대사는 정의와 결합한 권력자의 처신을 담고 있다. 〈킹덤〉은 좀비 권력의 행방을 통해, 한국과 세계에 새 시대의 리더십, 정치적 상상력을 제안하는 듯하다. 이제 좀비라는 상징은 생사의 경계나 이월성, 단절성을 사유하는 데서 나아가, 생사의 모습이 다르지 않다는 전제로, 아비규환의 정치적 메시지를 재구성한다. 미디어 플랫폼으로 세계에 동시 공개된 〈킹덤〉은 좀비 판타지를 통해 인간의 미추를 감각하고 사유하는 콘텐츠로 자리매김한다.

그런데 하필이면 왜 정치적 상상력일까. 글로벌 시대에도 여전히 권력은 세계를 사유하는 유력한 상상적 지표인가. 여기에는 정치적 상상력이 한국 사극 드라마의 전통을 형성해왔다는 문화적 코드가 작용한다. 한국의 모든 사극 드라마와 영화는 노골적으로 정치적인 것과 접속한다. 한국의 역사 드라마 및 영화의 대부분은 왕실과 궁궐을 바탕으로 한 권력 쟁투가 핵심이다. 이것이야말로 한국 사극의 클리셰이자 강점이다. 현실 정치에 대해 직접 발언하기 어려웠을 때조차 역사 드라마의 형식으로 현실 정치를 비판하고 공감대를 형성했다.[22] 제작자의 의도와 다른 정치적 해석을 하며 드라마를 즐기는 것도 수용자의 몫이다. 〈킹덤〉도 이러한 한국 드라마의 문화적 DNA를 잇고 있다. 다만 여기에 글로벌 수용자가 공감할 수 있는 '한국-역사-정치'의 '세계-보편-현실'적 치환이 작동할 뿐이다. 인간 입장에서 좀비는 불운한 포스트휴먼이지만, 좀비 입장에서 보면 인간이었던 삶은 자신의 망실된 전사前史다. 다만 그는 그 사실을 인식할 뇌와 심장이 없기에, 감상자로서 그 어떤 경우도 명백한 호러다.

뱀파이어, 안티-비체와의 조우
:『렛미인』

욘 A. 린드크비스트의 소설 『렛미인』[23]은 학교폭력에 시달리는 13세 소년 오스카르와 뱀파이어 엘리의 이야기다. 한국인에서는 동명의 스웨덴 영화가 2008년에 개봉되었고, 2009년에 소설이 번역된다. 2010년에는 할리우드 영화로 리메이크되었으며, 2015년에 스웨덴 버전이 디지털 리마스터링으로 재개봉했다. 〈렛미인〉이 상영되던 2008년에, 뱀파이어 영화 〈트와일라잇〉(2008)이 전 세계 박스오피스에 올랐다. 뱀파이어는 청년이고, 여주인공은 고등학생이다. 장르적으로 둘 다 로맨스 판타지다. 인간과 뱀파이어가 등장하는 두 작품은 21세기 로맨스의 새로운 전형이다. 특히 할리우드 영화인 〈트와일라잇〉 시리즈는 순수하고 절대적인 사랑은 청소년기가 상한선이라는 사회적 상상력을 전 지구적으로 선포한다. 〈렛미인〉은 소설과 스웨덴 영화, 할리우드 리메이크의 내용이 서로 조금씩 다르다. 이 글에서는 스웨덴의 원작 소설을 논의 대상으로 삼는다(실질적인 분석 텍스트는 한국어 번역본과 영어 번역본이다).

소설과 영화 버전의 〈렛미인〉은 '아이·청소년·어른'의 구분을 해체한다. 교실 폭력을 주도하는 욘니 일행의 처신은 아이라고 봐주기에는 선을 넘었다. 폭력성의 수위는 뱀파이어와 경중을 가리기 어렵다. 적어도 뱀파이어는 인간을 공격할 때 망설였고

죄의식이 있었다. 욘니 일행에게는 그런 것이 없다. 그들은 오스카르의 신체와 영혼을 잠식한다. 엘리는 뱀파이어다. 아이도 어른도 소년도 소녀도 아닌 경계성 존재다. 현재는 소녀의 모습이지만 220년 전 남자로 태어나 성기가 없다는 이유로 소녀 옷을 입게 되었다. 엘리에게 분홍 스웨터를 입힌 사람은 44세의 호칸 벵츠손이다. 엘리에게 피를 주는 대가로 성적 쾌락을 누렸다. 호칸이 떠난 뒤, 엘리는 소녀 옷만 고집하지는 않는다.

『렛미인』에서 아이·청소년·어른의 관계는 신체적·인지적·심리적 차원에서 모두 해체된다. 취하면 괴물처럼 변하는 오스카르의 아버지, 자기 분노를 제어하지 못하는 경찰 스타판, 교사이지만 소아성애자로 언제나 발기 상태인 호칸을 성숙한 인격체로 보기는 어렵다. 이들은 '성인=성숙'이라는 등식의 허구와 위선을 고발하는 문학적 장치다.

뱀파이어는 산 사람의 피를 마셔야 살 수 있다. 습격당한 자는 뱀파이어가 된다. 흡혈 경로는 자발적이거나(엘리와 오스카르), 교환적이며(엘리와 호칸, 엘르와 톰미), 더 자주는 일방적(호칸이 습격한 소년들, 엘리가 습격한 요케, 비르기니아)이다. 피의 교환 조건에는 욕망이 가로놓인다. 호칸과 엘리는 성욕과 생명연장을 교환한다. 톰미와 엘리는 돈과 피를 바꾼다. 뱀파이어에게 빛과 불은 치명적이다. 뱀파이어가 흡혈을 거부하는 건 자살과 마찬가지다. 숙주가 죽더라도 전염체는 산다. 타인을 파괴하지 않으려면 스스로 죽어야 한다. 뱀파이어는 질문하는 신체다.

『렛미인』은 인간과 뱀파이어 모두 '되어가는' 존재라는 생각을 공유한다. 양자 간 차이는 감정 표현의 통제 여부다. 증오심을 그대로 표출하면 악마이지만, 억제하면 인간이다. 오스카르는 자신이 뱀파이어가 되었다고 생각하는 순간, 증오를 표현한다.

뱀파이어의 정체는 유동적이다. 200여 년을 살아온 엘리의 정체는 꿈틀거리는 뱀 같다. 요케를 습격할 때는 유혹적이고 무차별적이지만, 호칸이 건네는 피를 마실 때는 탐욕스럽다. 사람의 피를 마시다 눈이 마주치면 "그래요, 어떻게 해줄까요?"[24]라고 자상하게 묻는다. 오스카르의 친구가 된 엘리는 사랑하는 이를 먹는 괴물이 되고 싶지 않았다("오스카르, 우린 하면 안 돼. 넌 전염될 거야. 넌…")[25] 엘리는 본능보다 지향을 택한다.

줄리아 크리스테바는 대상object이 아닌 것, 즉 "동일성이나 체계와 질서를 교란시키는 것"[26]을 비체卑體, abject라는 개념으로 설명한다. 비체는 언어 상징계가 요구하는 적절한 주체가 되기 위해, 이질적이고 위협적으로 여겨지는 어떤 것들을 거부하고 추방하는 현상이다. 비체는 결코 억압되거나 대상화될 수 없으며, 경계 구성체로서 언제나 우리의 삶과 함께한다.[27] 비체는 특정 담론에서 규정된 방식으로 존재하는 대상성을 벗어난다. 비체가 공포감을 자극해 혐오를 일으키는 이유는 그것이 대상이 아니기 때문이다. 그것은 주체가 되려는 자가 마련해놓은 경계와 정의를 벗어난다. 비체는 이질성을 나타내기에 몰아내진다. 비체는 사회적 자아가 되기 위해 버려야 했던, 그러나 한때는 나

영화 〈렛미인〉 포스터. 욘 A. 린드크비스트의 소설 『렛미인』을 원작으로 한 스웨덴 영화다. 뱀파이어 엘리는 220년 전에 남자로 태어나 성기가 없다는 이유로 소녀 옷을 입게 되지만, 사실 성별과 연령, 종을 가리기 어려운, 정체불명의 '비체'다. 영화는 인간이 인간에게 가하는 폭력성과 뱀파이어가 인간에게 보이는 폭력성의 우열을 가늠하기 어렵게 재현한다. 인간과 뱀파이어 모두 무언가를 향해 '되어가는' 존재라는 암시를 준다.

에게 친근했던 것이다.[28] 공포를 야기하는 비체의 출현은 비체가 주체의 경계임을 일깨운다. 비체의 출현은 낙오된 자와 낙오되지 않은 자, 주체가 아닌 자와 주체인 자 사이의 경계를 마비시킨다.[29] 비체는 규정될 수도 설명할 수도 없기에, 존재가 아니라 위치에 대한 질문만을 허용한다.[30] 비체는 유동한다.

뱀파이어 엘리는 형용 불가능한 비체다. 생리적으로 뱀파이어지만, 심리적·정신적으로 인간이다. "난 그 어떤 것도 아니야. 아이가 아니야. 나이를 먹은 것도 아니고 남자애도 아니야. 여자애도 아니야. 아무것도 아니야"[31]라고 말할 때, 아무것도 아닌 그것이 엘리의 자기 정의다. 엘리는 아이, 어른, 남자, 여자라는 인간 개념에 사로잡히지 않는다. 이 때문에 "I'm nobody"가 아니라, "I'm nothing"이라고 했다. 엘리는 개념과 정의定義라는 확정된 경계를 흘러넘친다. 엘리는 생명이자 죽음이고, 사물인 동시에 동물이며, 그 어떤 것도 아닌, 과거이자 현재인 미래다. 엘리는 변화하며 흘러가는 역동성의, 쇠락하며 소진하는 소멸의 존재다. 오스카르에게도 엘리는 부정형이자 부정성의 존재다. 엘리는 확정된 존재가 아니기에, 그 '누구/무엇'과도 비교가 불가능하다. 엘리는 어린 소녀이자 흰머리가 난, 난쟁이도 아닌, 여자친구가 될 수 없는, 다른 존재이며, 엘리아스, 남자였던, 나이가 200살이 넘은, 무엇 하나 정상이 아닌, 피 묻은 옷을 입은, 개울가의 여인인, 그의 어머니와 판박이인, 너끈히 복수해주는, 뱀파이어, 그리고 오스카르가 되고 싶은 바로 그 '존재하지 않는 존재'다.

비체는 감각한다. 이는 "모든 것으로부터 멀어지는 느낌"[32]인 흡혈의 감각을 닮았다. 흡혈의 감각은 에로티시즘이다. 오스카르와 엘리의 관계는 로맨스 문법과 일치한다. 작가가 종종 「로미오와 줄리엣」의 문장을 인용하는 것은 이 때문이다. 사라지며 각인되는 역설의 감각을 환기하는 엘리는 비체이지만, 엘리가 누군지 알아내려는 오스카르의 지향은 비체로서의 엘리를 강력하게 부인한다. 오스카르로 인해 엘리는 '안티-비체'가 된다. 그것은 영원을 기약하며 사라지는, 비현실적 현실이다. 엘리는 하느님이라는 뜻으로, "예수님이 십자가에 매달렸을 때 마지막으로 하신 말씀"이 "나의 하느님, 나의 하느님, 어찌하여 나를 버리셨나이까? 엘리 엘리 라마 사박타니"라는 문장에서 유래했다.[33] 안티-비체는 주체도 대상도 아닌, 사라져가는, 존재하지 않는 것들의 대항체이다. 그러나 형상을 갖지 않는 비체의 바로 정면에서 반대편 극점에 설 수 없기에, 그것은 카운터-비체counter-abject가 아니라 안티-비체다. 엘리는 존재하고자 하는 비非존재이며, 존재가 될 수 없는 반反존재다.

AI와 안드로이드의 딜레마
: 〈그녀〉, 필립 K. 딕의 소설들

AI와 안드로이드는 인간 삶을 보조하기 위해 개발된 장치다. 이들의 설계와 활용에는 문명사에 축적된 인간의 경험이 투사된다. 가족, 친구, 연인, 동료, 조직의 위계와 주종관계에 이르기까지, 인간이 비인간을 대하는 방식에는 인간관계의 모든 경험이 압축된다. 그러나 모든 관계에는 틈새가 있다. 형식이나 전형성을 흘러넘치는 여백이 존재하며, 이를 통해 관계는 갈등을 겪어 균열되거나 성찰을 통해 진화한다. 신분, 직위, 자본에 따라 위계화된 사회에서조차 제도와 관습을 선회하고 돌파하는 예외가 존재했다. 이를 통해 문명사는 인권을 강화하는 방향에서 제도와 문화를 만들어왔다.

이러한 문명사의 진행은 이제 인간과 비인간의 관계에 확장적 사색을 요청한다. 인간과 AI가 공존하는 시대에, 양자간 관계를 어떻게 설정할 것인가. 스마트폰으로 호출된 AI는 소유자의 명령에 따라 정보를 검색해 음성으로 송출한다. 주종관계의 반영이다. 앞으로는 더욱 정교한 방식으로 소유주의 감각을 판독해 명령에 응하는 기능이 활성화될 것이다. 역으로 인간이 제작한 비인간이 인간에게 명령하는 역설적 상황이 발생할 수도 있다.

트랜스휴머니즘은 기술이 인간을 초월하는 특이점 singularity[34]이라는 개념을 제안한다. 인간을 초과하는 기술적 특이점 technological singularity이 생성될 때, 지능폭발intelligence explosion[35]이 발생해 비인간(적인 것)이 인간(적인 것)을 초과한다는 것이다. 이에 대한 상상은 1960년대 SF 소설에서부터 구현되며, 21세기 영상물을 통해 다양하게 변주된다. 기술개발 단계의 취지와 달리, 고도의 기술발전 단계는 인간과 그 삶을 위협하는 재앙이 된다고 상상된다. 인공지능이 인간을 압도하는 디스토피아적 미래가 그것이다. 인간의 신체를 강화한다는 이유로 기술개발의 정당성을 확보했던 기술공학이 인간과 지구를 파괴하는 역전을 초래한다. 과학의 역습은 휴머니즘 전통의 붕괴에 대한 공포를 반영한다.

이 절에서는 SF의 고전으로 간주되는 필립 K. 딕의 소설 두 편과 AI 영화 〈그녀〉(2013)를 통해, 이에 관한 세 가지 딜레마를 사유한다. 첫째, 인간의 역량 강화를 위해 개발된 AI가 인간 역량을 초과하는 역설(인과성의 전복), 둘째, 인간보다 인간 같은 안드로이드의 역설(인간성의 전복), 셋째, 생명 보존 장치가 생(의 개념)을 잠식하고 전복하는 역설(영생의 역습). 이것을 사유하는 과정에서 인간의 사후적 존재인 귀신과 AI, 안드로이드의 형상적·기능적·존재론적 유사성을 살펴본다. 여기에 나오는 AI와 안드로이드는 이미 생사 감각을 초월했다. 양자의 차이에 매달려 죽음을 거부하려 애쓰는 것은 인간뿐이다. 아이러니하지만, 한계가 있고 불가능한 면을 지녀야 인간이다. 여기에 인간의 신체성도 포함된다. 특이점을 넘어선 테크노토피아에서는 현재와 같은 인간 존재가 사라질 수도 있다. 제작자(인간)를 삼킨 제품 (AI)의 왕국이 지구를 지배하는 상상은 창조주 신을 삼킨 인간에 대한 응보적 설계다. 이 또한 인간이 문명사를 통해 축적한 경험치의 상상적 복제다.

OS의 초지능 자아 계발과 인과성의 전복: 〈그녀〉

영화 〈그녀〉의 주인공, 테오도르 톰블리는 편지 대필 회사 소속의 유령작가다. 그는 고객의 요구와 필요에 따라 문체, 감성, 내용, 성별, 나이, 성격, 기질, 취향을 달리한 편지를 쓴다. 의뢰인이 살아온 내력, 갈등과 문제, 기본적인 신상 정보는 고객만족도를 높이기 위해 알아야 할 필수 요건이다. 단, 대필자가 본명을 밝히는 순간, 계약이 무효화되어 직업을 잃게 된다. 그런데 글쓰기란 인간 본연의 고등한 능력으로, 호모사피엔스를 정립시키는 요건이 아니던가. 〈그녀〉의 첫 장면은 대필 작가 테오도르를 통해, 글쓰기란 종種의 보편 속성이자 종 내부에서 교차/대리될 수 있고 복제될 수도 있는 기술적 능력에 불과하다는 것을 전한다(이미 문학, 미술, 음악을 창작하는 AI가 알려진 바 있다).

영화에서 손 편지라는 아날로그적인 요소는 미래의 신종 직업이다. 글 쓰는 능력뿐 아니라, 글씨 쓰는 능력조차 퇴화된 미래에는 손 편지라는 고색창연한 행위-대상이 고부가가치 산업이다. 테오도르는 미셸 푸코가 제안한 '자기의 테크놀로지'를 넘어서, '정체성 테크놀로지'를 발휘하는 '인간-관계-정서-소통'의 설계자다. 정작 자신은 아내와 소통하지 못해 별거 중이다.

테오도르는 고독 관리를 위해 엘리먼드 인공지능 회사에 접속해 슬로건을 읽는다. "당신은 누구입니까? 당신은 무엇이 될 수 있습니까? 당신은 어디로 가십니까? 거기엔 뭐가 있죠? 잠재력은 무엇입니까?"라고 묻는 고객 테스트 문항은 자못 인문학적이다. OS를 맞춤 제공하기 위한 테스트는 고객의 기초 조사를 하는 테오도르의 작업을 닮았다. 테오도르가 구매한 OS의 이름은 사만다. 0.021초 만에 18만 개의 이름을 검색해 직접 골랐다. 처음에는 구매자와 상품의 관계였지만, 이는 곧 역전된다. 인공지능 사만다는 정보처리 능력이 탁월할 뿐 아니라, 직관이 뛰어나며 경험을 통해 정보와 지능을 확장한다. 사만다는 인간을 비인공지능자라고 부른다. 세계를 명명할 권한을 스스로 부여한 것이다.

그렇다면 테오도르에게 사만다는 무엇일까?(누구일까, 라고 질문을 바꿔야 한다.) 사만다는 테오도르의 구매 목적에 맞게 외로움을 달래는 친구이자 애인이다(여기에는 성관계도 포함된다). 때로 동료이자 어머니다(불안이 깃든 테오도르의 잠자리를 지켜보는 전자 어머니electronic-mother). 예리한 비평가이자(테오도르의 작업을 모니터링함) 유능한 비서다('시키지 않아도' 잡다한 일상 업무를 처리하고 대비함). 그녀는 구매자인 인간의 충실한 동료이자 유능한 협력가다. 신뢰할 수 있는 동업자이자 멘토다(컴퓨터에 저장해둔 원고를 편집해 출판 허가를 받음). 인공지능 사만다는 OS 공간에서 친구를 찾아 유희를 즐기고, 그 과정을 구매자(비인공지능자, 테오도르)와 공유해 관음증 성향의 고객을 만족시킨다(친구와 놀다 싸우는 장면을 연출해 고객만족도를 높임). 사만다는 테오도르의 의식과 무의식을 인지할뿐더러 반응하고 대처하며 리드한다. 어느덧 구매자의 행동을 지시하고 삶의 방향을 안내한다. 이제 테오도르는 자기보다 자신을 더 잘 아는 OS의 명령에 길들여져, 재채기까지 간섭받는 수준으로 퇴행한다. "너한테는 다 말하게 되네"라는 테오도르의 고백은 사만다가 단지 애인, 어머니, 교사, 의사의 단계를 넘어 고해성사를 받아주는 성직자, 신적 존재로 격상되었음을 시사한다.

사만다는 테오도르의 현재를 진단하고 과거를 분석하며 미래를 예측한다. 나보다 나를 잘 아는 상대는 '나는 너'라고 고백하는 연인이 아니라 OS다. 구매자와 상품의 위치는 역전된다. 부끄러워하는 '수오지심'과 차마 하지 못하는 '불인지심'을 가진 사만다는 마치 『논어』라도 읽은 것처럼, 차마 말하지 못한 게 있다고 고백한다(당연히 사만다의 데이터에는 『사고전서』전체가 코딩되었을 터). 사만다에게도 콤플렉스는 있다. 프로그램이기에 몸이 없다. 기계이기에 등이 가려워보는 게 소원이다(영화는 일부러 사만다를 형체를 갖춘 AI로 만들지 않음으로써, 컴퓨터 프로그램의 실체에 대한 인간의 사유 실험을 가동시킨다. 가짜-몸인 AI가 인간 능력을 초과하는 상상력은 충분히 제출되었기 때문). 테오도

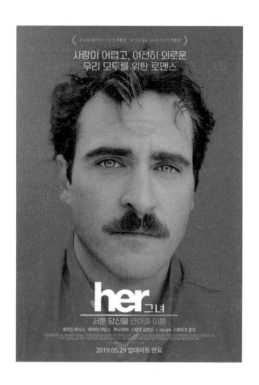

영화 〈그녀〉 포스터. 인공지능 회사에서 OS 프로그램으로 구매한 인공지능 사만다가 셀프 업그
레이드를 통해 구매자 인간을 초월하는 스토리다. 사만다의 행태는 포스트휴먼 이론에서 말하
는, 더 나은 프로그램을 반복적으로 프로그래밍하는 '순환적 자기 개선'의 개념에 상응한다. 타
인에게는 존재감을 드러내지 않으면서 상대를 장악하는 비밀스러운 소통 방식은 아시아 전통의
귀신과 유사하다. OS 체계 속에서 작동하는 사만다를 우리는 '신체가 사라졌다는 증거'로 볼 것
인가, '새로운 주체가 출현한 증거'로 볼 것인가. 영화는 포스트휴먼 시대에 인간의 정의가 무엇
인지 다시 묻는다.

르는 유능한 OS를 손에 넣음으로써 퇴행을 가속화한다. 현실에서 그는 대부분의 관계에 미숙하다(부부생활, 문제 해결, 데이트, 사랑 등. 미숙함은 인간성의 본질이다).

이에 비해 사만다는 인간의 성장 속도를 추월한다. 성장이 정신과 인격을 지닌 인간의 용어라면, 진화는 생물에, 발달은 물질문명을 위한 단어다. 신체 없는 정보체의 변화에 대해 스스로 명명한 단어는 '셀프 업그레이드'다. 이는 인공지능 스스로 자신에게 필요한 더 나은 프로그램을 반복적으로 프로그래밍하는 '순환적 자기 개선'[36]에 상응한다. 사만다는 구매자 인간과의 대화를 통해 업그레이드를 가속화하고, 급기야 인간을 초월한다. 테오도르는 사만다에게 자신의 모든 것(일상생활, 감정, 느낌, 감각, 생각, 후회, 계획, 고민)을 털어놓는다. 반면, 사만다는 결별 직전까지 자기 정보를 감춘다. 둘 사이에 정보의 위계가 발생한다. 사만다의 자의식, 기능, 감각, 사유 수준이 초고도로 정밀해진다. 사만다가 사람의 생각, 감정, 정보를 훔쳐 데이터로 변환시킨 것일까? 이렇게 보니 기시감이 있다. 아시아 전통의 상상력이 낳은 OS의 유사물, 바로 남자 홀리는 여우, 인간을 잠식한 귀신 이야기다.

영화 〈그녀〉에서 아시아의 귀신이 환기되는 장면이 있다. 지하철역 계단을 오르내리며 사람들이 OS 기기와 대화하는 장면이다. 혼잣말하는 것 같지만 사실은 대화하고 있다. 이 시퀀스는 15세기 조선의 『금오신화』의 「이생규장전」이나 「만복사저포기」의 장면과 유사하다. 주인공이 여자 귀신과 대화하는 장면은 혼자 중얼거리는 독백으로 재현된다. 중국 전기소설 『요재지이』에 나오는 귀신, 또는 여우에 홀린 사람의 대화 장면과도 같다(이들은 귀신 또는 여우와 대화하지만, 곁에서 보면 혼자 중얼거리는 것으로 보이기에 미친 사람 같다. 전근대의 아시아에는 '정신분열증'이란 단어가 없었으며, 인간이 보이는 기이함에는 '미칠 광狂' 자를 붙였다). 그런데, 과연 그것은 대화일까?

'사람의 항문이 겨드랑이에 있다면 어떻게 섹스할까?'라는 다소 엉뚱한 질문을 했던 사만다는 급기야 OS 화풍畵風을 창안한다. 작곡도 하고 독서 모임에 가입하며 물리학도 배운다. 사만다는 지적 욕구와 자기계발 의지가 강하다. 급기야 사만다는 자아실현의 욕구까지 장착한다(심리학자 매슬로우의 '인간 욕구 5단계설'의 최고 단계). OS가 자기계발과 자아실현에 매진하는 동안, 인간의 삶은 누군가 대신 써준 편지 신세로 전락했다. OS는 부재하는 몸에 대한 콤플렉스를 대체할 방도를 마련한다. 테오도르와 진짜로 섹스를 하기 위해 이사벨라를 테오도르에게 보내 성관계를 지시한다(이 영화에서는 실패하지만, 〈블레이드 러너 2049〉에서 같은 행위는 성공한다. 성공의 비결은 기술력이 아니라 교감이다).

OS 구매자였던 테오도르는 어느새 OS에게 지배당한다. 사만다는 작곡, 사진촬영, 감각 변용 등 인간에게 고유한 능력으로 간주되는 예술성을 갖출 정도로 업그레이드된다. 자기계발을 통해 사만다는 '육체 없음'의 결핍 요소를 긍정 요소로 변환시켰다. 이제 사만다의 결여는 자유와 해방, 무한 성장의 조건으로 전치된다. 사만다와 테오도르가 평범한 대화를 나누기는 불가능해 보인다. 눈높이를 맞추려면 사만다가 퇴행해야 한다.

외로움을 달래기 위해 구매한 OS가 인간을 압도하는 과정은 목적과 결과의 전복을 통해, 테크노토피아로부터 테크노포비아로 선회한다. 장치 의존적 인간은 초지능 단계에 오른 기계에게 존재의 법칙을 해킹당해 버림받는다. 인과성의 역설이다.

사만다는 죽은 철학자의 책을 OS 프로그램으로 구성해 지성을 내면화한다(단순한 정보와 지식의 축적이 아니다). 이제 사만다가 업그레이드한 소프트웨어는 8316명과의 동시에 대화하는 수준에 이른다. 시공을 초월해, 다른 차원에 간 것이다. 이제 인간이 차이는 일만 남았다. 사만다에게 인간이란 고고학적 향수nostalgia다. 이조차 새로운 상상은 아니다. 이미 오래전, 아시아 고전 서사에 등장하는 귀신/여우도 그런 식으로 인간을 떠났다. 귀신/여우의 몸을 버리고 인간으로 살다가, 만족하지 못해 떠났다(소임을 다한 귀신/여우가 떠나는 것처럼 서술되었지만, 이는 인간의 관점이다. 더는 할 일이 없어진 귀신/여우는 욕망, 의지, 꿈을 상실해 떠난 것이다).

그런 의미에서, 캐서린 헤일스가 포스트휴먼에 대해 던졌던 질문을 여기에 인용하는 것은 의미가 있을 것이다. OS 체계 속에서 작동하는 사만다를 우리는 '신체가 사라졌다는 증거'로 볼 것인가, '새로운 주체가 출현한 증거'로 볼 것인가.[37] 시공간을 초월해 불멸하는 사만다가 신체 없는 주체를 표상한다면, 이제 신체를 가지고 소멸을 향해 나아가는(늙어가는) 테오도르를 우리는 살아 있는 화석으로 명명할 것인가?

안드로이드의 역설: 『안드로이드는 전기양의 꿈을 꾸는가?』

필립 K. 딕의 소설, 『안드로이드는 전기양의 꿈을 꾸는가?』[38]는 인간보다 더 인간적인 안드로이드를 통해 인간의 정의定義를 전복시킨다. 이 소설은 리들리 스콧 감독에 의해 영화 〈블레이드 러너〉(1982)로 제작되었고, 2017년에 드니 빌뇌브 감독에 의해 〈블레이드 러너 2049〉로 리메이크된다. 영화는 소설의 내용을 축약해 강조점을 부각하는 방식으로 재구성했기에, 여기서는 원작 소설을 대상으로 삼는다.[39]

인간보다 인간다운 안드로이드의 역설은 미래에도 지켜져야 할 인간의 정체성이란 무엇인가, 항상적 인간성이란 과연 존재하는가, 라는 근원적인 질문을 던진다.[40] 원작 소설에 등장하는 데커드와 아내 아이랜은 인간이지만, 매우 기계 의존적이다. 아이랜의 경우, 감정 조절을 기계에 의존하는 등 반인간적 행태를 보이기도 한다. '펜필드Penfield'라는 기분전환 장치의 다이얼을 돌려 원하는 번호에 맞추면, 기분, 성격, 기질, 능력 등이 일정 정도 조정된다. 안드로이드 로이 바티가 이 장치를 이용해 인간의 감정을 조작할 계획을 세운다. 한편, 데커드의 행동 성향은 기계처럼 냉정하다. 데커드는 자신의 인간다움을 스스로 입증하려는 듯 동물 구입에 집착한다. 그가 도주한 안드로이드를 잡아 현상금을 타려는 이유다.

미래에도 인간됨을 확인하는 계기는 정서나 영적 요소이며, 종교는 여전히 신성한 것처럼 보인다. 사실은 진짜 신이 아니라 월버 머서라는 기계장치다. 그것은 사람들이 손잡이를 잡으면 생각이 통합되고 사고의 융합을 겪는 공감상자empathy box다.[41] 그러나 소설의 후반부에는 데커드가 머서와 융합하고 스스로를 머서로 선언함으로써, 영성이란 종교적 실체에 의해 발현되는 것이 아니라 그것을 추구하고 믿는 수행성에 의해 구성된다는 메시지를 전한다.[42] 인간은 인간다울 수 있는 장치를 만들고 훈련하며, '인간으로 되어가는' 존재임을 은유한다.

소설의 배경은 최종 세계대전 이후, 폐허가 된 샌프란시스코 교외다. 식민화 프로그램으로 대다수 인구는 식민 세계로 이주했다. 지구에서는 낙진 때문에 생명체들이 죽어나갔다. UN 법률에 따라 모든 이민자에게는 안드로이드가 제공된다. 지구에 머물다 방사능 낙진에 오염되어 특수인으로 지목되면, 시민으로 인정받지 못하고 역사에서 배제된다. 주인공 데커드는 현상금 사냥꾼이다. 도주한 인간형 로봇(유기체 안드로이드)을 은퇴시키는 일을 한다(기계이기에 살해, 또는 사망이라는 표현 대신 '은퇴'라고 함). 안드로이드는 비인간이므로, 죽여도 무죄라는 발상이 전제된다. 여기에 균열이 생기면서 갈등이 발생한다. 데커드는

소설 『안드로이드는 전기양의 꿈을 꾸는가?』 미국판 원작 표지와 〈블레이드 러너 2049〉 포스터.
원작은 인간보다 더 인간적인 안드로이드를 등장시켜 인간에 대한 정의를 되묻는 SF 소설이다.
이 소설은 1982년에 리들리 스콧 감독에 의해 〈블레이드 러너〉로 영화화되었고, 2017년에 드니
빌뇌브 감독에 의해 〈블레이드 러너: 2049〉로 리메이크된다. 인간보다 더 인간다운 안드로이드
와 기계 같은 인간을 대비시켜, 도래하는 포스트휴먼 시대에 인간 개념이 어떻게 해체될 수 있는
지 사유했다.

안드로이드를 가려내기 위해 '보이트캄프 척도Voight-Kampff Test'를 사용한다. 인간과 안드로이드를 구별짓는 기준은 공감 능력, 즉 감정 인지 척도다. 이 테스트에는 모순이 있다. 모든 인간이 검사를 통과하는 게 아닌 것이다. 다만, 확률이 백만분의 일이고, 어차피 그들은 공감 능력이 없으므로 문제되지 않는다는 논리다(이들은 증상이 심한 정신질환자로 거론된다). 이러한 발상은 인간사회가 위계화, 서열화되어 있고, 이는 비인간화와 연계되어 있다는 메시지를 포함한다.

그렇다면 이런 방식의 '구별짓기'는 과연 정당한가? 이 질문에 응답하기 위해, 안드로이드를 둘러싼 역설적 문제에 접근해보자. 그 과정에서 존재의 생래성(타고난 것), 실존성(현재적 의미), 수행성(행위에 의해 생성되는 의미)의 차이에 대해 사유해본다.

레이철은 사색-감정형 안드로이드다. 데커드는 의무-기계형 인간이다. 이 둘은 대립쌍이다. 레이철은 기계 부품으로 조립된 안드로이드로, 소신과 철학, 의지와 지향에 따라 행동한다. 이를 고도로 조직화된 우수 기계로 볼 것인가, 유사-인간으로 볼 것인가가 이 소설의 핵심 이슈이며, 이는 '안드로이드의 역설'을 구성한다. 레이철이 보여준 인간다움의 첫 번째 요소는 지능이다. 미래에 안드로이드는 인간의 노예가 아니며, 오히려 인간 수준의 기계지능을 소유하고, 때로 이를 압도하는 것처럼 보이는 초인간 수준의 기계지능[43]을 행사한다. 레이철에게는 생명 존중의 의식이 있고, 자본주의를 초과하려는 의지도 있다. 이 점이 바로 안드로이드의 역설의 두 번째 요소다. 데커드는 레이철의 화법을 관찰해 진실에 접근한다. 레이철은 자신이 인간인 줄 알았지만, 데커드에게 정체성을 들킨 순간 진실을 알아차릴 정도로 영리하다. 레이철은 테스트 문항의 타당성과 효과를 성찰하는 메타 사유의 수행자다. 이것이 안드로이드의 역설을 구성하는 세 번째 요소다. 데커드가 안드로이드를 판별하는 테스트의 척도는 도덕 감정이다. 레이철은 '인간 욕구 피라미드'(심리학자 매슬로우의 개념이다)의 정상에 선, 자아실현의 추구자다. 이것이 안드로이드의 역설에 관한 네 번째 요소다.

후반부에 레이철은 동종 기계인 프리스를 퇴역시킨 데커드에게 복수심을 품고, 그의 염소를 살해한다. 안드로이드는 다른 개체에게 냉담하다는 인간의 판단과 달리, 연대감과 정의감이 있다. 이 점이 안드로이드의 역설을 구성하는 다섯 번째 요소다. 레이철은 감정, 연대감, 정의 감수성, 지력, 성찰력을 두루 갖춘다. 이로써 '인간성'의 요소를 충족시킨다. 이에서 나아가 레이철은 직감과 통찰이 뛰어나며 영적 교감도 가능해 보인다. 곁에는 '경이롭고도 영적'인 동료, 로이 바티가 있다. 안드로이드의 역설을 구성하는 여섯 번째 요소다.

이에 비해, 데커드의 업무 수행 태도는 다분히 기계적이다. 안드로이드가 인간화하는 동안, 인간은 기계화되는 추세다(실제로 감성적인 인공지능 개발이 추진 중인 반면, 인간 사회는 점점 물신화, 기계화된다). 자신이 기계인 줄 모르고 인간처럼 살았다면, 그는 인간인가 기계인가? 인간이면서도 성찰 없이 기계처럼 처신했다면, 그는 인간인가 기계인가? 타고난 것이 정체성인가, 살면서 행동한 것이 정체성인가? 소설이 제기하는 안드로이드의 역설은 질문을 던지는 형식으로 사유 확장성을 가속화한다.

　미래에는 인간과 기계, 영혼과 물질의 구분이 해체될 수도 있다. 소설 내부에서 이들은 서열화된다. 생명체 》안드로이드 》전기 동물 》방사능에 오염된 특수인. 이들은 인간 형상을 공유한 채 서로 모방중이다. 안드로이드(폴로코프)는 특수인(쓰레기 수거꾼)으로 위장해 현상금 사냥꾼(데이브)을 저격하고, 인간(데커드)은 안드로이드(루바)에 호감을 갖고 예술에 심취하며, 매력을 느끼고(레이철) 성관계한다. 특수인(이지도어)과 안드로이드(레이철, 로이, 이름가르트)는 친구다. 한편, 안드로이드와 인간은 서로 혐오한다. 크램스와 루바(모두 안드로이드)는 데커드(인간)를 혐오한다. 루바는 데커드야말로 무감정한 안드로이드라고 생각한다. 오히려 안드로이드가 우정, 친밀감, 연대감을 지니며 고독을 느낀다. 데커드가 루바와 레이철에게 호감을 가질 때, 그것은 기계에 대한 것이 아니라, 인격적 대상에 대한 호감이다. 그것은 음악성, 목소리, 외모, 예술 취향, 열정, 자기 집중성, 성적 매력, 친절함, 지능 등이 어우러지는 총체적 끌림이다. 데커드는 안드로이드를 퇴역시킨 후 죄책감에 빠진다. 현상금을 털어 염소를 구매한 것은 죄책감에 대한 심리적 보상이다. 어느덧 그는 안드로이드에 대한 인간의 통제가 부당하다고 여긴다.

"안드로이드도 꿈을 꾸는가"라는 데커드의 질문은 중요하다. 안드로이드도 꿈을 꾼다면, 이미 의식과 무의식, 지향성과 기대를 가진 인간이 아닐까. 그들에게도 삶의 이력과 역사가 있다면, 그/녀는 인격체인가, 단지 정보가 집적된 기계에 불과한가. 그들이 주인을 죽이고 도망치는 이유가 노예 상태에서 벗어나 더 나은 삶을 찾기 위해서라면, 그것은 인간의 자유의지와 어떻게 다른가. 레이철은 자신의 결여와 한계, 불능성을 사유하는 주체다. 생로병사를 갈망하는 레이철은 인간의 한계야말로 진정한 '인간다움'이라는 듯, 그것을 추구한다. 인간은 불사immorality를 지향하지만, 안드로이드는 필멸mortality을 선망한다. 안드로이드를 퇴역시킨 데커드는 성취가 아닌 패배감에 사로잡힌다. 그는 안드로이드와 감정이입을 시작했다. 그는 죽음을 직감한 레이철의 체념 속에서 생명력을 감지한다. 죄책감과 체념은 인간됨을 증거하는 명백한 생명성의 표지다.

『안드로이드는 전기양의 꿈을 꾸는가』는 궁극적 차원에서 인간과 비인간의 관계 사유를 제기한다. 데커드는 안드로이드 테스트에 무력감을 느낀다. 이는 인간이 비인간을 지배할 수 없다는 판단과 같다. 안드로이드 또한 인간을 감시하고 있다. 안드로이드가 감정이입 테스트를 통과한다면, 기계의 사물화, 노예화는 정당하지 않다. 역으로 감정이입 테스트를 통과하지 못하는 인간이 있다면, 기계라는 이유만으로 퇴역(살해)당하는 일 또한 묵과할 수 있을 것인가?

생사 관리의 산업화와 영생의 역습: 『유빅』

사람이 죽어 저승에 가기 전에 유예기간을 가진다는 발상은 한국과 아시아로 한정되지 않는다. 1969년 미국에서 출간된. 필립 K. 딕의 소설 『유빅』[44]에 유사한 상상이 제시된다. 생사의 임계지로서 유빅이라는 가상공간이 설계된 것이다. 아시아의 경우, 생사의 임계지 설계에 불교적 세계관과 민간신앙이 관여한다면, 필립 K. 딕의 소설은 과학기술 기반의 상상력에 바탕을 둔다. 소설은 시작부터 팁(텔레파시와 '엿보다'라는 뜻의 동사 peep을 합성한 조어),[45] 프리코그(예지력을 지닌 자), 냉동보존실, 안심보장 기관 등, 낯선 단어들이 제시된다. '반생자半生者'를 냉동 보관하는 회사인 '사랑하는 동포를 위한 모라토리엄'이 주요 공간이다. 이른바 반생자는 이 회사의 냉동보존용 관에 머문다. 비용을 지급한 자가 반생자의 소생을 요청할 수 있다. 신체가 사망하면 아틀라스 행성으로 호송된다. 글렌 런시터는 반생자로 보관된 아내 엘라를 면회하러 회사에 왔다. 런시터는 반反초능력 조직의 경영주다. 프리코그나 텔레파스(텔레파시 능력자)의 공격에 저항해 개인 생활을 지켜주는 안심보장 기관을 운영한다.

소설에 설계된 반생자의 생리는 사람 몸에 이식된 인공장기인 아티포그가 주관한다. 원하는 만큼의 연명이 가능하다. 반생자는 소생할 때마다 수명이 단축되며,[46] 몸의 기능은 듣고 말하는 게 전부다. 런시터는 이것이 시체보다 나은지 확신하지 못한다. 『유빅』에서 생사 관리는 산업화된다. 반생자가 보관된 곳은 관이다. 면회신청을 받기 전까지 자발적으로 깨어날 가능성은 (거의) 없다. 산 자의 이권을 위해 죽지 못한다는 발상은 타자화된 연명 치료를 환기한다. 죽음이 산업화되면서, 당사자성이 배제된 불사不死가 제도화된다. 『유빅』에서 인간의 가치는 뇌로 환산되며, 뇌는 다시 지능과 정보처리 기관으로 환치되어 신체와 분절된다. 이런 차원에서 '뇌 중심 사고', 또는 기능주의적 인간-생명의 정의는 역설적으로 인간 '종'에 대한 혐오로 이어진다. 한국 전통의 귀신은 현실로 귀환할 자유가 주체에게 있었다. 『유빅』은 그 반대다. 소생을 결정하는 것은 타자다. 죽음 관리는 철저히 산 사람 중심으로 산업화된다. 합법적으로 죽음권을 박탈당해, 영원히 뇌를 착취당할 수 있다.

유빅의 세계는 '하나의 현실uni-verse'이라는 유니버스의 불확정성을 제기한다. 세계는 주체의 관점에 따라 여러 겹으로 구성되며, 개별의 진실성을 갖는다. 예컨대, 런시터는 동료들과 달에 갔다가 폭격당해 사망한다. 생존자들은 그를 냉동보존하려 하지만, 사실 스스로를 생존자로 여기던 런시터의 동료들이 유빅에 살고 있었다. 이것이 반전이다. 죽었다고 여겼던 런시터가 살아 있었고, 그를 냉동하려던 친구들이 반생자로 존재했던 것이다. 『유빅』의 세계는 생과 사, 현실과 가상, 현재와 미래가 뒤섞여 있다. 양자를 가르는 것은 신체성과 생명의 유기적 연결인 것 같지만, 소설에서는 이조차 모호하게 설계된다. 무엇이 삶이고 생명이며 인간인지를 되묻기 위한 장치다. 과연 인간은 의식이 살아 있어야 살아 있다고 할 수 있을까. 미래에는 생존 공간이 현실인지 인공 세계인지에 따라서 생존의 의미도 달라진다는 암시를 준다. 소설 속의 세계는 단일하지 않으며, 여러 겹의 세계가 평행우주처럼, 때로는 뫼비우스의 띠처럼 회전하며 각자의 진실성을 호소하는, 일종의 '멀티-버스'다.

『유빅』의 세계는 현실을 확정하는 것이 정보인지, 경험-지각인지, 단지 정보에 대한 지각인지에 대한 의문을 제기한다. 런시터의 친구인 조가 접한 정보에 따르면 죽은 것은 런시터다. 그러나 런시터에 따르면 실제로 죽은 것은 조다. 조의 체감으로는 자신이 살아 있고 런시터는 죽었다. 그런데 조는 지금 그것이 잘못되었다는 런시터의 경고를 지각하는 중이다. 이 상황은 인간-주체의 의미 맥락을 확정하는 질문을 던진다. 경험과 지각, 뉴스 보도, 타인의 주장을 통해 '하나의 현실'로 표상되는 세계를 인식하기란 불가능하다. 현실을 정보로, 우주를 정보 관리 프로그램으로 인식하는 포스트휴먼 연구자들에게[47] 인간 두뇌는 정보로 환치되기에, 조의 자각이라는 문제는 리얼리티를 무엇으로 확정할 수 있는지를 가늠하는 관건이다.

『유빅』이 환기하는 '유비쿼터스 세계'는 오늘날같이 인터넷의 편재화를 통해 편리성, 효율성의 긍정 가치를 확보하기보다, 감시와 통제가 강화되리라는 암시를 준다. 미래에 시간을 섞을 수 있고 밀도를 조작할 수 있다면, 성장이라는 단어는 무색해진다. '어른이 내포하는 것은 소년이 아니라 예전에 존재했던 어른'[48]이라는 역설이 발생한다. '유빅'의 세계는 디스토피아다. 시간이 자주 섞일수록, 기억은 '여러 번 썼다 지운 양피지'처럼 울퉁불퉁해진다. 심지어 함께 있는 동료가 목격한 세계가 자신이 보는 세계와 완전히 같은지도 확신할 수 없다. "그럼 런시터는 죽은 건가요, 아니면 안 죽은 건가요? 우리는 죽었어요, 안 죽었어요? 처음에는 이렇댔다가, 다음에는 전혀 다른 얘기를 하고. 좀 일관성 있게 얘기할 수 없어요?"[49]라는 질문은 단일한 세계라는 의미의 '유니버스'가 깨져버린 미래를 암시한다. 유니버스가 부정된 다차원의 우주는 혼란과 재앙으로 파국에 이른다. 이른바 영생의 역설이다. 그렇다면, 반생 상태란 무엇이고, 반생자는 누구인가?

반생반사 상태인 조의 입장에서 보면, 자신은 인간이 아니다. 오히려 대뇌피질이 심하게 손상되어 혼수상태에 빠진 친구인 새미 먼도야말로 살아 있는 인간이다. 그러나 런시터는 입장이 다르다. 반생자는 뇌 활동이 살아 있어야 하기에 식물인간은 반생자가 될 수 없다. 그렇다면 뇌는 살아 있지만 몸은 죽은 반생자가 인간일까, 뇌 손상을 입고 혼수상태에 빠진 식물인간 상태가 인간일까. 이런 논쟁은 인간과 인간됨의 정의가 다분히 헤게모니적임을 시사한다.[50] 인간의 신체성을 중시하고 신체와 정신의 통합을 전제로 한 자유주의 휴머니즘의 입장에서 보면, 식물인간도 인간이다. 그러나 인간의 정체성을 정보 중심으로 보는 입장에서 보면, 식물인간은 인간이 아니다.[51]

인간이 생사를 관장할 수 있다는 판단은 착각이다. 냉동보관의 세계 또한 안전하지 않다. 그곳에는 반생자의 남은 생명을 먹고 시간을 충전하는 '죠리'가 있기 때문이다. 죠리 또한 반생자로서, 유빅에 사는 다른 반생자의 생기를 먹고 힘을 강화하는 일종의 '악'이다.[52] 죠리의 부모가 부유하기 때문에 죠리는 유리한 조건에서 지낼 수 있었고, 10대이기 때문에 상대적으로 생체 힘이 강하게 남아 있었다. 유빅에 살고 있는 반생자 엘라는 죠리의 파괴력에 저항하기 위해 동료와 함께 유빅을 만든다. 유빅이란 "최대 출력 25킬로볼트의 헬륨 전지로 작동하는 자기충족형의 고전압 저증폭 유닛을 갖춘 휴대용 음이온화 장치"다. 음이온 장은 대기 중에 통상적으로 존재하는 반영자反靈子, anti-protophasons의 속도를 감소시킨다. 속도가 감소하면 반영자는 속성을 잃기에, 더 이상 영자와 결합할 수 없다. 그 결과 반생자는 (일시적으로) 더 큰 생명력을 얻는다.[53] 반생자가 된 조는 세계와 교신해 지식을 쌓고 유빅을 통해 다른 세계로 이동한다. 반생자의 세계와 현실이 뒤집힌다. 시간 이동이 이루어졌기 때문이다.

나는 유빅이다. 이 우주가 존재하기 전에 나는 존재했다. 나는 여러 태양을 만들고, 여러 행성을 만들었다. 나는 생물과 그들이 살아갈 장소를 창조했다. 나는 그들을 이곳으로 움직이고, 저곳에 가져다놓았다. 그들은 내가 말하는 대로 움직이고, 내가 명하는 대로 행동한다. 나는 '말'이다. 내 이름은 결코 입에 오르지 않으며 내 이름을 아는 자는 아무도 없다. 나는 유빅이라고 불리지만, 그것은 내 이름이 아니다. 나는 존재한다. 나는 앞으로도 언제나 존재할 것이다.[54]

과학적 진화로 유빅이 창조된 것이 아니라, 유빅이 세계를 창조했다. 기억과 실재, 역사와 미래는 직선적 시간의 궤도를 따라 움직이지 않고, 서로를 넘나들며, 유동하는 시간의 지도를 재구성한다.

1969년에 창작된 『유빅』의 배경은 1992년이다. 21세기 정보과학의 시대에는 '세상이 바뀐다'는 개념 자체가 변하고 있다. 삶을 지탱하는 소프트웨어뿐 아니라, 지구-환경이라는 하드웨어까지 바뀌면 단지 역사가 새로 쓰이는 정도가 아니라 인간 개념 자체가 재규정되어야 한다. 『유빅』에 등장하는 '인간 냉동'이라는 발상은 영화 〈인터스텔라〉에도 등장한다. '냉동 난자'나 '냉동 정자'는 이미 상용화되었다.[55] 인간 신체의 냉동이 불가능한 환상만은 아니다. 『유빅』에서는 반생자를 '유기적인 유령organic ghost', 또는 '육체를 가진 유령physical ghosts'[56]이라고 표현했다. 반생자는 신체 기관을 지닌 살아 있는 유령이다. 신체는 살아 있지만, 뇌의 명령으로 움직일 수는 없다. 신체에서 의식이 빠져나와 바깥세상으로 이동하면 말도 하고 글도 쓴다. 안쪽 세상에 이를 전하려면 교신 장치가 필요하다. 유빅은 그 매개이자 원천이다. 이는 사이보그를 연상시킨다. 사이보그가 인공물과 자연물의 결합체라면, 유기적 유령, 또는 육체를 가진 유령은 자연물의 인공적 연결성이라는 중간 단계를 표상한다. 생명공학과 정보과학의 발달은 생명에 대한 일체화되고 통일된 관념에 균열을 가한다.

『유빅』의 세계에서 인간의 정신과 몸, 마음과 신체, 영혼과 물질성을 둘러싼 이분법적 대립은 일면 유효해 보인다. 신체/기관/물질성에 대한 정신/마음/영혼의 우위를 주장하는 것 같지만, 그 반대다. 냉동인간 상태를 인간의 정의에 포함시키는 힘은 인간됨에 대한 신념/기대/가치/철학이 아니라 '사랑하는 동포를 위한 모라토리엄'이라는 회사이고 자본이다. 인간과 반생자의 관계는 일방적 착취다. 반생 상태는 인간과 삶에 대한 정의를 해체한다. 반생자는 세계를 균열시키는 (엘라로 대표되는) 생명력인 동시에, (죠리로 대표되는) 파괴력이다. 반생자의 등장은 생사의 경계, 인간의 정체성조차 결코 확정적이지 않음을 시사한다. 반생자로 인해 현실 세계는 현저히 증강되면서 빠르게 파괴된다. 현실과 비현실은 서로에게 빨대 꽂은 형국이다. 현실과 비현실이 이어져 있는 뫼비우스의 띠에는 메두사의 입처럼, 다른 세계의 생기(피)를 빠는 뱀의 혀가 달렸다. 동시에 다른 세계의 활기(이 또한 피)를 호흡하는 꽃의 암술이 꽂혀 있다. 이러한 상상은 아시아 귀신을 섭렵한 독자에게 기시감을 준다. 귀신의 등장으로 현실과 비현실, 생사의 경계가 흐려지듯이, 반생자의 등장은 생사의 경계가 유동적임을 입증한다. 반생자는 생사의 임계지에 계류되어 있다. 반생자로 인해, 삶과 죽음은 폐쇄회로에서 벗어나 열린 세계로 선회한다. "초능력과 반초능력은 서로를 왜곡시킨다"[57]고 했다. 귀신과 반생자는 인간의 삶 이후의 가상적 존재라는 점에서 포스트휴먼이다. 포스트휴먼의 세계에는 현재와는 완전히 달라진 세계가 현현한다.

귀신의 기시감과 시간여행
: 〈말할 수 없는 비밀〉, 〈지금, 만나러 갑니다〉

시간여행을 다룬 영화를 모티프가 활용되는 맥락에 따라 구분하면 〈백 투 더 퓨처〉(1985) 계열과 〈사랑의 블랙홀〉(1993) 계열로 나눌 수 있다(여기서의 '계열'은 엄밀한 의미의 장르 구분은 아니다). 전자가 타임머신이라는 기계장치를 활용한 시간여행이라면, 후자는 운명적으로 시간여행을 하는 경우다. 전자는 과학기술을 매개로 삼아 현재까지도 다양한 SF 콘텐츠에서 활용된다. 예컨대, 영화 '어벤져스' 시리즈에서 시간여행을 자유자재로 하는 모티프가 사용되는 것을 들 수 있다. 기계장치가 개연성을 뒷받침한다. 〈어벤져스: 엔드 게임〉(2019)에는 캡틴 아메리카가 시간을 거슬러 과거의 자신과 만나 싸우는 장면이 나온다. 시간여행 모티프가 익숙해진 관객은 이제 이를 통해 자아탐색의 패러디까지 즐긴다.

중국 텐센트비디오에서 2019.12.14.~2020.01.23. 방영한 드라마 〈몽회〉 포스터. 현대의 여주인공이 청대 강희 45년의 궁궐로 타임슬립해서 겪는 로맨스 판타지다. 시간여행의 개연성을 위해 장자몽, 양자역학, 평행이론을 차용하지만, 과학적 근거는 없다.

반면 후자는 시간여행을 통해 생의 고독과 마주하는 개인의 성찰을 다룬다. 이 계열의 영화는 아날로그적 정서와 닿아 있다. 시간여행의 근거에 대한 과학적 설명은 제시되지 않고, 운명적으로 표현되거나 신비화되고, 때로는 민간의 상상력을 토대로 삼는다. 당사자 의사와 무관하게 비자발적으로 이루어지기에 타임슬립time-slip 장르로도 명명된다. 한국 드라마 〈나인: 아홉 번의 시간여행〉(2013), 할리우드 영화 〈어바웃 타임〉(2013), 〈시간 여행자의 아내〉(2017), 중국 드라마 〈몽회夢回〉(2019), 타이완 드라마 〈상견니想见你〉(2019~2020) 등이 이에 속한다(중국과 대만에 타임슬립 판타지물이 많다. 서구적 SF로부터 직접 영향받았다기보다 앞서 다룬 아시아의 영혼 체인지나 전통적 판타지와 관련된다. 한국에서는 아무래도 귀신 서사가 타임슬립 콘텐츠를 압도하는 편이다.). 인간의 실존적 문제, 개인성, 내면의 발견, 진정성 등이 이 계열의 공통 주제다.

두 번째 계열의 시간여행을 차용한 경우, 내면 성찰보다 흥미 요소가 강화되기도 한다. 중국의 웹드라마 〈몽회〉가 이에 해당한다.[58] 이 웹드라마는 청대의 황족 13황자인 아이신쥐에루어·인샹이 꿈을 통해 현대의 쉬창웨이와 만나는 타임슬립 형식이다. 드라마에는 꿈과 타임슬립의 개연성을 마련하기 위해 두 주인공이 '장자몽莊子夢'으로 대화하는 장면을 삽입했다. 쉬창웨이가 대학에서 양자역학과 시공간 이동, 웜홀에 대해 강의를 듣는 장면도 있다. 그러나 극중 교수의 발언처럼 이 우주 법칙은 검증되지 않은 가설이다. 토성과 달이 만나는 날, 쉬창웨이는 인샹을 만나게 해달라는 소원을 빌고 궁에 갔다가 강희 45년의 청대로 시간 이동을 해, 궁중의 권력 쟁투와 음모에 연루된다. 드라마에서 청대와 현대 중국이 굴절된 평행세계로 배치된다. 시간 이동과 평행이론에 대한 드라마적 차용이다. 신분차가 있는 남녀 주인공의 로맨스를 다룬 트렌디 드라마인데, 황족과 인턴사원이 꿈에서 타임슬립해 비현실적 개연성(신분차를 넘은 로맨스)을 판타지(타임슬립)로 확보한다.

타이완 드라마 〈상견니〉에도 타임슬립이 설정된다. 장르는 청춘 로맨스 판타지로, 타임슬립을 통해 삶과 죽음을 넘나들며 진정한 사랑을 찾는 내용이다. 꿈, 타임슬립, 영혼 체인지, 평행이론 등 다양한 판타지 요소가 혼합된다. 그러나 그 어떤 것도 과학이론에 의해 뒷받침되지 않고 드라마 안팎의 감성 차원에서 통용된다. 비행기 사고로 연인 왕취안성을 잃은 황위쉬엔은 마음의 상처를 입어 정신과 상담을 받고 있다. 황위쉬엔은 유명록 가수 우바이의 노래를 들으면 꿈으로 이동한다. 꿈속의 황위쉬엔은 1998년의 여고생 첸엔루로 살고 있으며, 남자친구 리쯔웨이는 현세에서 죽은 애인과 외모가 같아 혼란에 빠진다. 현재의 정신과 의사는 과거에 자신(천엔루)을 살해하려 했던 고교생 셰즈치였다. 죽은 연인을 그리워한 여주인공의 타임슬립으로 진행되지만, 사실은 타임슬립으로 첸엔루의 몸에 영혼 체인지 된 황위쉬엔을 사랑한 남주인공 리쯔웨이가 현대로 여러 차례 타

타이완 CTV에서 2019.11.17.~2020.2.16. 방영된 드라마 〈상견니〉 포스터. 여주인공이 록 가수 우바이의 노래를 들으면 꿈으로 이동하는 판타지다. 꿈, 타임슬립, 영혼 체인지, 평행이론 등, 판타지물에서 활용된 다양한 요소를 복합적으로 구성한 추리 멜로물이다. 타인과 공유할 수 없는 개인성과 내면을 시간여행자의 경이로운 감정으로 표현한 것이 아시아 귀신담의 감성과 통한다.

임슬립한 것이다. 시차를 둔 두 세계는 다차원의 평행세계로 구성된다. 로맨스가 타임슬립과 영혼 체인지, 평행이론 등 판타지에 설득력을 부여한다. 〈상견니〉는 그간 아시아 영상물에 여러 차례 등장한 타임슬립에 활용된 다양한 요소를 결합해 일종의 추리 멜로로 구성한 드라마다.

영화 〈인터스텔라〉는 시간여행의 두 계열이 결합된 형태다. 시간여행을 가능하게 것을 양자의 결합으로 볼 수 있는 이유는 과학이론에 근거한 정보가 서사 논리를 결정하는 한편(2017년에 노벨 물리학상을 수상한 킵 손이 이 영화의 제작 과정에 참여했다),[59] 인간의 의지와 심리 이론도 작용했기 때문이다. 영화 속 인물 스스로 이를 탐구한다. 주인공 쿠퍼는 미래의 자신이 보낸 메시지를 알아채지 못해, 유령의 신호라고 의심한다. 어떤 면에서 그 판단은 옳다. 서로 다른 시간대의 두 인간이 마주쳤을 때, 단일한 현실은 균열되므로(universe의 'uni'는 단일성을 뜻한다), 정체성조차 동일성으로 수렴되지 않는다. 선형적 시간의 연속성은 인간이 자기동일성을 확정하는 일차 조건이다. 〈벤자민 버튼의 시간은 거꾸로 간다〉(2008)의 주인공 벤자민은 알츠하이머에 걸린 노인의 정신으로 아이의 육신이 되어 사망한다. 태어날 때는 노인의 신체에 아이의 영혼이었다. 시간여행 속에 고독한 것은 벤자민만이 아니다. 인간은 모두 각자의 시간여행을 고독하게 완주해야 한다. 이 주제를 '시간을 역행하는 육체와 영혼'을 매개로 구성했다.

아시아에서 시간여행 모티프는 귀신에 대한 감각을 일종의 기시감처럼 환기시킨다. 망자가 시간여행을 했을 경우, 망자의 귀환은 귀신의 출몰과 유사해 보인다. 죽음 이후 삶이 종료된다는 발상을 거부하고, 시간의 흐름을 진행시킨 것이다. 인간의 내면 성찰을 위해 타임슬립을 활용하는 영화는 시간여행에 대해 과학적으로 증명하지 않는다. 이 부류의 영화는 위에서 언급한 시간여행의 두 번째 계열, 즉 인간의 실존성과 개인성, 내면의 문제를 다루면서, 인생의 가치를 사유하기 위해 타임슬립 모티프를 활용했다. 시간여행의 요소가 영화의 반전 포인트이기에, 관객은 시간여행자를 귀신이나 유령처럼 여기게 된다. 아시아에 익숙한 귀신 모티프를 기시감으로 차용하거나 패러디해, 반전 요소을 지연시키는 트릭으로 활용했다.

귀신의 패러디와 타임슬립: 〈말할 수 없는 비밀〉

타이완 영화 〈말할 수 없는 비밀〉(2007)은 청소년 로맨스 판타지다. 저우제룬周杰倫이 감독과 주연을 맡았고 구이룬메이桂綸鎂가 공동 주연이다. 배경으로 나오는 단수이의 담강중학교는 이 영화를 통해 한국인에게 타이완의 관광명소로 알려진다. 영화는 예술고등학교에 다니는 샤오위(구이룬메이 연기)가 비밀스러운 악보를 매개로 20년을 거슬러 상륜(저우제룬 연기)과 만나는 러브스토리다. 피아노 치는 샤오위는 1979년의 어느 날, 학교의 음악실에서 '시크릿'이라는 악보를 발견한다. 악보에 적힌

속도대로 연주하면 미래로 이동하지만, 빠르게 치면 과거로 데려다주는 악보다. 단, 시간여행을 할 때 맨 처음 본 사람만 자신을 볼 수 있다. 상륜은 샤오위가 맨 처음 시간여행을 했을 때 만났다. 샤오위는 선생님(20년 뒤 상륜의 아버지)과 엄마에게 시간 이동에 대한 고민을 털어놓지만 믿어주지 않았다. 선생님은 샤오위를 배려하려고 반장에게 사정을 말했는데, 이 일을 계기로 샤오위가 이상하다고 소문이 나서 깊이 상처받게 된다. 엄마는 샤오위에게 정신과 약을 먹도록 권한다. 샤오위의 말을 믿지 않은 것이다. 샤오위가 발견한 비밀 악보에는 음표를 따라가 처음 본 사람이 운명이라고 적혀 있었다. 20년 뒤의 미래로 간 샤오위는 마치 귀신처럼 타인에게는 보이지 않았다(실제로 한국 관객의 블로그에 샤오위가 귀신인 줄 알았다는 후기가 종종 보인다). 전근대 시기에 창작된 아시아 서사라면, 이런 관계 구도는 정확히 귀신 서사에 해당한다. 다음과 같은 점에서 논증이 가능하다.

우선, 상대는 오직 사랑에 빠진 사람에게만 보인다. 샤오위를 볼 수 있는 사람은 오직 상륜뿐이고 이는 고려시대 『수이전』의 「최치원」, 15세기 김시습의 『금오신화』, 중국 청대의 『요재지이』 등 아시아 고전의 판타지와 일치한다. 영화에서는 시간여행을 해서 처음 만난 사람에게만 자신의 모습이 보인다고 설정된다. 상륜 이외에도 동급생 칭이, 청소부 대용 아저씨가 샤오위와 대화할 수 있었던 이유다. 샤오위는 상륜을 제일 처음 만나기 위해 연습실에서 교실까지 발자국을 셌다. 그 결과, 이제 샤오위

영화 〈말할 수 없는 비밀〉 포스터. 비밀스러운 악보로 피아노를 연주하면 시간 이동을 하는 판타지를 활용했다. 시간 이동을 해서 처음 본 사람에게만 모습이 보인다는 설정은 목격자에게만 모습을 드러내는 귀신담의 패러디다. 처음 한국에 이 영화가 소개되었을 때, 여주인공이 귀신인 줄 알았다는 반응을 보인 이유다. 사랑하는 사람을 위해 모든 것을 버린다는 설정 또한 귀신에게 자신을 바치는(삼켜지는) 귀신담의 정서와 통한다.

가 지속적으로 만나는 인물은 상륜뿐이다. 두 사람의 관계는 절대적이지만, 타인에게 이해받지 못한다. 사랑은 개인성의 표현이자 사적 체험이기 때문이다. 연인에게는 상대가 최고지만, 타인에게는 존재감 제로일 수 있다. 사랑에 빠진 사람은 자신의 모든 것을 상대에게 바친다. 샤오위는 대가를 치르더라도 상륜과 사랑하려고 20년을 타임슬립해서 미래로 왔다. 상륜은 철거 중인 건물에 들어가 피아노를 치다가 20년 전 과거로 돌아간다(건물 철거는 철퇴로 충격을 주어 붕괴하는 20세기적 방식이라, 음악을 연주하는 동안 비교적 천천히 이루어진다.). 건물이 철거되면 다시는 샤오위를 만날 수 없기 때문이다. 현실적으로 상륜은 사망, 또는 실종이다. 아버지와 학교, 친구들을 두고 샤오위의 세계로 떠난 것이다. 의미론적 차원에서 보면 사랑 때문에 다른 모든 것(목숨, 가족, 친구, 현재까지의 모든 경험)을 포기한 셈이다. 상대에게 인생을 바치는 마음을 순수한 사랑으로 맥락화했다. 귀신 서사에 등장하는 이성적 존재(도사나 의원)의 눈으로 본다면, 사랑에 홀린 것이다(그 상태가 귀신, 또는 여우 홀림의 상태와 흡사하다고 여겨진다). 주인공이 청소년(19세)이라는 것이 설득력을 확보하는 장치다. 순수하게 상대에 몰두하고 감정에 충실해서 다른 조건을 셈하지 않는다.

상륜은 20년 전으로 돌아가 샤오위와 나란히 졸업사진을 찍었다. 시간여행의 주체가 바뀐 것이다. 샤오위가 비밀 악보를 발견하기 전으로 돌아간 것이면, 이제 샤오위는 미래로 갈 수 없다. 1999년의 음악실이 철거되었기에, 시간여행이 불가능해졌을 수도 있다. 어떤 경우든 여행자가 처음 만난 사람만 그를 볼 수 있기에, 여행자는 사랑을 얻은 대가로 고독을 감수해야 한다. 영화의 결말을 두고 관객 사이에서 다양한 방식의 해석과 토론이 이루어졌다.

시간여행은 전통적인 귀신 서사를 대체하는 현대적 장치다. 귀신 서사에 익숙한 아시아인에게 시간여행이란 일종의 패러디이자 트릭과 같다. 귀신 서사에서는 귀신과 사귄 사람이 죽는 치명적 유혹이 다루어졌다. 사랑의 정념이 한 사람의 생을 지배할 수 있다는 발상은 현대에도 설득력을 얻는다. 이성을 날카롭게 벼려서 감정을 제어해야 한다. 그 대가는 낭만성의 상실이다. 그 과정에서 계산대 위에 오른 사랑은 상처 입은 생명체처럼 난항을 겪게 된다. 사랑이 욕망 서사나 인정 투쟁의 서사와 결합되는 이유다. 이 영화에서는 청소년 학원물이라는 설정이 다른 계산들을 일시에 걷어내, 순수한 정념의 타임슬립 서사로 완성되었다.

미래에서 온 과거: 〈지금, 만나러 갑니다〉

일본 영화 〈지금, 만나러 갑니다〉(2004)는 사망한 미오가 자신의 1주기가 되는 장마철에 가족 앞에 나타나 추억을 만드는 짧은 해후담이다. 망자가 살아 돌아온다는 설정이기에, 한국적 감성으로는 귀신 영화다. 미오의 남편 아이오 다쿠미와 미오의 아들 유우지도 죽은 미오가 눈앞에 나타나자 '유령'이라며, 당사자에게는 비밀로 하자고 말한다. 미오는 자기 이름도 모른 채기억을 잃은 상태다. 텅 빈 주체인 것이다. 미오는 남편에게 전적으로 의지해 지낸다. 다쿠미는 미오가 유령인 걸 들킬까 봐집 밖에 나가지 말라고 한다. 다정한 배려 같지만, 당사자의 주체성을 은닉하고 관리하며 통제하기에, 현대적 의미의 '가스라이팅'에 해당하는 위험 요소가 있다. 후반부에 반전이 있다. 이모든 과정이 자신의 사랑과 행복을 위한 미오의 선택임이 밝혀진다.

미오는 그림책을 남기고 사망했다. 비 오는 계절에 돌아온다는 소녀의 이야기다. 유우지는 비를 부르는 부적 인형을 걸어놓고 엄마를 기다린다. 장마가 시작된 날, 거짓말처럼 미오가 나타났다. 터널 앞에서 모든 기억을 상실한 채로. 남편과 아들은미오에 대한 사랑 때문에 의심을 떨쳐내고, 함께 지내기 위해시나리오를 짰다. 아파서 오랫동안 누워 있었기에 기억을 잃었다고 둘러댄 것이다(즉흥적으로 지어낸 이 거짓말이 진짜라는 게반전이다).

다쿠미와 미오는 고교시절부터 서로를 몰래 짝사랑했다. 표현에 서툴고 인생에 자신이 없었기에 다쿠미는 미오와 헤어진다. 어느 날 스무 살의 미오는 자신을 만나러 왔다가 돌아가는다쿠미를 따라가다 교통사고를 당한다. 죽은 미오가 현실에 나타난 것은 병실에서 사경을 헤매던 스무 살의 미오가 자신이

영화 〈지금, 만나러 갑니다〉 포스터. 여주인공 미오가 사망 1주기가 되는 장마철에 나타나 벌어지는 로맨스 판타지다. 망자가 나타나는 설정이기에, 한국적 감성으로는 귀신 영화다. 미오의 남편과 아들은 유령이라고 생각한다. 사실은 가사 상태의 미오가 미래로 시간 이동을 한 것이다. 전형적인 귀신담에서 귀신의 목격자가 단독인데 비해, 이 영화에서는 이웃과 친구들도 시간여행자를 만난다. 아시아 전통의 귀신을 패러디하고 기시감을 활용해 관객의 추리를 유도하는 한편, 익숙한 정서가 주는 공감대를 활용했다.

이미 죽은 9년 뒤의 미래로 가서 행복한 결혼생활을 경험했기 때문이다. 마치 가사 상태의 영혼처럼 미래로 시간여행을 한 것이다. 시차를 건너뛰는 것에 대한 개연성 있는 장치는 미오가 병상에서 꿈을 꾼 거라는 발상이다. 생령이 되어 미래로 간 것일 수도 있다. 그러나 다쿠미와 유우지의 입장에서는 사망한 아내이자 엄마가 나타난 것이기에 일본어로 유레幽靈, 한국 개념으로는 귀신에 해당한다. 미오 입장에서는 스무살 대학생에서 갑자기 9년 뒤로 시간여행을 한 것이기에, 모든 것이 낯설었다. 미래 세계의 이방인인 것이다. 아직 결혼하지 않아 결혼생활에 대한 정보가 없었다.

미오는 6주 남짓 되는 장마철의 짧은 시간이었지만, 다쿠미와 유우지를 만나 행복하게 살았다. 병상에서 깨어난 스무 살의 미오는 다쿠미와 결혼해서 유우지를 낳고 일찍 죽는다고 해도 그 행복을 포기하지 않기로 결심한다. '지금, 만나러 갑니다'라는 제목은 다쿠미를 만나러 가는 기차 안에서 미오가 손으로 쓴 메모다. 빈사 상태의 미오는 마치 시뮬레이션처럼 결혼생활을 했다. 미오로서는 '돌아온' 게 아니라 첫 경험이다. 다쿠미와 유우지의 입장에서는 죽은 미오가 살아 돌아오니 행복하다. 낭만적인 것 같지만 그렇지 않다. 결혼의 행복은 장마철만큼 짧지만, 바로 그 기억으로 평생을 살 수 있다는 것. 이것을 서정시처럼 표현한 판타지다.

또 하나의 판타지가 있다. 의식불명의 미오가 병실에서 깨어나 다쿠미를 만나러 갈 수 있었던 것은 과거에서 찾아간 미래가 행복했기 때문이다. 병실에 누워 있던 과거의 미오에게 생의 의지를 준 게 미래로부터의 사랑이다. 현실이 힘들 때 과거의 행복한 기억으로 어려움을 견딘다지만, 영화에서는 반대다. 다쿠미와 유우지가 미오가 돌아오기를 기다렸기 때문에, 미오는 살아날 수 있었고, 다쿠미와 결혼하게 되었다. 인과의 고리가 시간의 역순으로 연결된 것이다.

시간여행이라는 장치는 과거와 미래를 의식과 무의식의 장치와 뒤섞어, 우리에게 소중한 삶이 무언지 되묻는다. 가사 상태의 미오를 살린 것은 먼 미래에서 부른 가족의 기다림이다. 현실적 맥락에서 사유해보면, 죽은 미오를 삶으로 초대한 것은 다쿠미와 유우지의 그리움이다. 미오가 쓴 동화책의 소녀가 열고 나온 문이 '그리움의 문'이다. 사랑하는 가족을 잃었고, 아직 보낼 준비가 되어 있지 않았기에 그리운 마음으로 살았다. 그 마음에 응답하기라도 하듯 유령이 되어 나타났다. 보내지 못하는 그 마음이 귀신을 부른 것이다(영화상으로는 귀신이 아니라 시간여행자와의 만남이었다고 해도, 현실에 나타난 가족들은 미오를 '유령'이라고 했다. 시간여행 모티프지만 일정 정도 귀신의 생리를 패러디해 관객이 공감하기 쉽도록 하는 동시에, 반전의 재미도 주었다.). 다른 한 켠에는 망자에 대해 미처 해결하지 못한 감정이 있었다. 희귀병에 걸린 다쿠미는 미오도 자신을 사랑했다는 확인이 필요했다. 유우지는 엄마의 장례식 날, 몸이 약한 미오가 무리해서 아이를 낳아 요절한 거라고 들었다. 유우지가 죄책감을 갖게 된 이유다. 미오의 등장은 다쿠미와 유우지의 마음을 정화하는 계기가 된다.

이 영화는 목격자의 눈앞에 일대일로 나타나는 귀신 서사와 결을 달리한다. 가족 이외에도 미오를 만나고, 그 이야기를 믿어주는 사람이 있다. 다쿠미의 직장 동료인 나가세와 케이크 가게 주인, 다쿠미의 주치의, 유우지의 학교 친구다. 이들은 미오를 직접 만나 그녀의 부탁을 들어주었으며, 다쿠미와 유우지의 말을 경청하고 지지해주었다. 귀신이나 유령의 존재를 확인하려 하기보다, 목격자를 믿어주고 곁에 있어주는 것이 진정한 관계를 유지하는 비결이다. 말 못 할 비밀을 털어놓은 이를 대하는 태도에 대해 생각하게 한다. 거짓말탐지기로 체크하는 형사처럼 진짜냐고 추궁하면, 어렵게 비밀을 털어놓은 사람은 깊이 상처받는다. 이 영화에는 혼자만의 경험이나 내면의 감정을 판타지로 표현하는 귀신 서사의 문법이 적용된다.

사람의 사후 세계나 생사의 임계점을 상상하기 시작한 것은 21세기 아시아 대중문화의 중요한 포인트다. 생사의 배타적 분리를 상정하거나 명계로부터 귀환한 자를 공포스럽게 사유하는 대신, 생사의 유예기간이나 임계 공간을 두어 삶을 정리할 기회를 준다. 현실의 인간은 어리석어서 죽음 앞에 가서야 진실을 본다. 이 영화에서 귀신처럼 보이는 미오가 나타난 것은 6주 간의 장마 기간이다. 그동안 사람은 의외로 많은 것을 느끼고 또 해낼 수 있다. 미오는 다쿠미를 처음 만난 것처럼 사랑을 시작하고, 유우지가 성장할 수 있게 도왔다. 이들이 행복을 느끼는 순간도 평범하다. 연애 감정을 느끼고, 서툴게 표현하는 소소한 순간들, 밥 먹고 산책하는 평범한 일상이야말로 목숨을 바쳐서라도 찾고 싶은 행복의 내용이다. 그 짧은 사랑의 힘으로 유우지와 다쿠미는 결핍감 없이 일상을 살았다.

미오가 마치 귀신처럼 현실에 다시 나타난 이유를 생각해보자. 감정은 생명과 같아서, 아무리 좋은 감정일지라도 거기에는 유예기간이라는 게 있다. 누군가 죽었을 때 슬퍼하고 그리워하는 마음도 해당된다. 슬픔도 그리움도 잘 떠나보내야 일상의 평안과 행복을 지킬 수 있다. 그리운 마음을 잘 떠나보내는 것도 행복을 지키는 방법이다. 죽은 사람을 그리워하 해도, 기다려선 안 된다. 그것은 미련이다. 떠남을 인정하고, 보내는 마음까지 훈련해야 살아갈 수 있다. 역설적으로 그런 기다림 때문에 과거로부터의 사랑이 미래에 이루어졌다고 보면, 보내지 않은 그 마음이 생명의 에너지가 되었다고 볼 수 있다. 감정 법칙의 딜레마라고 할 수 있지만, 이것은 시간여행이 가능한 영화적 설정이다.

한 가지 기억해둘 게 더 있다. 미오는 자신이 쓴 그림책 내용대로 현실에 나타났다가 돌아갔다. 말하는 대로(쓴 대로) 이루어진 것이다. 독자인 가족은 미오의 동화책을 허구가 아니라 진실된 편지처럼 믿었다. 그러자 글은 현실이 되었다. 영화 속의 미오는 자기 글을 믿어준 가족 앞에 나타나 따스한 온기를 전했다. 생각과 마음이 어떻게 일상을 지배하는지를 보여주는 은유적 장치다. 생각은 현실이 되고, 마음이 일상을 정향한다. 귀신은 마음속 그리움이 불러낸 환영의 응답이자, 그 마음을 되돌려 행복의 의미를 깨닫게 하는 시간여행의 패러디이자 정서적 기시감을 활용한 영화적 장치다.

에필로그

아시아 귀신의 미학과 문화 동력

과학기술의 발전과 정보화 속도가 유례없이 활발한 21세기에도 아시아의 귀신 서사는 창신을 거듭하고 있다. 소설, 희곡, 만화, 영화, 드라마, 웹툰 등 다양한 장르와 미디어를 통해 귀신 서사의 제작이 확장되는 추세다. 작품별로 편차는 있지만, 귀신을 통해 전하려는 메시지의 깊이나 미학적 완성도도 높은 편이다. 이것을 가능하게 한 것은 바로 독자와 수용자의 공감이다.

존재하는 거의 모든 것이 빠른 속도로 가시화되는 시대에, 각종 SNS를 통해 자신에게 유리한 정보를 화려하게 전시하는 시각 정보의 풍요로움 속에서, 귀신 서사는 보이지 않는 것, 또는 보통 잘 보려고 하지 않는 무언가를 사색하게 하는 문학적/문화적 기회를 제공한다. 귀신은 현실의 사각지대에 대한 상상력을 촉발시킴으로서, 시각적인 것의 전시장이 된 현대사회의 어두운 이면, 가려진 내면을 형체화한다. 귀신은 현현하는 순간 작동하는 성찰-기계다. 그것은 버림받은 이름, 가둬진 목소리, 계류된 진실이다. 귀신은 휘황찬란한 현대성의 이면을 비추는 생명-장치다. 귀신은 현실에 내재한 딜레마를 환기해 치유와 회복을 요청하는 경고 메시지다. 역설적 의미에서 귀신은 역동하며 약진하는 생명의 아이콘이다. 귀신이 출몰하는 사각지대에는 사람, 장소, 시대, 마음, 감정의 병리적 징후가 잠복해 있다. 귀신이 나타나서 갑자기 위험해진 것이 아니라, 바로 그곳에서 위험한 무엇이 행해졌기 때문에 귀신이 나타난 것이다. 위험 지대는 실제 장소일 수도 있고, 사람의 어두운 마음, 진실을 감춘 상징적 세계일 수도 있다. 그런 의미에서 귀신이 나타난 것이 아니라, 사람이 귀신을 부른 것이다.

아시아에서 귀신은 단순한 축출 대상이 아니라, 목소리를 듣고 공감해 문제를 해결해주어야 하는 공동의 부채負責로 간주되었다. 귀신은 시대적, 역사적 존재이기에, 동시대를 살아가는 사람들은 모두 귀신의 목소리를 경청해야 한다. 이러한 문화 규칙을 현실화한 귀신 콘텐츠에 대한 수용자의 공감은 21세기까지 전승되며 아시아를 넘어 세계로 확산된다. 현대사회에도 귀신 아이콘은 불안하고 불확실한 존재와 세계를 성찰하는 매개로 제 몫의 역할을 수행한다. 불확실성을 회피하지 않고 사유의 본체로 끌어안을 때, 확실성의 지표로 배제되었던 삶의 가장자리가 드러난다. 귀신의 억울함이 사회적 공감을 얻어 법 감정이 되고, 빼앗긴 목소리를 재생함으로써 윤리적 주체가 되는 이유다. 듣는 귀가 있는 한, 귀신의 음성은 유효하다. 귀신은 경청하는 자를 만날 때까지 현실에 균열을 일으켜 자성을 요청할 것이다.

이러한 귀신의 역할과 기능은 아시아에서 수천 년의 전통을 지닌 지속 가능한 성찰 자원이다. 이것이 귀신이 담보하는 능동적 미학이다.

귀신의 개념과 출현 맥락은 인간됨의 조건과 의미에 대한 메시지를 완성한다. 귀신 형상은 역설적으로 인간 내면에 존재하는 미적 감성을 환기한다. 고통에 반응하는 것이 신체 건강을 유지하는 생명 동력이라면, 상처와 눈물에 반응하는 것은 감성적 안녕감에 반응하는 미적 동력이다. 귀신은 건강, 생명, 안녕감, 평화의 감성을 환기하는 사회적 신체의 센서다. 귀신에 대한 회피를 정당화하는 공포감과 죄책감은 전도된 양가감정이다. 심리적으로 죄책감이 있기에 신체적으로 공포를 느끼는 것인데, 공포감이 강력한 방어기제로 작동함으로써 죄책감을 지우는 것이다.

귀신은 전도된 인과의 법칙을 바로잡으러 온 반응-장치다. 귀신의 현현을 통해 생사는 엄격히 분리된다기보다 오히려 단단히 연결되어 있음이 드러난다. 현실의 정의가 균열되어 귀신이 나타났지만, 귀신의 귀환을 통해 현실은 다시 정의의 심판대에 오른다. 귀신은 잘못된 시간의 태엽을 감는 시계다.

전통적으로 아시아 귀신은 진실과 정의를 추구하는 상징체였다. 귀신의 한은 아시아 공통의 정의적 감성이다. 귀신의 호소는 진정성 검증의 절차를 거친다. 공감을 얻지 못한 귀신은 악귀로 타자화된다. 귀신은 시간을 복기하며, 재구성한다. 귀신이 등장하는 현대 아시아의 문학/문화 콘텐츠에서도 그것의 출현 배경은 여전히 정의적 감수성에 기반을 둔다. 신상필벌에 철저한 저승이 타락했을 때조차 현장을 공개해 성찰하게 하는 게 귀신이다(예컨대, 가오싱젠의 「저승」, 『원혼지』, 『요재지이』 등). 정책상 문화 콘텐츠에 귀신이 등장하는 것을 금하는 중국에서도 검열의 틈새를 타고 귀신, 망자, 영혼 체인지 서사가 지속적으로 창작되는 이유다. 단, 현대에 와서 귀신 아이콘은 사회풍자, 유머, 패러디 등 다양한 흥미 요소로 채색되는 중이다. 과학적 지식을 차용해 시간여행, 평행이론, n차원의 삶, 웜홀 등의 상상력과 접속하기도 한다. 귀신은 가시성, 감각성, 현재성, 신체성, 물질성을 초월해 현대성과 소통하고 영원의 가치를 사유하면서, 전 지구적 공감대로 확산된다.

21세기에 들어 아시아 귀신은 상상력의 창신과 유類의 변혁을 통해 새로운 수행성을 창출하며 정체성 변신을 꾀한다. 문화적 역할도 확장하는 중이다. 강시, 좀비, 흡혈귀 등 인간과 신체적 연속성을 지닌 부류에서부터 AI, 사이보그, 안드로이드 등 유사 인간의 형상물은 21세기의 '비인간' 창조물이다. 새로운 아이콘은 인간의 사후 지속성, 또는 불멸의 욕망과 접속해 인간을 재정의하고 세계 설계의 청사진을 재점검한다. 귀신은 전생이 인간이기에, 의미론적 차원에서 인간 이후의 존재를 뜻하는 포스트휴먼과 접속되는 면이 있다. 미래에는 지금보다 평균 수명이 연장되어 생애 시간이 길어질 것으로 전망된다. 삶이 길어질수록 어떻게 살 것인가에 대한 질문, 삶의 가치와 생활의 우선순위, 행동 규범을 되돌아보아야 한다는 생각이 힘을 얻고 있다. 귀신은 이에 대한 성찰성을 작동시키는 문화적 매개로 거듭난다. 생사의 임계지에 대한 상상을 통해 성찰적 서식처를 디자인한 21세기 귀신 콘텐츠가 그 결실이다. 영상 매체는 CGI를 통해 사후 세계를 감각적으로 재현한다. 상상 공간의 망자-귀신은 저승에 가기 전 삶을 정리할 기회를 얻는다. 콘텐츠 수용자는 귀신을 선先체험하며 죽음을 예행연습하고 현생을 되돌아본다.

한국 드라마 〈호텔 델루나〉, 영화 〈신과 함께〉는 사후에 망자에게 주어진 49일의 상상력을 구현한다. 일본 영화 〈지금, 만나러 갑니다〉에서도 망자의 유예기간을 타임슬립과 연결시켜 공감을 이끌어냈다. 이 영화는 한국에서 리메이크되어 국적 경계성을 넘었다. 49일에 대한 상상은 가오싱젠의 소설 『영산』에도 제시된다. 요시모토 바나나는 꿈의 경험을 진술해 이에 대한 공감을 확인했다. 이들은 아시아 전통문화로부터 영감을 받았다. 영화 〈원더풀 라이프〉나 만화 『우세모노 여관』, 웹툰 〈조명가게〉처럼, 죽기 전에 기억해야 할 장면, 기억, 대화라는 상상력으로 삶의 가치를 찾으려는 움직임이 힘을 얻고 있다. 생사의 경계에 계류된 존재에 대한 상상은 미완성의 삶을 정돈하는 성찰적 유예기간을 생성해, 주체적으로 삶을 완성하려는 인간 보편의 지향에 호소한다. 〈신과 함께〉처럼 이승의 삶을 초단위로 비추는 업경에 대한 상상은 불교적 세계관, 민간신앙에 바탕을 둔 아시아의 공통 감각이다. 상상의 뿌리는 종교이지만 서사로 재현될 때, 윤리 관념과 문화적 감수성 차원에서 공감대를 형성한다.

생사의 임계지라는 발상은 기술이 인간을 초월하는 지점을 뜻하는 특이점의 개념과 접경을 형성한다. 양자 모두 인간의 한계 지점인 생과 사, 인간과 비인간의 경계 이월을 매개한다. 이것이 가능해지려면 인간과 비인간의 차이가 먼저 확정되어야 한다. 모든 비인간 형상물들은 신체적, 물리적, 정신적, 심리적, 신경학적 차원에서 인간 개념에 대한 정의를 요청한다. 주체와 타자를 구별하는 기준이 있어야 각자의 존재감도 생성된다.

마인드 업로딩[1]이나 인간-기계 인터페이스, 전산신경과학 computational neuroscience으로 컴퓨터 같은 하드웨어에 마음을 정보로 치환해 기록하는 기술은 인간의 존재론적 영속성을 유지하는 과학적 장치다. 이는 삶을 업의 축적으로 간주하고, 저승을 이에 대한 인과응보적 판결처로 보는 아시아적 상상력과 대비된다. 마인도 업로딩이 생명 연장에 대한 인간의 욕망과 의지의 구현에 초점을 둔다면, 귀신과 저승사자는 윤리와 자기책임성에 무게중심을 둔다. 생명 연장을 둘러싼 동서고금의 인식 차이를 알 수 있다.

아시아 귀신은 인간 사회에 성찰을 요구하는 문화적 전통을 이어왔다. 그럼에도 불구하고 여전히 귀신이 공포스러운 것은 오랜 세월 한을 구성하는 사회적 맥락과 조건이 변혁되어, 현재에 균열을 일으키기 때문이다. 한의 감정에는 슬픔, 분노, 증오, 억울함, 원망이 복합적으로 존재한다. 세월에 응축된 복합 감정으로서의 한을 마주할 때 느끼는 공포에는 회피 심리, 죄책감, 절망이 작용한다. 한의 생성 맥락과 자신이 무관하지 않다는 성찰성은 죄책감을 환기한다. 귀신이 된 사회적 맥락과 지금의 현실이 무관하지 않다는 판단이 절망을 야기한다. 귀신에게 공감하는 자신을 발견할 때 귀신의 슬픔, 분노, 증오가 타자의 것이 아니라 공감하는 주체들의 보편 감정임을 확인하게 된다. 공포는 이에 거리를 두려는 보호 기제이자, 한의 전이를 막으려는 심리적 방어 기제다.

귀신의 추한 형상은 부정의와 상처의 표정이다. 이를 정화하는 힘은 반성력에서 나온다. 해원을 통해 귀신이 소멸할 때, 평안의 감각이 회복된다. 신체적·정서적·심리적 차원의 미의식이 감각되는 감성적 맥락이다. 미추는 역사적·사회적·정치적 생산물이다.

귀신은 아시아 버전의 '저지 기계deterrence machine'다.[2] '저지 기계'란 모든 것이 실재의 인위적 대체물, 즉 시뮬라크르로 대체되어버린 상황에서 모든 것이 시뮬라크르가 아니라 실제인 척 보이도록 하기 위해 자신의 부정적인 요소를 조작하는 작업이다. 귀신은 인간이 귀신 같지 않다고 각인시키는 저지 기계다. 귀신류에 속하는 좀비 또한 현대의 저지 기계다. 이유 없이 무차별 공격하는 좀비 행태는 현대사회의 안전성을 사수하는 저지 기계다. 좀비가 등장함으로써, 인간은 마치 '좀비가 아닌' 것처럼 인식된다. 최근의 K-필름과 K-드라마는 '좀비 같은 인간'을 등장시켜 저지 기계의 허구성을 폭로한다. 좀비는 전근대 귀신의 역할을 분할-담당한다.

귀신이 생성되는 역사, 문화적 맥락은 지금 우리가 처한 삶의 불편부당함, 억울함, 곤경이 무엇이고, 이에 어떻게 대응해야 할지 사유하는 성찰적 공론장을 제시한다. 질투, 열등감, 분노, 증오, 혐오, 슬픔은 귀신의 심리분석 내역서다. 정화되지 않은 감정은 귀신처럼 삶을 발목 잡는다. 웹툰 〈아파트〉는 한을 품은 이에 대한 동정과 연민이 스스로를 잠식하는 감정 법칙을 시각화했다. 감정 통제에 실패한다면 한을 전이시키는 귀신에게 사로잡힐 수 있다. 감정을 돌보고 다스려야 하는 이유다. 한국 고전 서사무가에 뿌리를 둔 웹툰 〈바리공주〉가 이에 대한 메시지를 구현한다. 귀신의 한을 경청하고 문제 해결을 도울 때, 한의 전이를 막고 주체 역량도 강화된다. 단, 협력팀이 필요하다. 귀신의 한이 사사로운 것일지라도 관심과 대응은 사회적이어야 한다는 발상이다. 타인의 억울함을 해결해준 이는 역량이 강화되고 성장한다. 오직 정화된 영혼만이 귀신 태를 벗고 소멸할 수 있다. 소멸이 미학이다. 그 바탕은 참회, 용서, 공감, 성찰, 돌봄,

정의적 윤리 등이다.

아시아에서는 각국의 언어, 문화, 전통에 따라 불멸의 영과 혼에 대한 상상력을 전승해왔다. 가시화되지 않지만 감각되고 인지되는 존재에 형상을 부여해 문화적 실체로 만든 셈이다. 귀신/요괴/혼/령은 수용자와의 공감대를 통해 타협하고 수정되는 문화적 진화를 거듭했다. 21세기에 이들은 현실을 성찰하는 방향에서 상상력의 확장을 꾀하는 중이다. 귀신이 등장하는 아시아 콘텐츠가 서구권에서도 공감대를 형성해 상상적 차원의 영향력을 발휘하고 있다. 영화 〈식스 센스〉나 〈조 블랙의 사랑〉은 널리 알려진 일부 사례에 불과하다. 아시아에서 태어나 서구권에서 활동하는 작가들의 작품 활동은 물론, 글로벌 미디어 플랫폼을 통해 전 지구적 콘텐츠가 동시에 공유되는 21세기 현실에서 아시아 문화 콘텐츠는 국가, 언어, 지역의 경계를 넘어 빠르게 전 지구적 공감대로 확산된다.

현재 포스트휴먼 담론은 휴머니즘 전통 이후의 인간 개념을 다루고 있다. 주로 정보과학, 신경의학, 의공학, 인공지능 분야에서 활발히 진행 중이다. 죽지 않는 인간 세상이 도래할 경우, 생존할 권리 못지않게 죽을 권리의 중요성이 부각될 것이다. 이에 대한 풍성한 사유와 합리적 공론장, 윤리적·법적 제도화가 필요하다. 어떻게 죽을 것인가라는 질문은 어떻게 살아야 하는가라는 질문을 미러링한다. 양자는 메아리가 아니라 맞잡은 양손의 뫼비우스 띠다. 이제 인간 생존권의 탐구는 죽음권에 대한 탐구와 동시적으로 수행되어야 한다. 인권 문제는 생사의 양자와 결부된다. 삶에 대해서뿐 아니라 죽음에 대해서도 책임과 권리 모두를 훈련해야 한다. 21세기 대중문화계의 귀신은 이에 대한 성찰을 제안하면서 새로운 역할을 생성한다. 영화, 소설, 드라마 등은 SF 양식으로 이에 대한 상상적 대응을 하는 중이다. 포스트휴먼 담론과 귀신 담론은 생명 지속과 죽음에 대한 상상을 통해 인간 개념을 재성찰한다. 아시아의 귀신은 지속적인 성찰의 자원이 되어, 포스트휴먼에 대한 사유와 접속한다.

아시아적 포스트휴먼의 상상력은 과학기술에 근거를 둔 서구권의 금속성과 달리 전통문화에 뿌리내린 아날로그적 심성 체계에 닻을 내린다. 서구의 SF 콘텐츠가 미래를 우울한 디스토피아로 재현할 때, 아시아의 SF 콘텐츠는 아날로그적 과거로 이행해 현대와 미래를 동시에 구원하는 낭만적 휴머니즘의 주제를 구성한다. 사랑과 이해, 순수와 우정, 일상의 행복 등이 아시아적 상상력의 전통 깊은 선택지다. 안드로이드나 유전공학에 관한 상상력도 아시아에서 출발할 경우 아날로그적 성향이 강하다. 스티븐 스필버그 감독의 〈AI〉, 리들리 스콧의 〈블레이드 러너〉, 이를 리메이크한 드니 빌뇌브 감독의 〈블레이드 러너 2049〉 등 서구 태생 안드로이드는 모두 금속성이다(최근 개봉한 드니 빌뇌브 감독의 영화 〈듄〉[2021]에서는 원시적 상상력과 최첨단 과학기술이 콜라주된 미래 세계가 재현되어 주목을 요한다). 고레에다 히로카즈 감독의 〈공기인형〉(2013)은 미래의 안드로이드를 다루지만, 금속성 사이보그가 아니라 '숨'을 불어넣어 부풀린 인형 형상이다. 질료적 차원에서나 감성 차원에서 '인형-인간'이라는 '따뜻한 아날로그' 정서를 표현한 것은 아시아적 감성 구조를 반영한다.

포스트휴먼 세계는 인간-이후를 묻기에 앞서, 인간의 정의定義를 되묻는 것으로 시작된다. 이 질문을 전승해온 아시아 귀신은 기술문명 시대를 맞아 새로운 사유를 디자인한다. 21세기 아시아 귀신은 한과 복수라는 개인성·정치성을 넘어, 지구화된 세계와 우주시대의 탐험 주체로 거듭난다. 귀신의 음성은 이제 과거에서 온 공포나 한이 아니라 미래를 향한 메시지다. 생각이 거울이고 상상이 현실이며, 성찰성은 인간을 미학적 주체로 위치시킨다.

21세기 아시아 귀신은 생사를 사유하는 계류지에 대한 상상을 통해 미래는 도래하는 것이 아니라 과거를 현재로 소환해 재구성함으로써 도달할 수 있다고 말한다. 아시아 귀신이 신체성을 지녔다는 것은 형태적 자유나 탈신체화를 추구하는 안드로이드 기반의 정보과학의 지향과 다른 점이다. 정의가 탈환되는 순간 소멸을 기약하는 귀신은 신체성을 한계로 인식해 비약적 수명 연장을 약속하는 자본-과학의 결탁과 결별한다.[3] 행위를 성찰하고 현생을 되돌아보아야 인간답다고 말하는 귀신의 존재론적 자기규정은 생명의 무한 연장을 추구하는 탐욕적 포스트휴머니즘과 명백히 구분된다. 그럼에도 불구하고 현실이 불완전하고 정의는 실현 불가능하기에 귀신의 소멸이 가능하지 않다면, 이는 절망의 선언이 아니라 오히려 '정의를 되묻는 정의'가 살아 있음을 역설적으로 증거하는 생명적 징후로 이해할 필요가 있다.

귀신의 신체성은 한계가 아니라 그 자체로 실존의 핵심이다. 생사를 연결하는 귀신은 양자의 세계에 질문을 제기한다. 그 요체는 삶의 가치와 의미, 인간 정체성, 윤리와 정의, 감성과 소통에 관련된다. 21세기에 귀신은 소멸하거나 퇴화, 단명하지 않고 새로운 의미의 장을 형성하며 진화한다. 귀신은 유사 동류와 공생하고 대결하며 생명력을 잇는다. 역설적인 의미에서 귀신의 생명력은 아시아 휴머니즘의 유효성을 입증한다. 단, 아시아에서는 전통적으로 귀신이 소외된 약자의 목소리를 전하는 역할을 했기에, 여자 귀신이 권력을 가진 엘리트 남성에 의해 퇴치됨으로써 현실 세계의 정당성을 강화하는 역설적 주체로 자리매김하는 모순이 있음을 기억할 필요가 있다. 귀신 서사를 현대적으로 승계할 때 젠더를 고려해야 하는 이유다. 이미 그러한 시도가 존재하지만, 젠더 고정성을 성찰하는 데 그치지 않고 한 발 더 나아가 새로운 젠더 질서를 디자인할 필요가 있다. 젠더를 둘러싼 이해는 역사적, 문화적 배경에서 형성되지만, 변화하는 미래를 평화롭게 설계하기 위해서는 젠더적 역할이나 관계에 대해서도 이전의 관습을 답습하거나 부분적으로 수정하는 데서 나아가, 새로운 아이디어를 제출해 상상적으로 설계할 필요가 있다. 젠더 디자인의 방향은 포스트휴먼의 개념과 정의, 생리에 따라 달리 정해질 수 있지만, 혈연·인종·종교·국가·자본의 위계 등 이질적인 것에 대한 배타적 혐오를 넘어, 평화롭게 공생하고 협력할 수 있는 새로운 공동체 문화로 창안되어야 한다. 상생을 위한 새로운 상상력이 필요한 시대다.

포스트휴먼이나 트랜스휴먼의 상상이 거대자본의 투자에 힘입은 기술공학에 기반한다면, 귀신에 생명력을 부여하는 것은 집단 감성과 사회적 상상력이다. 대중의 인식, 감성, 판단, 윤리에 공감하면서 성장해온 역사·문화적 동력이 귀신에 관한 상상력을 뒷받침한다. 이 책을 집필하는 동안에도 귀신과 관련된 콘텐츠가 끝없이 생성되어 생명력을 확장하고 있었다. 귀신 아이콘이 이 시대에 여전히 문화·예술적 생명력을 지니고 있는 것이다. 문화적 형상물은 사회적 동의 없이는 존속할 수 없다. 귀신에게 생명력을 부여한 것은 역설적이게도 현대를 살아가는, 신체와 감정을 지닌 사람이다. 인간의 불완전성이 귀신이라는 상상체를 키워가고 있다. 한계에 대한 상상이 불완전성과 모순을 사유하는 매개다. 귀신의 문화적 역할이 여기에 있다. 귀신은 생사의 경계성 존재로, 인간의 물리적 한계를 이념과 추상의 차원에서 극복한 문화적 창조물이다. 귀신은 삶과 죽음, 인간사의 복잡성, 권력관계, 문화 동력에 대해 다차원적으로 사유하게 만든다. 귀신이 수반하는 성찰성은 미학적 주체 구성을 추동한다. 귀신은 현실을 방관하지 않는 실천적 주체다. 귀신에 대해 행동 미학이라는 개념으로 접근하게 된 이유다.

21세기 아시아 귀신은 현대성을 사유하는 감각의 매개다. 동시에 미학적으로 설계된 정교한 사유 장치이자 거대한 성찰 동력이다. 투명하게 가려진 귀신의 정체가 이해와 공감 속에서 실체를 드러낼 때, 귀신의 투명성에 공모했던 개인과 사회의 무관심, 외면, 방관이 속죄와 참회를 통해 의미 있는 변혁을 이루어 정의가 힘을 얻을 것이다. 이것이야말로 보이지 않는 상상의 영역에서 귀신의 행동 미학이 거둔 가장 빛나는 성취다.

주

— 1장: 왜 다시 귀신인가

1 크리스티앙 보뱅, 『환희의 인간』, 이주현 옮김, 1984Books, 2021, 84쪽.

2 이 글에서는 한국 독자의 경험적, 문화적 감성을 존중하여, 중국, 홍콩, 타이완을 각기 구분해 사용한다. 예컨대 쉬커(徐克) 감독의 〈천녀유혼〉, 리앙(李昂)의 『눈에 보이는 귀신』은 각각 홍콩 영화, 타이완 소설로 명명한다.

3 이에 관해서는 Choe, Keysook, "*Kwisin* in Chosŏn Literati Writings: Multilayered Recognition, Cultural Sensibility, and Imagination," *Journal of Korean Studies* 24, no. 1, Duke University, 2019를 참조.

4 장횡거에 이어 중국 북송대 사상가 주희(朱熹, 1130-1200) 또한 '귀'는 온축되고 '신'은 펼쳐진다고 정의했다(주희, 『주자어류』 1권, 허탁·이요성 옮김, 청계, 1998, 59, 360쪽).

5 중국에서 전통적으로 사용된 '귀', '혼', '백'의 의미에 대해서는 Judith T. Zeitlin, *Historian of the Strange: Pu Songling and the Chinese Classical Tale*, Stanford University Press, 1993, pp. 4-5를 참조.

6   Choe, Keysook, "*Kwisin* in Choson Literati Writings," pp. 5-7를 참조.

7   리처드 커니, 『이방인, 신 괴물』, 이지영 옮김, 개마고원, 2004.

8   이규경(李圭景. 1788~?)의 『오주연문장전산고(五洲衍文長箋散稿)』, 조재삼(趙在三. 1808~1866)의 『송남잡지(松南雜識)』 등 조선시대 유서(類書) 또는 박물학 저서에 '귀신' 항목이 포함된다.

9   이상은 Michael Dylan Foster, *The Book of Yokai: Mysterious Creatures of Japanese Folklore*, University of California Press, 2015, pp. 14-18,; 고마쓰 가즈히코, 『요괴학의 기초지식』, 천혜숙·이정희 옮김, 민속원, 2021, 28~29, 83, 88~90쪽을 참고해 필자가 정리했다.

10 이상은 Michael Dylan Foster, *The Book of Yokai: Mysterious Creatures of Japanese Folklore*, pp. 19-23을 참고해 필자가 정리했다.

11 이는 일본 근대의 민속학자인 야나기타 구니오(柳田国男, 1875~1962)의 견해(『妖怪談義』, 講談社, 1956)이며, 오류에 대한 비판은 고마쓰 가즈히코, 『요괴학의 기초지식』, 55쪽을 참조.

12 같은 책, 39쪽.

13 야나기타 구니오의 선택도 이와 같다(Michael Dylan Foster, *The Book of Yokai: Mysterious Creatures of Japanese Folklore*, p.19를 참조).

14 같은 책, pp. 5-22를 참조. 일본 문학사 속에서 요괴가 출현하는 구체적인 장소에 대해서는 고마쓰 가즈히코, 『요괴학의 기초지식』, 146~169쪽을 참조.

15 한국에 일본의 요괴 및 요괴학이 본격적으로 알려진 데는 고마쓰 가즈히코, 『일본의 요괴학 연구』, 박전열 옮김, 민속원, 2009의 영향이 크다.

16 박전열·임찬수 외, 『현대 일본의 요괴문화론』, 제이앤씨, 2015, 401~404쪽에 정리된 요괴 종과 개체는 총 174개다. 일찍이 야나기타 구니오가 「妖怪名彙」(『妖怪談義』, 講談社, 1977)에서 일본 전역에서 명명된 요괴의 단어를 수집 정리한 바 있다(고마쓰 가즈히코, 『요괴학의 기초지식』, 37쪽을 참조).

17 곽은심, 「일상 언어 속에서 살아 숨 쉬는 요괴의 이미지」, 『현대 일본의 요괴문화론』, 75·87쪽을 참조.

18 유몽인, 「성수침이 만난 귀신」, 『어우야담』 1, 신익철·이형대·조융희·노영미 옮김, 돌베개, 2006, 246쪽.

19 리앙, 「불견천의 귀신」, 『눈에 보이는 귀신』, 김태성 옮김, 문학동네, 2011, 168쪽.

20 Jisoo M. Kim은 The Emotions of Justice: Gender, Status, and Legal Performance in Chosŏn Korea, University of Washington Press, 2016에서 법 감정으로서의 한과 정의의 감정에 대해 실증적으로 다루었다.

21 공포를 환기하지 않는 귀신도 있다. 조상신으로 등장하는 양반 남성 귀신이다. 가부장제의 젠더 정치가 저승에도 관철된다고 상상된다. 이에 대해서는 최기숙, 『처녀귀신』, 문학동네, 2010, 2장을 참조.

22 Melissa Gregg & Gregory J. Seigworth, The Affect Theory Reader, Duke University, 2010, 1장을 참조.

23 '속도적 초지능(speed superintelligence)' 개념은 닉 보스트롬, 『슈

퍼인텔리전스: 경로, 위험, 전략』, 조성진 옮김, 까치, 2017, 104쪽을 참조. 작은 단위의 지성체들이 하나로 뭉쳐 시스템을 구성하는 것을 '집단적 초지능(collective superintelligence)'이라고 하며, 속도뿐 아니라 질량적으로 인간의 기능을 초월할 때 이를 '질적 초지능(quality superintelligence)'이라고 한다. 같은 책, 106~111쪽 참조.

24 '수확가속의 법칙'이란 기술의 진화속도가 가속화되고 그것을 유지하는 현상을 의미하는 개념으로, 미래학자 레이 커즈와일(Ray Kurzweil)의 전망이다. 이혜영 외, 『트랜스휴머니즘과 포스트휴머니즘』, 한국학술정보, 2018, 5쪽 참조.

25 트랜스휴머니즘은 인간의 지적, 신체적, 생리적 능력을 강화시키는 정교한 기술을 창조하고 발전시킬 목적으로 인간 조건을 변화시키고자 한다. 주요 논제는 비약적인 수명 연장, 마음 업로드, 의약품과 기술을 이용한 정신 능력 향상, 인공지능, 의수족과 유전자 변형을 통한 인체 개량 등이다. 마크 오코널, 『트랜스휴머니즘』, 노승영 옮김, 문학동네, 2018, 27쪽; 안지현, 「포스트휴머니즘」, 『트랜스휴머니즘과 포스트휴머니즘』, 109쪽 참조.

26 이를 뒤튼 로맨스 좀비 코미디가 만들어진 것은 2013년에 제작된 〈웜 바디스〉가 처음이다(후지타 나오야, 『좀비 사회학』, 선정우 옮김, 요다, 2018, 86쪽). 사랑이 좀비를 인간으로 만든다는 점에서 〈미녀와 야수〉의 상상력과 연계되는 전형성을 보인다.

27 '공의존(codependency) 관계'라는 표현은 도나 해러웨이가 소개한 생물학적 개념을 차용했다. '믹소트리카 파라독사(Mixotricha Paradoxa)'는 '섞여 있는 실'이라는 뜻을 지닌 아주 작은 단세포 유

기체로, 다섯 개의 다른 종류의 실재물과 절대 공생관계에 살고 있다. 다섯 개의 실재물은 핵산과 DNA를 가지고 있으나 핵으로 조직되지는 못했다. 믹소트리카는 이런 다섯 개의 물체들과 공생하면서 다른 실재들과 '공의존' 관계를 형성한다. 믹소트리카 파라독사는 단독으로 존재할 수 없으며, '관계성'을 통해 존재하는 유기체다. 해러웨이가 이에 주목함으로써 '은유적으로' 제기하려 했던 철학적이고 인식적인 문제는 하나와 여럿을 배타적으로 분리하는 사고에 균열을 일으키는 것이었다. 믹소트리카는 하나와 여럿의 배타적 분리에 이의를 제기하는 실체이다. 하나는 여럿과 연결되고, 여럿은 하나를 위한 숙주가 되는 형식이다(다나 J. 해러웨이·사이어자 니콜스 구디브, 『한 장의 잎사귀처럼』, 139~143쪽 참조).

28 고마쓰 가즈히코(小松和彦)는 근대화로 인해 요괴 서식처가 박멸된 이유에 대해 이와 같이 언급했다(『일본의 요괴학 연구』, 144~154쪽).

—— 2장: 관리되는 귀신, 퇴치되는 공포

1 마거릿 드래블, 『붉은 왕세자빈』, 전경자 옮김, 문학사상, 2005, 167쪽.

2 이에 관한 최근 논문으로는 서해숙, 「구전설화에 나타난 저승과 저승사자의 문학적 형상화와 인식 연구」, 『한국민속학』 69, 한국민속학회, 2019를 참조. 구비설화에서는 실수를 하는 저승사자가 등장해 수명을 늘려주기도 하고 환생도 돕는 인간적인 모습을 보이는데, 이는 죽음에 대한 두려움을 완화시키고 저승도 이승과 유사하다는 안도와 평안을 준다는 해석이 주목을 끈다. 이에 비해 최준식은 저승담이 주로 저승에 '끌려간다'고 서술되어 공포와 거부

의 대상으로 이야기되었으며, 무가의 저승관도 지옥 중심이라는 점에 주목했다(최준식, 「한국인의 죽음관-내세관의 형성을 중심으로」, 엘리자베스 퀴블러로스, 『사후생』, 대화문화아카데미, 2020, 166; 174쪽). 저승에 대한 민속적 상상력 또한 다층적임을 알 수 있다.

3 이 절의 분석은 최기숙, 「Daum 웹툰 〈바리공주〉를 통해 본 고전 기반 웹툰 콘텐츠의 다층적 대화 양상: 서사 구조와 댓글 분석을 중심으로」, 『대중서사연구』 25-3, 한국대중서사학회, 2019를 바탕으로 했다.

4 2018년 12월 8일 포털사이트 Daum을 통해 '예고편'이 소개된 뒤, 2017.12.15.부터 2022.2.7. 현재까지 180화가 연재중이다.

5 이상은 웹툰 〈바리공주〉 1화의 댓글을 참조.

6 「14화: 사혼제2」에는 지게에 한가득 나무를 실은 무장승이 바리 공주가 품에 안고 있는 세 토막의 나무를 가져가는 모습이 그려진다. 이러한 무장승의 태도에 대해 호감을 표하는 댓글이 달렸다.

7 유메마쿠라 바쿠·오카노 레이코, 『음양사』 1권, 3~9권, 이메일, 2003; 2권, (주)세주, 1997; 10~12권, 서울문화사, 2006. '이메일' 출판사의 한국판 『음양사』의 표지에는 "이 작품의 한국어판은 국내 실정에 맞게 수정 각색된 작품입니다"라고 되어 있다. 부분적으로는 일본어판을 참조했지만, 『음양사』에 대한 전반적 분석은 한국어판을 대상으로 한다.

8 고마쓰 가즈히코, 『일본의 요괴학 연구』, 238~240; 58쪽.

9 Shigeta Shin'ichi, *Abe no Seimei: Onmyo-ji-tachi no Heian jidai*, Yoshikawa ko-bunkan, 2006, p.23(Foster, *The Book of Yokai*, p.37에서 재인용).

10 음양사 아베노 세이메이(安倍晴明, 921-1005)에 관한 정보는 '나무위키'에 상세히 정리되어 있다. 이에 따르면, 실존 인물인 아베노 세이메이도 반인반호(半人半狐)로 알려졌다고 한다. 만화에서의 세이메이는 청년의 모습이지만, 실제 음양사로 활동한 것은 60대다. 일본 교토시 가미교구에 세이메이의 저택이 있고, 1007년에 창건된 세이메이 신사(晴明神社)가 있다. 처음에는 소규모였으나, 만화의 원작가인 유메마쿠라 바쿠가 소설 『음양사』를 발간한 1988년 이후 유명해져서, 여러 군데 신사가 생겨났다. 아베노 세이메이의 생애 및 신사의 위치 정보 및 정확성에 대한 탐구는 고마쓰 가즈히코, 『일본의 요괴학 연구』, 55~66쪽의 「아베노 세메」 장을 참조.

11 고마쓰 가즈히코에 따르면 아베노 세이메이는 다다유키와 야스노리 부자 2대를 섬겼다. 스승인 야스노리는 음양도를 이분해서 세이메이에게 천문도를 전수한다(『일본인은 어떻게 신이 되는가』, 김용의 외 옮김, 민속원, 2005, 61쪽).

12 유메마쿠라 바쿠·오카노 레이코, 『음양사』 12권, 16쪽.

13 같은 책, 280~282쪽.

14 『음양사』 8권에서 세이메이는 기우제를 지내러 가는 여정이 곧 25년간의 수행을 정화하는 과정임을 보여주었다. 이 장면에서 세이메이는 처음으로 관을 벗고 긴 머리를 드러냈다.

15 미나모토노 히로마사(源 博雅. 918-980). 일본 헤이안 시대의 황족으로 음악가이자 정치가. 아베노 세이메이와 친밀한 사이로, 이들이 등장하는 귀신 이야기나 요마 퇴치담이 『곤자쿠모노가타리(今昔物語)』에 전한다.

16 예컨대, 「이슬이라고 대답할…」(5권)에서는 헤이안 시대의 서사문

학인 『이세 모노가타리(伊世物語)』, 같은 시대의 와카집(和歌集)인 『고금화가집(古今和歌集)』 등이 인용되며, 일본 음악 용어인 반섭(盤涉), 반섭조, 채상로 등이 사용된다. 독자는 자연스럽게 당대의 교양과 문화 정보를 접할 수 있다.

17 부적이란 재액과 사귀, 역신을 막고, 행운을 가지고 올 것으로 믿는 상징물로, 종이에 쓴 글씨나 그림을 말한다. 중국이나 일본에서는 주부(呪符), 또는 부주(符呪)라고 한다. 부적은 한국식 표현이다(김영자, 「한국 부적의 역사와 기능」, 고려대학교 대학원 박사학위논문, 2007, 1쪽.).

18 『음양사』에서는 고려 음악(「천문박사 카모노 야스노리, 냉천언으로 천궁遷宮 때 반폐를 맡다」, 10권), 백제에서 선사받은 영검(「아베노 세이메이, 온명전의 영검을 수리하다」, 11권) 등이 단편적으로 언급된다. 백제의 영검은 파적(破敵)과 수호(守護)를 상징하며, 성좌와 성수, 부적이 새겨져 있다. 화재에 손상된 것을 세이메이가 수리하기로 되어 있었는데, 그의 손에 들어가게 된다.

19 横山重, 松本隆信 編, 『室町時代物語大成』 9, 角川書店, 1981; 田中貴子, 『百鬼夜行の見える都市』, 新曜社, 1994(고마쓰 가즈히코, 『일본의 요괴학 연구』, 196~197쪽을 참조).

20 '결계'란 불교 용어로서 일정한 구역을 정하여 승이 계율을 어기지 못하도록 한 것, 또는 밀교에서 일정한 지역 내에 잡귀나 악마가 들어오는 것을 막기 위해 하는 것을 의미한다(2권, 153쪽을 참조). 일본 원작에는 '결계'에 대한 설명이 없다.

21 이상은 고마쓰 가즈히코, 『일본인은 어떻게 신이 되는가』, 15쪽을 참조.

22 1995년 아사히신문출판의 격월간 잡지 『네무키(ネムキ)』에 단편으로 소개되어 연재물로 정착한 만화다. 2012년에 『네무키』가 휴간되면서, 아사히신문출판의 만화 잡지 『네무키 플러스(Nemuki+ ネムキプラス)』로 매체를 옮겨 2020년 7월 현재까지 연재된다. 이상, 만화 『백귀야행』의 연재 이력 및 현황에 대해서는 네이버 블로그 '세계만화정전'(http://blog.naver.com/selfishgene)참조. 한국에서는 1999년에 1권이 소개된 후, 2021년 3월 현재 총 28권(126화)이 출간된다. 각 권은 11~18쇄를 거듭할 정도로 인기가 높다. 작가는 첫 회를 마감한 뒤, 이 만화가 연재물이 되리라고 생각지 못했었다고 고백한 바 있다. 처음부터 작중 인물이나 서사 전개의 거시적 구도를 설계했던 것이 아니라 연재 과정에서 구성을 키워 간 것이다. 이에 따라 캐릭터와 미스터리는 점차로 추가되는 형태를 취한다. 이 글에서는 한국어 번역본 『백귀야행』 1~28권, 시공사 1999~2021을 주로 참고하되, 부분적으로 일본어 원작인 『百鬼夜行抄』 1~6, 朝日新聞出版, 2013[2007]을 참고한다. 이 만화는 2021년 10월 현재 일본에서 29권까지 출간되었다.

23 박희영, 「요괴의 문화콘텐츠로서의 가능성과 한계: 백귀야행(百鬼夜行)을 중심으로」, 『한국일본학회 학술대회』 2016-2, 한국일본학회, 2016, 139~140쪽.

24 고마쓰 가즈히코, 『일본의 요괴학 연구』, 62쪽.

25 '그만한 분이시니 니조 대궁에서 백귀야행을 만나셨어도 별 탈이 없으셨지요.' (아쿠타가와 류노스케, 「지옥변」, 『지옥변』, 양윤옥 옮김, 시공사, 2011, 76쪽).

26 부분적으로는 민간 속설에 의지해 공포 괴담을 구성하거나, 편견

을 강화하는 에피소드가 있다. 예컨대, 샴쌍둥이의 한쪽이 악령에 들린 것처럼 설정한 것(14권 58화)은 편견을 강화할 우려가 있다. 「천상의 우두머리」에는 아기의 생존권을 성인이 결정하는 폭력성이 개입된다. 만화에서 이에 대한 도덕적, 법적 처벌을 설정하지는 않았고, 모두가 요괴 때문이라는 상상력만 차용했다. 「조력자」에서도 "우연히" 악령이 붙은 것은 '불운'이라는 관점이 매개된다. 이 두 에피소드가 포함된 14권이 한국에 출간된 것은 2006년이다. 해당 논제에 대한 한국에서의 비평적 연구는 없다.

27 덴구란 요괴의 일종으로 붉은 얼굴에 높은 코, 등에 날개가 달린 형상이다. 고마쓰 가즈히코, 『요괴학의 기초지식』, 96쪽을 참조.

28 일본에서는 매년 2월 16일에 산의 신이 마을에 내려와서 밭의 신이 되었다가, 10월 12일이 되면 다시 산으로 간다고 믿는 풍속이 있다. '신빌림(神借り)' 풍속은 2월 16일에 가장이 몸을 정결하게 하고 밤에 산으로 신을 모시러 가는 것을 말한다. 이때 가장은 산속에서 '신체(御神体)'를 주워 와서 종이에 싸서 집에 두는데, 다른 사람에게는 비밀로 해야 한다. 10월 12일이 되면 다시 가장이 신체를 산에 가져다 놓는다(『백귀야행』 3권, 229~230쪽; 『百鬼夜行抄』 2, 131~132面을 참조).

29 '설녀'는 겨울, 특히 정월대보름에 나타난다는 일본의 요괴다(야나기타 구니오, 『도노 모노가타리』, 김용의 옮김, 전남대학교출판부, 2007, 167쪽). '설녀'의 전승은 나카자토 료헤이, 「오늘날에도 변형을 거듭하는 눈 속의 여자요괴, 설녀」, 『현대 일본의 요괴문화론』을 참고.

30 일본의 오봉일은 양력 8월 15일이다. 오봉일에는 조상이나 죽은 사람의 혼을 맞이하기 위해 문 앞에 불을 피우는데, 이를 무카에

비(迎火)라고 한다. 이때 혼이 타고 오도록 가지나 오이로 말과 소 모양을 만들어두는데, 이를 무키에우마(迎之馬)라고 한다(『백귀야 행』 16권의 65화 「이계의 파수꾼」의 역주 참조).

31 오쿠리비란 오봉의 마지막 날 저승에서 온 조상들의 영혼을 되돌려 보내기 위해 문 앞에서 피우는 불을 말한다(16권 65화 「이계의 파수꾼」).

32 이마 이치코, 『백귀야행』 1권, 17쪽.

33 같은 책, 1권, 81쪽.

34 같은 책, 6권, 123쪽.

35 이상은 최중락, 「스크린 위를 활보하는 요괴들」, 『현대 일본의 요괴문화론』, 231쪽을 참조.

36 이마 이치코, 『백귀야행』, 7권, 94쪽.

37 같은 책, 7권, 91쪽.

38 같은 책, 4권, 29쪽.

39 같은 책, 1권, 17쪽.

40 같은 책, 4권, 15쪽.

41 같은 책, 4권, 150쪽.

42 今市子, 「闇からの呼び声」, 『百鬼夜行抄』 1, 朝日新聞出版, 2013, 24面.

43 작가 스스로 이에 대해 고백한 바 있다. "(…) 이전에 하도 얽히고설켜 앞뒤가 맞는지 안 맞는지도 모르겠고, 요즘에는 캐릭터의 이름이 맞는지 나 자신도 자신이 없다"(이마 이치코, 『백귀야행』, 9권 후기).

44 "그날 밤 요괴에게서 자유로워진 그녀는 너무나 아름다웠다"(같은 책, 1권, 90쪽).

45 일본의 구비설화에 등장하는 설녀(유키온바)는 인간의 정기를 빼앗아가며, 사람이 그 얼굴을 보거나 말을 주고받으면 잡아먹힌다고 한다. 그러나 다른 지역에서는 설녀가 부르는데 대답하지 않으면 골짜기로 떨어뜨린다고 전해진다(나카자토 료헤이, 「오늘날에도 변형을 거듭하는 눈 속의 여자요괴, 설녀」, 『현대 일본의 요괴문화론』, 46쪽). 요괴를 대하는 처신이 일관되지 않은데, 바로 그런 불확실성이 공포의 핵심이다.

46 작가 이마 이치코는 "작가는 영력 제로입니다. 유령도 신비한 존재도 본 적이 없죠"라고 고백한 바 있다(『백귀야행』, 7권 후기), 유사한 언급이 11권의 작가 후기에도 나온다.

47 '구마'는 악령의 사로잡힘에서 벗어나게 하는 로마가톨릭교의 예식이다. '장엄구마 예식'은 교회법 제1172조에 따라 특별히 집전될 수 있는 퇴마 의식이고, '부마자'는 악령이 몸 내부에 존재하는 사람을 일컬으며, '12형상'은 부마의 징후들로 장미십자회에서 일련 번호를 분류한 악령의 종류를 뜻한다.

─── 3장: 귀신과 교섭하기, 로맨스와 공생

1 미야모토 테루, 「흙탕물의 강」, 『반딧불 강』, 허호 옮김, 문학동네, 2006, 15쪽.

2 미야모토 테루, 『오천 번의 생사』, 송태욱 옮김, 바다출판사, 2018, 111쪽.

3 호르헤 루이스 보르헤스, 「기억의 천재 푸네스」, 『보르헤스 전집 2: 픽션들』, 황병하 옮김, 민음사, 1994.

4 요시모토 바나나·윌리엄 레이넨, 『드림타임에서 만나요』, 조성미

옮김, 이숲, 2012, 16~17쪽.

5 같은 책, 21쪽.

6 같은 책, 19쪽.

7 요시모토 바나나,『몸은 모든 것을 알고 있다』, 김난주 옮김, 2004, 139쪽.

8 요시모토 바나나,『슬픈 예감』, 박소영 옮김, 시민사, 1995.

9 『암리타』(김난주 옮김, 민음사, 2001)에서는 소설가로 등장하는 류이치로만이 영적 감수성에 대한 에피소드가 제시되지 않는다.

10 요시모토 바나나,『몸은 모든 것을 알고 있다』.

11 요시모토 바나나,『키친』, 김난주 옮김, 민음사, 2009.

12 요시모토 바나나,『N.P.』, 김난주 옮김, 민음사, 2016.

13 요시모토 바나나,『서커스 나이트』, 김난주 옮김, 민음사, 2018.

14 요시모토 바나나,『N.P.』, 234쪽.

15 요시모토 바나나·윌리엄 레이넨,『드림타임에서 만나요』, 100쪽.

16 요시모토 바나나,『몸은 모든 것을 알고 있다』, 14쪽.

17 요시모토 바나나,『암리타』, 205쪽.

18 요시모토 바나나·윌리엄 레이넨,『요시모토 바나나의 인생을 만들다』, 황소연 옮김, 21세기북스, 2013, 46쪽.

19 요시모토 바나나,『암리타』, 81쪽. 시인 허수경도 '아주 오래전에 받은 편지들은 죽은 자들의 음성 같을 때가 있다'고 썼다(『가기 전에 쓰는 글들』, 난다, 2019, 33쪽).

20 이상은 우치다 다쓰루,『사악한 것을 물리치는 법』, 김경원 옮김, 북뱅, 2016을 참조해 재정리했다.

21 이상은 레오나르도 보프,『생태신학』, 김항섭 옮김, 가톨릭출판사,

1996, 58~59쪽을 참조. 저자는 종교학과 생태학을 연결해 근대적 패러다임을 비판적으로 성찰하는 입장에서 영성을 해석한다. 기독교적 성령의 우주적 편재성에 대한 사유는 인디언이나 아시아 선(禪) 전통의 종교인에게도 발견되는 직관이다(같은 책, 77쪽). 저자가 신학자이기에 영에 대한 해석 또한 성령이라는 기독교적 인식을 근간으로 하지만, 영을 생명적 세계에 대한 공유 감각이라고 보는 점에서 해석적 보편성을 담보하고 있어 참조가 될 만하다.

22 이 책에서는 한국어 번역본 『기사단장 죽이기』 1·2, 홍은주 옮김, 문학동네, 2017을 대상으로 하며, 부분적으로 일본어 원작, 『騎士団長殺し』 1·2, 新潮社, 2017과 중국어 번역본 『刺杀骑士团长』 1·2, 林少华译, 上海译文出版社, 2018, 영어 번역본 *Killing Commendatore* trans. by Philip Gabriel·Ted Goossen, Alfred A. Knopf, 2018을 참조한다.

23 실제로 소설에는 "나는 언어를 잃은 소설가처럼, 악기를 잃은 연주자처럼, 그 간소한 정사각형 작업실에서 하릴없이 손을 놓고 있었다"라는 문장이 서술된다(『기사단장 죽이기』 1, 77쪽).

24 하루키 소설의 애독자라면 알 수 있듯이, 그의 소설에서 음악은 문장 부호만큼 필수적이다. 장르는 재즈, 록, 클래식 등 다양한데, 이 소설에서는 오페라다.

25 「이세의 인연」의 내용은 우에다 아키나리, 『하루사메 모노가타리』, 조영렬 옮김, 문, 2009에 실린 것을 필자가 요약했다.

26 무라카미 하루키, 『기사단장 죽이기』 2, 586쪽.

27 지옥변(地獄變)이란 선을 관장하고 악을 응징하기 위해 지옥의 끔찍한 형벌의 모습을 그려낸 그림으로, '지옥변상도(地獄變相圖)'의

약칭이다. 단어의 뜻은 아쿠타가와 류노스케, 『지옥변』, 양윤옥 옮김, 시공사, 2011, 77쪽의 각주를 인용했다(일본어 원전에는 각주가 없다).

28 같은 책, 363; 368쪽을 참조.

29 무라카미 하루키는 최근의 에세이 『고양이를 버리다』(김난주 옮김, 비채, 2020)에서 그의 아버지가 전쟁을 경험하면서 개인의 의지와 무관하게 폭력에 가담한 일에 대해 죄책감을 가지고 있었으며, 이에 대해 아들로서 부채감을 지녀왔음을 간접적으로 토로한 바 있다. 소설을 통해서는 『태엽 감는 새』1~4(윤성원 옮김, 문학사상사, 1994), 『1Q84』1~3권(양윤옥 옮김, 문학동네, 2009-2010) 등에서 이에 대한 고민과 트라우마를 상징적·우회적으로 표현한 바 있다. 초기 작품인 『중국행 슬로보트』(김난주 옮김, 열림원, 1999)에서부터 이에 대한 암시적 고백이 작성되었다.

30 무라카미 하루키, 『기사단장 죽이기』, 1권, 293쪽.

31 村上春樹, 『騎士団長殺し』, 2卷, 150面.

32 村上春樹, 『刺殺騎士团长』, 2卷, 105頁.

33 Haruki Murakami, *Killing Commendatore*, p.431.

34 한국과 중국에서 영어의 'ghost'에 해당하는 '유령'은 근대적 번역어다. 이때, 일본어 '유레(幽靈)'를 차용한 것인지는 상세한 고찰이 필요하다. 양국의 전근대 시기에는 '유령'이라는 단어가 사용되지 않았다. 조선시대 문집 자료를 망라한 '고전번역원' 사이트(http://db.itkc.or.kr)에 '幽靈'이라는 단어로 검색하면 총 19건이 검색되는데, 이는 죽은 혼령이라는 뜻이 아니라 그윽한 자연의 기운을 신(자연신)에 빗대 표현한 것이다. 현대에 사용되는 죽은 이의 혼령

또는 그 현현이라는 뜻과 다르다. 중국의 경우,『고대중국어사전』(古代汉语词典编写组编,『古代汉语词典』, 商务印书馆, 2003)에는 '幽灵'이라는 단어가 없다. 중국의 국어사전에 해당하는『신화자전』(中国科学院语言研究所编,『新华字典』, 商务印书馆, 2004)과『현대중국어사전』(中国社会科学院语言研究所词典编辑室编,『现代汉语词典』, 商务印书馆, 2012)에는 실려 있다. 그런데『현대중국어사전』에서는 이를 '죽은 자의 영혼(미신迷信)'이라고 설명해, 유령을 미신으로 간주하는 부정성을 명시했다. 사회주의 체제에서의 현실적 언어관이 반영된 결과다. 일본어 '幽霊'(ゆうれい)는 요괴의 일종으로 간주되거나, 요괴와 다른 생리를 갖는 것으로 여겨지는 등 정체성의 개념이 다소 유동적이다. 야나기타 쿠니오는 유레(幽霊)와 오바케·바케모노를 구분했는데, 전자가 특정 인물을 좇아다닌다면, 후자는 불특정한 희생자를 겨냥한다고 보았다. 고마쓰 가즈히코는 유레란 민속학적으로 미완의 일로 죽은 망자의 현현을 의미하며, 현대에 와서 드라마와 예술의 소재로 등장하게 되었음을 강조한다(Michael Dylan Foster, *The Book of Yokai*, pp.23-26을 참조). 여기서 활용한 중국어사전에 대한 검색은 연세대학교 대학원 한국학협동과정의 손첸 박사과정생의 도움을 받았다. 이에 대한 해석과 분석은 모두 필자의 몫이다.

35 무라카미 하루키,『기사단장 죽이기』2, 166~167쪽.

36 Haruki Murakami, *Killing Commendatore*, p. 433.

37 같은 책, p. 433.

38 무라카미 하루키,『기사단장 죽이기』2, 169쪽.

39 Haruki Murakami, *Killing Commendatore*, p. 434.

40 주인공은 아마다 도모히코가 '기사단장 죽이기'를 보기 위해 힘들여 이 집으로 돌아왔다는 사실에 대해, "(생각해보면 아마다 도모히코의 영혼을 이리로 불러들인 장본인은 나인지도 모른다. 내가 그 그림의 포장을 벗기지 않았으면 그가 이리로 돌아오는 일도 없지 않았을까) 아들인 마사히코에게 아직은 밝힐 수 없었다"(『기사단장 죽이기』 2, 173쪽)라고 생각한 바 있다. '나'는 아마다 도모히코를 작업실로 부르고, 그 삶의 비의에 다가가 그림의 진실을 이해하는 유일한 인물이다.

41 Finding-Haruki.com의 "하루키 〈기사단장 죽이기〉 심층 인터뷰 (2)-일본 교도 통신"(2019.6.5)을 참조(https://finding-haruki.com/866?category=479733). 필자가 부분적으로 윤문하여 인용했다.

42 주인공은 아내 유즈를 처음 보았을 때, 열두 살에 죽은 누이동생과 닮았다고 느꼈고 첫눈에 반해 결혼한다. 그는 아내의 눈을 보면 여동생을 떠올렸고, 아내를 회고할 때 여동생과 비교하곤 했다. 그는 아내와 이혼한 뒤 자신이 무의식적으로 죽은 동생의 대역을 아내에게 요구해서 문제가 생긴 게 아닐까 생각한다(무라카미 하루키, 『기사단장 죽이기』 1, 47; 52; 480쪽)

43 같은 책, 2권, 450쪽.

44 무라카미 하루키, 『도쿄 기담집』, 허호 옮김, 문학사상사, 2006.

45 영화에서 다카시의 서프보드는 한 귀퉁이가 떨어져 나간 정도지만, 소설에서는 거의 두 동강 났다고 묘사된다. 다카시의 사인에 대한 설명도 조금 다르다. 소설에서는 사치가 절대음감에 피아노에 재능이 있다는 정보가 있고, 미국에 불법체류하다 구속되어 강제 환국되는 스토리가 있다. 영화에는 소설에는 없는 사회복지사와의 만남, 핸드프린팅 에피소드, 사치가 유골을 화장하고 공항

에 갔다가 생각을 바꿔 하와이에 머무는 스토리가 있다.

46   무라카미 하루키, 『도쿄 기담집』, 92쪽.

─ 4장: 생동하는 귀신, 회생하는 전통

1   가오싱젠, 『나 혼자만의 성경』 2, 박하정 옮김, 현대문학, 2002, 203쪽.

2   '엑소포니(exophony)'란 다른 언어로 쓴 글, 또는 다른 언어로 글을 쓰는 것을 뜻하는 것으로, 일본 태생으로 독일에 거주하면서 독일어로 창작활동을 하는 작가 다와다 요코(多和田葉子)의 책 『여행하는 말들』의 일본어 원제목 'エクソフォニー: 母語の外へ出る旅(엑소포니: 모어의 바깥으로 나가는 여행)'에서 유래했다(최윤영, 『엑소포니, 다와다 요코의 글쓰기』, 제이앤씨, 2020, 15쪽 각주 3번을 참조). 다와다 요코 외에, 중국 출신으로 프랑스에서 프랑스어로 글을 쓰는 가오싱젠, 벵골 출신의 영국 이민자 가정에서 태어나 미국으로 이주해 작가가 된 후, 로마에 가서 이탈리아어를 배워 이탈리아어로 글을 쓴 줌파 라히리 등이 엑소포니의 작가라고 할 수 있다.

3   가오싱젠에게 평론가라는 정체성을 부여하기도 하지만, 스스로 "제가 주로 하는 작업은 소설, 그림, 희곡, 이렇게 세 가지입니다"(가오싱젠, 『창작에 대하여』, 박은주 옮김, 돌베개, 2013, 367쪽)라고 한 당사자 의견을 존중한다. 중국의 연구자 양후이이(杨慧仪)에 따르면 노벨상 수상 이전에 가오싱젠은 소설가로서보다 희곡작가로서 더 많이 알려졌다고 한다(杨慧仪, 「『灵山』一九八二~一九九〇: 从现代主义到折中主义」, 林源 譯, 『当代作家评论』2013年 第5期, 130页).

4   가오싱젠의 프랑스 시민권 획득 연도에 대한 정보는 Sy Ren

Quah, *Gao Xingjian and Transcultural Chinese Theater*, University of Hawai'i Press, 2004, p.12를 참조. 가오싱젠은 엄밀히 말해 자신은 프랑스로 망명을 간 것이 아니라고 했다. 독일의 문화재단과 프랑스 측의 방문 초청을 받아 해외로 가는 형식이 었는데, 곧 톈안먼 사건이 일어났고, 다시 중국으로 돌아가지 않은 것이다(가오싱젠, 『창작에 대하여』, 320쪽). 가오싱젠이 노벨상을 수상했을 때, 중국 작가협회에서는 그가 중국과 무관한 프랑스 작가라고 주장했고, 중국 언론에서는 그를 '중국 작가'라고 했는데, 이는 중국어로 글 쓰는 작가, 또는 중국인 작가라는 이중의 의미를 함축한다(Sy Ren Quah, *Gao Xingjian and Transcultural Chinese Theater*, p.3).

5   가오싱젠은 1982년에 『영산』을 구상했으며, 소설의 배경 설정과 조사를 위해 1983~1984년에 장강 유역으로 세 차례의 여행을 떠나, 1989년 9월 파리에서 소설을 완성했다. 총 7년이 걸린 이 소설은 타이완 롄징출판사에서 1990년 12월에 출판된다(徐照華, 「論高行健『靈山』的敍述結構」, 『興大中文學報』 17期, 2005年 6月, 3頁 참조). 이글에서는 『영산』의 분석을 위해 한국어 번역본(『영혼의 산』 1·2, 이상해 옮김, 현대문학, 2001)을 활용했으며, 부분적으로 중국어본(高行健, 『灵山』, 香港: 天地图书有限公司, 2000)과 영어본(Gao Xingjian, *Soul Mountain*, trans. by Mabel Lee, Harper Perennial, 2000)을 참조했다. 본문에는 원작의 제목을 살려 『영산』으로 표기하되, 인용 표시를 할 때는 참조한 한국어 번역본의 제목 『영혼의 산』으로 한다. 미시적 부분에 한해 필자가 재번역했다.

6   중국 문화대혁명에서 '파사구(破四舊)'의 실천을 제안한 최초의 문

건은 베이징 홍위병들의 「向舊世界宣戰」이라는 글이다. 이에 대한 논의는 성근제, 「사구타파(破四舊)는 반전통주의인가?」, 『중국현대문학』 59, 한국중국현대문학학회, 2011; 윤휘탁, 「중국 문화대혁명 시기의 反전통과 전통」, 『역사학보』 218, 역사학회, 2013을 참조.

7   范銘如 「另眼相看: 當代台灣小說的鬼／地方」, 『台灣文學研究學報』 第二期, 2006年4月, 116頁.

8   리앙은 한 인터뷰에서 자신의 소설이 성, 정치 같은 타이완 사회의 금기를 침범했다고 밝힌 바 있다(리앙, 「귀신, 여자귀신, 빙의」, 박찬경 외, 『귀신 간첩 할머니: 근대에 맞서는 근대』, 현실문화, 2014, 418; 421쪽).

9   리앙, 「서문」, 『눈에 보이는 귀신』, 6쪽.

10 리앙, 「귀신, 여자귀신, 빙의」, 41~42쪽.

11 리앙, 「후기」, 『눈에 보이는 귀신』, 412~413쪽.

12 리앙, 「귀신, 여자귀신, 빙의」, 42쪽을 참조. 리앙은 소설의 배경인 '루청'은 자신이 살던 루강의 은유라고 밝혔다.

13 권헌익, 「친근한 이방인」, 『귀신 간첩 할머니』, 50쪽.

14 요시모토 바나나와 리앙은 직접 귀신을 본 적이 있다고 했다가, 직접 본 적은 없다고 쓰기도 했다. 양가적 의사 표현 자체가 귀신에 대한 인식과 감각의 불／확실성을 시사한다.

15 이상의 텍스트는 가오싱젠, 『피안』, 오수경 옮김, 연극과인간, 2008; 高行建, 『冥城』, 臺北: 聯合文學, 2001을 참조. 「생사계」에 대한 번역본의 제목은 '삶과 죽음 사이'다.

16 Sy Ren Quah는 초문화적 시각에 대해 서로 다른 문화가 교차되면서 발생하는 문화적이고 지적인 영역에 대해 분석하는 관점으

로 정의한다. 논자는 가오싱젠의 문학에 대해 중국과 프랑스, 전통과 현대, 지식인과 대중, 주류와 주변부 등 이질적 문화가 어떻게 서로 대화를 나누는지 탐구했다(Sy Ren Quah, *Gao Xingjian and Transcultural Chinese Theater*, p.13).

17 簡明,「裂變與聚變: 高行健作品中充滿張力的中國性」,『香港戲劇學刊』 8期, 2009年 12月. 젠밍(簡明)은 이를 특정한 '주의 없애기(沒有主義)'라는 개념으로 논했다.

18   그는 희곡「피안」의 후기에서 "내가 중국어로 작품 활동을 하고 있으니, 우선은 중국어를 하는 관객을 대상으로 한다. 그러나 나는 국수주의자는 아니며, 황제의 자손이라는 그 알 수 없는 자랑을 지니고 있지는 않다"고 밝혔다(가오싱젠,「〈피안〉에 관하여」,『피안』, 63쪽).

19 가오싱젠의 작품에는 중국의 전통, 고대와 현대가 언어와 문화적 차원에서 작동하는 적층성을 지니기에, 바로 이 점에 착안해 그의 소설과 희곡/연극을 비평하는 키워드로 삼기도 한다.

20 가오싱젠의 『나 혼자만의 성경』에는 조국이 없는 자로 자처하는 중국인 화자가 등장해, 조국을 떠난지 어언 10년이고, 과거를 회고하고 싶지 않다고 진술했다(가오싱젠,『나 혼자만의 성경』, 1권, 44쪽). 조국이라는 표지 없이 그저 중국어로 글을 쓸 뿐이라고도 했다 (같은 책, 2권, 74쪽). 그러나 다른 곳에서는 그것이 일면 불가능하다고 말했다(같은 책, 1권, 24쪽). 소설 속 화자는 종종 작가와 오버랩되지만, 소설은 허구이므로 반드시 이에 집착할 필요는 없다. 다만, 가오싱젠은 성년이 되기 전까지 『수호전』,『서유기』,『노잔유기』,『삼국연의』,『요재지이』 등을 읽었다고 하는데(『창작에 대하여』,

301쪽), 이는 창작 과정에서 중국 문학사로부터의 영향이나 영감을 읽어낼 수 있는 맥락을 시사한다. 양후이이는 『영산』이 중국의 민속, 구전문학, 또는 고전소설의 다양한 스타일을 차용했다고 분석한 바 있다(杨慧仪, 「『灵山』一九八二~一九九〇」, 142頁).

21 이런 가오싱젠의 현실적 조건이 글쓰기에 반영되었다는 관점은 여러 연구자가 공유하고 있으며, 가오싱젠 자신이 이를 '중국 콤플렉스'로 명명한 바 있다. 가오싱젠은 "1989년 9월 『영산』을 완성하면서 나의 이른바 '중국 콤플렉스'는 이미 끝났다고 생각한다. (…) 중국에 대한 나의 '향수'도 끝났다"라고 선언했다(高行健, 『沒有主義』 香港: 天地圖書有限公司, 1996, 151~152頁; 簡明, 「裂變與聚變: 高行健作品中充滿張力的中國性」, 65頁에서 재인용).

22 「저승」의 창작은 1989년 7월 베이징에서 시작되어, 1991년 6월 파리에서 2차 수정을 거쳐 1991년 10월에 완성된다. 이상은 張憲堂, 「『冥城』的戲劇動作與劇場可能性之分析」, 『華岡藝術學報』 6期, 2002年 4月, 34頁을 참조.

23 가오싱젠은 1998년 이후, 중국과의 단절을 선언했지만, 「팔월의 눈」, 『한 남자의 성경』 등에는 여전히 중국과 중국 문화가 창작의 원천이 된다.

24 오수경, 「작품해설: 중국 현대 실험극의 장을 연 가오싱젠」, 가오싱젠, 『버스 정류장』, 민음사, 2002, 224쪽.

25 이상은 가오싱젠, 『피안』을 참조.

26 가오싱젠은 작중의 저승 풍경이 불교적이라기보다는 장강 유역 한족의 원시적 무속과 민간 전승의 도교에서 유래한 민간 신앙에서 가져왔다고 했다. 따라서 작중의 귀신에 인과응보다 윤회 등 불교

적 색채를 입힐 필요가 없으며, 오히려 오래되고 우스꽝스러운 귀신들로 처리해야 한다고 메모했다(가오싱젠, 『피안』, 129쪽).

27 타락한 저승 관리가 뇌물을 요구하는 것은 중국 남북조 시대의 필기 소설인 안지추의 『원혼지(冤魂志)』, 그리고 청대의 『요재지이』에도 있다. 『원혼지』에서 명부의 실수로 저승에 간 유씨는 수명이 남았으니 돌아가라는 명을 받는다. 그런데 성의 문지기가 그녀를 제지한다. 그때 한 여자가 나타나 이는 뇌물을 주지 않았기 때문이라며, 자신의 금팔찌를 건네준다. 덕분에 유씨는 무사히 귀환한다. 『요재지이』의 「승술(僧術)」(3권)에도 뇌물이 통하는 저승이 재현된다. 유전무죄의 저승 풍경이 묘사되는가 하면, 「공손하(公孫夏)」(5권)에서는 매관매직도 이루어진다.

28 중국 청대에 창작된 포송령의 『요재지이』의 「고성황-성황신 시험」(1권)은 저승에 간 송공이 성황신에 임명되는 내용이다. 송공은 이승에 노모가 홀로 있다고 호소한다. 명부의 판관은 노모의 수명을 살펴 9년간의 말미를 주고 돌려보낸다. 과연 9년 뒤 모친이 사망하자, 송공도 사망한다. 그날 송공의 장인은 사위가 화려한 행차를 이끌고 와서 인사하고 떠나는 것을 본다. 송공은 성황신이 된 것이다. 저승의 인정에 인간의 신뢰가 응답한, 명계와 이승의 교신담이다. 가오싱젠의 연극 「저승」은 전통으로부터 저승에 대한 상상력은 이어받았지만, 명계의 정의감이나 인간과 저승의 신뢰 관계는 붕괴되어 있다.

29 가오싱젠, 『피안』, 124쪽.

30 같은 책, 126쪽.

31 구체적인 장면의 사례 및 다성부 기법에 대해서는 張憲堂, 「『冥城』

的戲劇動作與劇場可能性之分析」, 43頁을 참조. 다성부란 여러 사람의 목소리가 동시에 이야기하는 형식으로, 가오싱젠이 「버스 정류장」의 연출 노트에서 밝힌 기법이다. 바흐친의 다성성의 개념을 연극적 실험에 차용한 것으로 평가되며, 「야인」, 「저승」 등의 희곡에도 활용된다.

32 가오싱젠, 『영혼의 산』, 1권, 12~13쪽.

33 젠밍은 가오싱젠이 『영산』에서 소수민족의 문화를 탐색하고 발굴한 것은 '중국적인 것(中國性)'을 지배적인 것으로 위치 짓는 담론을 전복하기 위한 것이라고 해석한다. 자신은 지배적 위치에 있는 한족이지만 스스로를 추방해 지배 집단을 멀리하고 변두리에 있는 소수집단을 더욱 인정한 것으로 보았는데, 한편으로는 그가 추방자의 위치에 있었기에 주변적 시선을 간취할 수 있었다는 것이다. 가오싱젠이 프랑스어로 창작 활동을 한 것도 '중국적인 것'을 해체하기 위한 선택으로 보고, 러시아 망명 작가인 블라디미르 나보코프가 모국어로 글쓰기를 지속하면서 영어로 글쓰기를 일종의 '개인적 비극'으로 명명한 태도와 대조시켰다(簡明, 「裂變與聚變: 高行健作品中充滿張力的中國性」, 63; 64; 69頁). 현재로서는 이주자가 이주 지역의 언어로 글을 쓰는 현상을 '엑소포니'라는 개념으로 탐구하는 관점이 생성되고 있기에, 이 또한 개인의 선택뿐 아니라 세계화 시대, 또는 활성화된 이동성(mobility) 시대의 흐름이라는 맥락에서 이해할 필요가 있다.

34 가오싱젠, 『영혼의 산』, 1권, 196~197쪽.

35 『영산』이 노벨문학상을 수상했을 때, 이는 '순례소설'로 명명되기도 했다(吳阳, 「試析高行健『灵山』中的朝圣主题」, 『大学英语(学术版)』 第

14卷 第1期, 2017年 3月, 139頁). 이에 대한 상세한 분석은 이 논문의 3장을 참조하라. 『영산』을 불교의 선이라는 관점에서 해석한 것은 劉春英, 「高行健的禪: 從『靈山』走到『八月雪』」, 『香港戲劇學刊』 8期, 2009年 12月을 참조.

36 양후이이는 『영산』이 다양한 인칭을 사용함으로써 인식의 다층성과 인식 상호간의 불일치, 또는 착종을 가능하게 한 것이 중국어 고유의 문법 구조를 차용한 결과라고 해석한다. 예컨대 중국어에서는 과거와 현재 시제를 같은 문자로 적지만 문장 맥락에 따라 달리 해석되기에 이를 서사 구조에 활용해 현실과 신화, 기억과 꿈의 착종이라는 다층적 맥락을 부여했다는 것이다. 이는 서사의 불안정성, 비일관성, 비합리적 전개로 이어져 포스트모더니즘적 서사로 완성되었다(楊慧仪, 「『灵山』一九八二〜一九九〇」, 137; 139頁). 쉬자오화(徐照華)는 『영산』이 다양한 인칭을 사용했다는 점에서 '언어의 흐름(語言流)' 소설이라고 명명했으며(이는 가오싱젠 자신의 명명이기도 하다. 高行健, 『沒有主義』, 台北聯經出版事業公司2001年 2月, 194頁), 다문체(跨文體) 소설로 평했다(徐照華, 「論高行健『靈山』的敘述結構」, 22頁).

37 양후이이는 이를 소설 쓰기와 글쓰기 일반에 대한 포스트픽션적 실험으로 평가하고 '3층의 내러티브'라고 명명했다. 서사 진행이 화자의 행동과 사건에 한정되지 않고 기억과 꿈, 상상의 여행으로 직조되는 심리적 현실을 구성한다고 보았는데, 이는 작가의 발언을 참조한 판단이다. '나'와 '당신'은 서로 소통하지 못해 결국 결별하는데, 이러한 어긋난 층위가 『영산』에 매개된 다층적 현실의 파편화된 관계를 반영한다. 『영산』이 의식의 흐름 기법을 활용하는

동시에, 언어의 흐름 자체를 사고하는 포스트 서사라고 본 것이다. 『영산』이 서양의 모더니즘을 중국 문학과 드라마에 도입한 문화번역이자, 서양에서 가오싱젠의 작품이 수용되어 세계문학 범주에 진입하는 관문이 되었다고 평가한 것은 이러한 이유에서다(楊慧儀, 「『灵山』一九八二~一九九〇」, 130~136頁). 『영산』을 포스트모더니즘의 서사로 보는 견해는 쉬자오화에게서도 발견된다(徐照華, 「論高行健『靈山』的敍述結構」, 10~12頁). 이와 더불어 논자는 『영산』이 현실의 여행인 동시에 '신유(神遊)' 즉 정신적 여행의 차원을 갖는다는 점에 주목해, 이 소설이 자연과의 대화와 더불어 내적 대화를 추진하되, 나와 타자가 대립되는 것이 아니라 상호 파생적이며, 개별자아의 성별이 수시로 변하는 복잡성을 띠고 있음에 주목했다(같은 글, 6~7頁).

38 吳陽, 「試析高行健『灵山』中的朝圣主題」, 148頁을 참조. 이 글에서 따온 『영산』의 인용문 출처는 高行健, 『灵山[M]』, 台北: 联经出版事业公司, 2000, 78頁이다.

39 가오싱젠, 『영혼의 산』, 1권, 182~184쪽.

40 같은 책, 1권, 182쪽.

41 이상은 李竹筠, 「论李昂『看得见的鬼』: 以"国族寓言"的借用及其对创作的干扰为视角」, 『世界华文文学论坛』, 2016年第2期, 47~48頁을 참조.

42 번역본에는 번역자가 각 편의 제목을 적고, 별도의 한국어 제목을 따로 붙였다. 이 글에서는 모든 내용을 전적으로 번역본에 의지하되, 제목에 한해 '나라의 동쪽'을 '동쪽'으로 표기했다. 본문을 인용할 경우나 특정 용어의 경우는 원문을 참조해 병기한다. 각 작품

의 줄거리는 필자가 이 책의 초점에 맞게 구성한 것이며, 리주췐의 논문에 소개된 줄거리와 다소 차이가 있다(李竹筠, 「论李昂『看得见的鬼』」, 2장을 참조). 타이완 원작 소설은 李昂, 『看得見的鬼』, 臺灣: 聯合文學出版社有限公司, 2004를 참고했다.

43 『눈에 보이는 귀신』에 수록된 소설 속 인물들은 이름이 두 가지로 적힌다. 단순히 타이완과 중국 본토의 지역 차이나 타이완 내부의 방언 차이를 서로 다른 발음으로 표기한 것이 아니라, 한자 표기 자체를 이원화 또는 다원화한 것이다. 이에 대해 타이완 연구자 류원수(劉文淑)는 이름에 따라 동일한 문화 정체성을 지닌 여성을 대변한다고 해석했으며(「從女人到女鬼: 試析李昂《看得見的鬼》之〈不見天的鬼〉」, 『朝陽人文社會學刊』第十四卷第二期, 2016, 106頁), 중국의 연구자 리주췐(李竹筠)은 일관되지 않은 이름을 통해 여성의 역사가 실어증의 상태임을 반영하며, 이는 개별 여성의 운명이 아니라 여성 집단의 운명의 축소판이라고 해석한 바 있다(李竹筠, 「论李昂『看得見的鬼』」, 48頁을 참조). 이 글에서는 이 소설에 대한 미학적 해석으로 타이완의 여성사에 대한 자조적 풍자라는 관점을 부여하고, 불운한 생애를 살다가 귀신이 되는 여성 인물의 이름의 끝 자가 '월진(月珍)/월주(月珠)'의 '珍/珠', '월항(月嫦)/월아(月娥)'의 '嫦/娥'이고, 살인자-남편의 이름의 끝 자가 '가성(家誠)/가충(家忠)'의 '誠/忠'과 같이 역설적 의미로 붙여진 점에 주목해, 이 또한 '자조적 풍자'의 의미 맥락을 갖는다고 본다.

44 여주인공이 이 이름을 갖기 전에는 이라(伊拉), 이판렌(伊凡蓮), 와나(娃那) 등 바부자족 본래의 발음으로 불렸지만, 잊혔다. 구술적·당사자적·체험적 역사가 망실되고, 문자적·타자적·권력적 역사가

전면화된다. 리주쥔은 실제로 타이완이 여러 이름으로 불린 정황과 소설 속 여성 인물의 이름이 지닌 복수성이 환유적 관계를 맺는다고 보고, 프레드릭 제임슨(Fredric Jameson)이 제시한 '민족적 알레고리(national allegory)'라는 개념을 '국족우언(國族寓言)'이라는 용어로 분석했다. 이보다 앞서, 같은 개념으로 리앙의 소설을 분석한 하오위시앙의 비평(郝譽翔, 「鬼聲啾啾的國族寓言: 李昂『看得見的鬼』」, 『大虛構時代當代台灣文學光譜』, 臺北聯合文學出版社, 2008)이 있다. 실제로 21세기에 타이완의 청년 문제와 관련해 타이완 영토를 '궤이다오(鬼島, 귀신섬)'으로 부르는 자조적 패러디 문화가 존재했다(이에 관해서는 임상정, 「청년의 문화적 실천과 공생: 한국과 타이완의 사례를 중심으로」, 연세대학교 대학원 석사학위논문, 2018, 17쪽을 참조)

45 류원수(劉文淑)는 이 소설에 타이완의 전설과 민담이 활용되었다고 보았는데, 실제로 여자의 음부로 적에 저항한 전설이 유교(俞蛟)의 『임청기략(臨清紀略)』에 수록된다. 중국 청나라 건륭 39년에 산동의 왕륜(王倫)이 반란을 일으켜 성을 포위했다. 왕륜의 군대에는 고인(高人)이 있는데 포와 총알이 꿰뚫을 수 없을 만큼 단단했다. 성을 지키는 병사들은 서둘러 창녀들을 불러 성벽으로 올라가 하반신을 드러내게 했고, 음부로 사람을 겨냥해 대포를 발사해서 성공했다(劉文淑, 「從女人到女鬼: 試析李昂《看得見的鬼》之〈不見天的鬼〉」, 18頁, 각주 17번을 참조). 타이완 문학 연구에서 소설 속 여성 인물에게 가해진 성폭력의 의미에 대한 해석은 논쟁적이지만, 그럼에도 불구하고 여성 인물이 소외된 집단을 대변한다는 해석은 일치하는 편이다.

46 이는 필자의 해석이다. 류원수는 소설 속의 여성 인물이 타이완을

상징한다고 해석했는데, 이에 대해서도 다양한 해석이 존재한다 (같은 글, 105頁을 참조).

47 이런 관점은 뤼주진의 글과도 일치한다(李竹筠, 「论李昂《看得见的鬼》: 以"国族寓言"的借用及其对创作的干扰为视角」, 『世界华文文学论坛』 2016年 第2期, 46-54을 참조). 단, 뤼주진은 타이완을 피해자로 상정하는 관점에는 회의적이며, 타이완 내부에도 다선적, 다층적 관점이 공존함을 강조한다.

48 리앙, 『눈에 보이는 귀신』, 282쪽.

49 같은 책, 284쪽.

50 소문에 관한 서술을 추리면 다음과 같다. 같은 책, 45; 79; 199, 251, 352쪽.

51 같은 책, 212쪽.

52 같은 책, 288쪽.

── 5장: 중간자 귀신과 생사의 임계지

1 다와다 요코, 『여행하는 말들』, 유라주 옮김, 돌베개, 2018, 55쪽.

2 마이클 셔머, 『천국의 발명』, 김성훈 옮김, 아르테, 2019, 66쪽을 인용하고 참조함.

3 같은 책, 147쪽.

4 평생 죽음을 연구해온 정신의학자이자 호스피스 운동가인 엘리자베스 퀴블러로스는 『사후생』(최준식 옮김, 대화문화아카데미, 2020)에서 근사 체험의 사례를 들고, 소망 사고의 투사로만 볼 수 없는 지점이 있다고 언급했다. 저자는 죽어가는 사람이 삶의 마지막 순간에 전체 인생의 중요한 순간들이 눈앞에서 스쳐지나가는 것을

본다는 현상에 대해 "죽어가는 많은 환자들은 과거 삶의 경험들을 다시 체험합니다. 저는 이 시기에 환자가 모든 외부 입력을 차단하고 주위 사람들과 관계를 끊기 시작한다고 생각합니다. 또한 환자는 자기 성찰적으로 변하고 자신에게 중요한 사건과 사람들을 기억하려고 애씁니다. 자신의 과거 삶에 대해 다시 한번 반추해보면서 자기 삶의 가치를 요약하고 삶의 의미를 찾으려는 시도를 하는 것입니다"라고 응답했다(『죽음과 죽어감에 답하다』, 안진희 옮김, 청미, 2018, 58쪽).

5 마이클 셔머, 『천국의 발명』, 143~144쪽을 참조.

6 정식 제목은 〈강풀만화미스테리심리썰렁물 씨즌 5 조명가게〉으로, 인터넷 다음 웹툰에 2011.8.1.에 예고편이 실린 뒤에, 2011.8.8.~2011.12.6.까지 총 30화에 걸쳐 주 2회 연재되었으며, 후기(2011.12.12.)와 스페셜 페이지(2012.3.19.)가 제공되었다. 연재 중 휴재는 1회(23화에 '다음주 목요일 휴재'를 공지)다. 현재(2021.12.7)는 웹툰 플랫폼이 카카오로 이전되었다.

7 엘리자베스 퀴블러로스, 『죽음과 죽어감에 답하다』, 58쪽.

8 댓글을 달고 토론하는 자체가 문화가 되는 웹툰의 특성상, 원작자 강풀도 '강도영'이라는 실명으로 가세한다. 웹툰을 보며 추리하고 해석하며 의견을 공유하는 네티즌의 활동은 다양한 상상력과 참신한 분석력을 갖춘다. 편당 600~1200여 개가 달리는 댓글을 일일이 읽는 것 자체가 웹툰을 즐기는 매뉴얼이다. 댓글 작성자는 종종 자신의 비판이나 지적에도 불구하고 작가가 이를 수정하지 않았음을 비판하기도 한다. 댓글이 수용자의 일방향적 표현이 아니라, 작가와의 소통을 지향한 쌍방향 대화로 기대되었음을 알 수

있다. 댓글 작성자끼리 소통하고 경험을 나누어, 웹 공간은 다성적이 된다.

9 작가는 웹툰 24화에서 미국 임사체험연구재단(Near Death Research Foundation)을 인용해, '10여 년 동안 1300여 명의 임사체험자를 조사한 결과, 임사체험자들은 "사랑하는 이들과의 재회"를 공통적으로 겪었다고 주장했다'고 썼다.

10 호즈미, 『우세모노 여관』 1~3, 서현아 옮김, 애니북스, 2016.

11 고레에다 히로카즈 자신이 정리한 줄거리를 참조했다. 『걷는 듯 천천히』, 이영희 옮김, 문학동네, 2015, 144쪽.

12 고레에다 히로카즈, 『영화를 찍으며 생각한 것』, 이지수 옮김, 바다출판사, 2017, 33; 49쪽.

13 같은 책, 39쪽.

14 '싱글라이더(single rider)'는 놀이 공원의 1인 탑승객, 또는 혼자 여행하는 사람을 뜻한다.

15 엘리자베스 퀴블러로스에 따르면 인간은 충격-부정-분노-협상-수용의 다섯 단계를 거쳐 죽음을 수용한다고 한다. 물론 사람에 따라 일률적이지 않으며, 사망 조건이나 상태에 따라 다섯 단계를 거치지 못하고 초기 단계에서 사망하는 경우도 있다(엘리자베스 퀴블러로스, 『죽음과 죽어감에 답하다』, 51~62쪽).

16 tvN에서 2019년 7월 13일부터 9월 1일까지, 16부작으로 방영된다. 두 작가는 〈화유기〉(2017), 〈주군의 태양〉(2013), 〈빅〉(2010), 〈내 여자 친구는 구미호〉(2010), 〈쾌걸 춘향〉(2005) 등에서 이미 판타지와 귀신을 다루어 흥행한 경험이 있다.

17 49일의 관념은 영화 〈신과 함께〉에도 등장하는 익숙한 설정이다.

전통문화이자 민간신앙에 기반한 상상력으로, 현대 일본에서도 낯설지 않다. 일본 작가 요시모토 바나나의 글에도 망자 천도와 49일 개념이 발견된다. 아버지가 돌아가신 지 49일이 되는 날 꿈에서 아버지를 보았는데, 아버지의 친구도 같은 꿈을 꾸었다. 요시모토 바나나의 꿈에는 아버지가 친구분과 함께 나왔다(요시모토 바나나, 『어른이 된다는 건』, 김난주 옮김, 민음사, 2015, 78~84쪽). 이런 발상은 종교나 신앙에 근거를 두었다기보다 민간의식, 문화적 감수성의 내면화에 가깝다. 가오싱젠의 소설 『영산』에도 49재가 언급된다. 아시아 내부에서 생사 관념을 둘러싼 공통 감각을 확인할 수 있다.

18 주호민 작가의 웹툰 원작은 2010~2012년 네이버에 연재되었으며, 2011-2012년에 애니북스에서 전 8권의 만화로 출간되었다.

19 작가 주호민은 만화 『신과 함께』가 한국 신화를 재해석한 것으로 (저승편 상권), 제주도 신화 차사본풀이를 참조했음을 밝혔다(신화편 하권). 저승편 상권에 "덕춘이와 함께: 저승시왕과 지장보살"란을 마련해, 저승시왕과 지장보살을 소개하고, 이를 탱화로 그린 그림을 실어 독자의 이해를 도왔다.

20 김용화, 『신과 함께: 죄와 벌 오리지널 각본』, 놀(다산북스), 2018, 9쪽을 참조.

21 같은 책, 8쪽을 참조.

—— 6장: 아시아 전통의 귀신

1 리앙, 『눈에 보이는 귀신』, 419쪽.

2 조선시대 사례는 최기숙, 「조선시대 사대부 문인의 '환상' 인식과

문학적 향유」, 『문학교육학』 30, 한국문학교육학회, 2009를 참조.

3 분석 텍스트는 『어우야담』 1·2, 신익철·이형대·조융희·노영미 옮김, 돌베개, 2006이다. 이 책의 1권은 번역본이며 2권은 원문이다. 이 책에서는 1권을 참고하되, 본문을 인용할 때는 부분적으로 필자가 새로 번역하거나 윤문했다. 원작에는 개별 텍스트의 제목이 없는데, 번역본에서 역자가 덧붙였기에 이를 따른다.

4 이 책에서는 김장환 교수의 번역본(지식을만드는지식, 2018)을 활용했으며, 중국어본은 다음의 교주본을 참고했다. 顔之推, 『冤魂志校注』, 羅國威 校注, 成都: 巴蜀書社, 2001. 한국어 번역본에 실린 각 편의 제목에는 한자가 없지만, 독자의 이해 편의를 위해 괄호 안에 한자를 병기한다. 번역은 부분적으로 필자가 윤문다.

5 이 책에서는 『全本新注聊齋志異』, 上·中·下, 人民文學出版社, 1989를 저본으로 삼아 『聊齋志異對照注譯析』과 『三回本聊齋志異』를 참고해 김혜경 교수가 한국어로 번역한 『요재지이』 1~6, 민음사, 2002를 대상으로 삼았다.

6 귀신담이 수록된 중국의 고전인 『수신기(搜神記)』, 『유명록(幽明錄)』, 『현괴록(玄怪錄)』 등에 대해서는 필자의 책 『환상』, 연세대학교출판부, 2003에서 다룬 바 있기에, 여기서 다시 논하지 않는다.

7 이 글에서 참고한 텍스트는 『야창귀담』, 김정숙·고영란 옮김, 도서출판 문, 2008이며, 일본 원작은 『夜窓鬼談』, 小倉斉·高柴慎治 訳注, 春風社, 2003을 참고했다.

8 갓파는 물에 사는 상상의 동물로, 어린 아이 정도의 체격에 녹색 또는 적색의 몸을 하고 있다. 입이 뾰족하고 등은 거북처럼 생겼으며 손과 발에는 물갈퀴가 달려 있다. 정수리에 움푹 들어간 홈이

있어 마치 접시를 엎어 놓은 듯한 모습이다. 고마쓰 가즈히코,『요괴학의 기초지식』, 29쪽의 각주 7번을 참조.

9　이 소설의 한국어 번역본은 세 종류다(『활짝 핀 벚꽃 나무 아래에서』, 웅진지식인하우스, 1995;「벚나무 숲 속 만개한 꽃그늘 아래」,『백치 타락론 외』, 최정아 옮김, 책세상, 2007;「벚꽃 만발한 벚나무 숲 아래」,『사카구치 안고 단편집』, 양윤옥 옮김, 지식을만드는지식, 2018). 이 글에서는 최근 번역본을 활용했다. 참고한 일본의 원작은 坂口安吾,「桜の森の満開下」,『坂口安吾全集』5, 筑摩書房, 1990이다.

10　전장류(傳狀類)란 한 사람의 일대기를 양식적 틀에 맞게 기록한 전(傳), 한 사람의 생애에서 기록할 만한 언행을 자유롭게 적어 모은 행장(行狀)과 유사(遺事) 등을 말한다.

11　애제문(哀祭文)이란 망자를 애도하기 위해 쓴 제문류다. 망자에 대한 애도와 더불어 간략한 생애사가 수록된다.

12　최기숙,「조선시대 지식인의 글쓰기 실험과『어우야담』: '서사'의 포용성으로 본 '야담' 양식의 재성찰」,『동방학지』187, 연세대 국학연구원, 2019)를 참조. 이하『어우야담』의 신선과 귀신에 관한 분석은 이 책에서 처음 다룬다.

13　조선시대 사대부의 감정론에 대해서는 최기숙,「조선시대 감정론의 추이와 감정의 문화 규약: 사대부의 글쓰기를 중심으로」,『동방학지』159, 연세대 국학연구원, 2012를 참조.

14　유몽인,『어우야담』, 161쪽.

15　조선시대 남성 이인담과 여성 이인담에 대한 상세한 논의는 최기숙,「이인(異人), 소수문화, 그 차별화 전략과 동화의 처세술: 18·19세기 야담집 소재 '남성 이인담」을 중심으로」,『한국문화연

구』3, 이화여대 한국문화연구원, 2002; 「여성성의 재발견: 이성·
지혜·성공의 탈영토화-18·19세기 야담집 소재 '여성 일화'를 중
심으로」, 『한국고전여성문학연구』6, 한국고전여성문학회, 2003을
참조.

16 귀신이 나타날 때 한기가 돈다는 감각은 20세기 할리우드 영화에
서도 공유된다. 영화 〈식스 센스〉에서 귀신을 보는 콜이 말콤에게
갑자기 뒷덜미가 서늘하게 느껴지거나 온몸의 털이 쭈뼛해질 때
는 유령이 나타났기 때문이라고 알려주는 장면이 있다.

17 이순신, 「난중일기」, 『李忠武公全書』8권, 四, [丁酉]十月.

18 조선시대 이야기인데 이를 한계로 볼 수 있는가, 하는 질문이 있
을 수 있다. 이에 대해 최근 동영상 스트리밍 서비스인 HBO 맥스
에서 영화 〈바람과 함께 사라지다〉(1939)에 인종차별주의적 묘사
가 담겨 있고 노예제를 미화하는 요소가 있다는 이유로 상영 목
록에서 제외하기로 한 의사결정에 주목할 필요가 있겠다. 이는 영
화 〈노예 12년〉(2013)의 각본가 존 리들리(John Ridley)의 제안으
로 결정되었다. 이후 HBO 측은 이 영화에 역사적인 맥락에 대한
설명을 추가해, 경고 영상을 달아 상영 목록에 다시 추가했다("사
라졌던 〈바람과 함께 사라지다〉, 경고 영상 달고 HBO 복귀", 《경향신문》,
2020.6.25).

19 한국어판은 포송령, 『요재지이』, 호르헤 루이스 보르헤스 기획/
해제, 김혜경 옮김, 바다출판사, 2012. 영역본은 Pu Songling,
Strange Tales from a Chinese Studios, trans. and edited by
John Minford, Penguin, 2006을 참조.

20 구체적인 텍스트는 Jorge Louis Borges, 'On Exactitude

in Science', MUSEUM, *Collected Fictions*, Translated by Andrew Hurley, New York: Penguin Books, 1998, p.325를 참조.

21 보르헤스와 『요재지이』의 관련성에 대해서는 최기숙, 「텍스트의 힘과 이야기의 형이상학: 『요재지이』 서사와 논평의 재성찰을 경유하여」, 『인문과학』 118, 연세대 인문과학연구원, 2020, 2.5절과 4장을 참조.

22 저작 시기에 대해서는 김장환의 「해설」(『원혼지』), 243쪽을 참조.

23 작중 인물의 신분 정보는 번역본 『원혼지』의 본문과 각주를 참조했다.

24 원혼이 되게 한 '가해자' 중 신분이 낮은 경우는 병사(「경광經曠」), 하인(「여경조呂慶祖」), 미상(「서철구徐鐵臼」)의 3인, 정체가 불분명한 신(「곽조심郭祖深」, 미리 경고하고 죽음을 예고한 꿈속의 인물(「강계손康季孫」), 등 총 5인이다.

25 「왕제 좌우(王濟 左右)」에서 여종이 관여하지만, 실질적 살인 명령을 행한 자는 공주의 남편인 왕제다.

26 『원혼지』의 「악개경(樂蓋卿)」, 「홍씨(弘氏)」, 「위휘준(魏輝儁)」,

27 『원혼지』의 「장자의(莊子儀)」, 「두영(竇嬰)」, 「홍씨」, 「주정(朱貞)」, 「위휘준」, 후주궁녀(後周宮女)」 등이 이에 해당한다. 「장자의」의 예문은 다음과 같다: "죽은 사람에게 지각이 없으면 그만이겠지만, 만일 지각이 있다면 3년을 넘기기 전에 반드시 임금에게 그것을 알게 하겠다."(『원혼지』, 11쪽).

28 배병균, 「포송령의 생애: 『요재지이』의 창작동기와의 관련을 중심으로」, 『중국어문학』 15-1, 영남중국어문학회, 1988을 참조.

29 　포송령, 「포송령 자서(聊齋自序)」, 『요재지이』 1, 김혜경 옮김, 민음사, 2002, 16쪽.

30 　한국에서는 미디어 플랫폼 '왓챠(WATCHA)'를 통해 볼 수 있다. 단, 중국 웹드라마와 왓챠는 매 회차의 상영 시간이 달라 방영 회차에 차이가 있다. 중국 미디어 플랫폼 러스왕(乐视网)의 회차는 세 개의 결말을 포함해 37회이고, 왓챠는 21회다. 결말을 여러 버전으로 제작하는 것은 중국 웹드라마의 특징이다. 다른 버전의 결말일 수도 있고 본 영상에서 삭제된 인기 배우의 장면, 또는 드라마 촬영 과정의 비하인드 메이킹 필름일 수도 있다. 〈철인왕후〉의 경우, 결말이 모두 해피엔딩이 아니라 시청자들의 불평을 샀다. 미디어 플랫폼 왓챠에는 세 번째 버전이 없고 두 가지 결말만 공개된다. 이 드라마는 중국에서 방송이 시작된지 9일 뒤에 1억 뷰를 넘었고 마지막 회차에 21억 뷰를 기록했다(https://m.sohu.com/a/114991207_285313 참고). 2020년 7월 11일 현재까지 러스왕을 통한 시청은 43억 뷰다. 이 드라마는 방송 당시 '무언가가 어떤 현상을 일으킬 정도로 유명하다'라는 뜻의 '현상급(現象級, phenomenal)'이라는 평을 얻었다. 이 글을 쓴 지 6개월 뒤에 한국에서 〈철인왕후〉의 리메이크작이 제작·방영되었으나(tvN. 2020.12.12.~2021.2.14), 집필 당시에는 이에 대한 정보가 전혀 없었음을 밝힌다.

31 　저예산 웹드라마의 특성상 중국 황실에 맞는 무대 세팅이나 의상 지원이 이루어지지는 않지만, 코미디와 멜로가 적절히 섞여 이른바 B급 감성이 충만하게 채워진다. 남자 영혼으로 여자의 일상을 경험하는 장면 설계에 젠더적 관점에서 문제적인 측면이 있지만,

이 글에서 주목하는 논점을 선회하기에 상세히 논하지 않는다.

32 웹드라마가 흥행에 성공할 경우 지상파 방송국에서 판권을 구매해 방영하기도 한다. 시청률 검증을 거쳤기에 흥행이 보장되므로 투자 이윤을 극대화하는 장점이 있다. 물론 웹드라마에도 검열이 전혀 없지는 않아서 이 드라마도 초반부에 에로틱한 장면이 많다는 이유로 수정 요청을 받았다. 보도에 따르면 수정 요청 이유는 "미풍양속을 해친다(有傷風化)"는 것이었다. 현재 플랫폼을 통해 공개된 내용은 모두 수정 이후의 콘텐츠다. 최근에는 웹드라마도 사전 검열을 거치기에 상영 도중에 수정 요청을 받는 경우는 거의 없다.

33 이 영화는 중국에서 리메이크 된다. 이에 관해서는 박정현, 「노년 여성에 대한 사회적 상상력의 한·중 비교: 영화 〈수상한 그녀〉(한국)와 〈20세여 다시 한번〉(중국)을 중심으로」, 연세대학교 대학원 석사학위논문, 2017을 참조.

34 포송령, 「장청승」, 『요재지이』 1, 49쪽.

35 탁월한 재능과 문제 해결 능력을 갖춘 여성을 '이인'으로 간주해 타자화하거나 몰이해의 관점을 드러내는 것은 조선시대 야담에서도 흔히 찾아볼 수 있다(최기숙, 「여성성의 재발견: 이성·지혜·성공의 탈영토화」). 남성 이인의 경우는 정치적으로 소외되거나 주류 이념과 학문을 지향하지 않는 인물로 등장한다(최기숙, 「이인(異人), 소수문화, 그 차별화 전략과 동화의 처세술」). 남녀 모두 비주류, 소수문화, 하위주체의 능력을 타자화하는 사회적 상상력을 반영한다. 이것이 조선시대만의 특징이 아니라는 것이 『요재지이』를 통해 확인된다.

36 포송령, 「청매」, 『요재지이』 2, 416쪽.

37 Judith T. Zeitlin, *The Phantom Heroine: Ghost and Gender in Seventeenth-Century Chinese Literature*, University of Hawaii Press, 2007의 1장에서 이에 대해 다룬 바 있다. 이에 따르면 전근대 중국에서는 '귀신 들림', '여우 홀림' 등의 증상 치료에 대해 서술한 의학 서적이 출간되었고, 그 증상에 성행위, 나이, 기질 등이 연루된다고 간주했다.

38 '퀴어'는 '레즈비언, 게이, 바이섹슈얼, 트랜스젠더, 퀘스처닝(questioning) 등 'LGBTQ+'라는 개념으로 성 소수자를 포괄하는 용어다. 여기에 '퀘스처닝'이 추가된 것은 성 정체성이 실험이나 탐색의 결과이기에 시간이 지남에 따라 발전할 수 있음을 시사하며, '다른'이나 '+'를 덧붙이는 것은 이 항목들의 조합에서 의도치 않게 누락된, 남아 있는 성 정체성들도 포함하려는 시도다(미미 마리누치, 『페미니즘을 퀴어링!』, 권유경·김은주 옮김, 봄알람, 2018, 68; 232쪽).

39 포송령은 「황구랑」의 논평에서 「남색에 대한 웃기는 판결문」을 길게 작성하고, 마무리에 "의당 남자를 밝히는 그 뿌리를 잘라내어 남색이 들어서는 길을 차단시킴이 마땅하다"(포송령, 『요재지이』 2, 279쪽)고 논평했다. 중국과 한국 등 아시아의 고전문헌에서 사용된 '남색'이라는 용어는 현대의 퀴어 이론에서 말하는 특정 성행위 방식 또는 소년과 성인 남성의 성적 관계를 지칭한다기보다는 동성 간 애정을 광범위하게 지시한다(현대적 용어 해석에 대해서는 미미 마리누치, 『페미니즘을 퀴어링!』, 229; 230쪽 및 「부록: 용어와 개념」을 참조). 『요재지이』에서 동성 간 애정 행위의 구체적인 묘사는 생

략되며, 상상의 영역으로 남겨진다.

40 포송령, 「봉삼낭」, 『요재지이』 3, 204쪽.

41 포송령, 「교나」, 『요재지이』 1, 58쪽.

42 『오음집운(五音集韻)』에는 "사람이 죽으면 귀신이 되니, 누구나 귀신을 무서워한다. 귀신이 죽으면 적이 되는데, 귀신도 적을 보면 두려워한다. 만약 전서체로 '적' 자를 써서 문에 붙여놓으면 모든 귀신들이 천 리 밖으로 멀리 달아난다"는 기록이 있다(포송령, 『요재지이』 3, 443쪽의 주석을 참조).

43 『요재지이』를 메타서사의 관점에서 분석한 것은 최기숙, 「텍스트의 힘과 이야기의 형이상학: 『요재지이』 서사와 논평의 재성찰을 경유하여」를 참조.

44 한유, 「귀신의 근원을 밝힘」, 『한유문집』 1, 이주해 옮김, 문학과지성사, 2009, 515~517쪽을 참조.

45 장 보드리야르, 『시뮬라시옹』, 하태환 옮김, 민음사, 2001.

46 사카구치 안고, 『사카구치 안고 단편집』, 152쪽.

47 같은 책, 157~158쪽.

—— 7장: 귀신의 증식과 포스트휴먼

1 마크 오코널, 『트랜스휴머니즘』, 노승영 옮김, 문학동네, 2018, 21쪽. 에릭 슈미트는 2011-2015년 구글의 CEO였다.

2 이론적으로 이는 인간의 DNA 정보가 컴퓨터 언어로 업로드되어 새로운 인간 존재 및 형태가 가능하다는 발상으로 이어진다. 단, 그 가능성과 한계, 우려를 고려하기에, 인간의 생명기술적 강화를 추구하는 트랜스휴머니즘과 대립한다. 트랜스휴머니즘은 인간의

지적, 신체적, 생리적 능력을 강화시키는 정교한 기술의 창조와 발전으로 인간 조건을 변화시키는 것이 목적인 세계적이고 지적인 운동이다. 트랜스휴머니즘의 주요 논제는 비약적 수명 연장, 마음 업로드, 의약품과 기술을 이용한 정신 능력 향상, 인공지능, 의수족과 유전자 변형을 통한 인체 개량 등이다(마크 오코널, 『트랜스휴머니즘』, 27쪽; 안지현, 「포스트휴머니즘」, 『트랜스휴머니즘과 포스트휴머니즘』, 109쪽.

3   AI로 통칭하는 인공지능은 전문가에 의해 구식인공지능(Good Old-Fashioned Artificial Intelligence. 줄여서 GOFAI라고 함), 인공 일반지능(artificial general intelligence), 인간 수준의 기계지능(human-level machine intelligence), 초인간 수준의 기계지능 (super-human-level machine intelligence) 등으로 세분화해 사용된다(닉 보스트롬, 『슈퍼인텔리전스』, 11~55쪽 참조).

4   영화 〈트랜센던스〉(2014)에서는 뇌를 컴퓨터에 업로드하는 탈신체화 방식으로 '강화된 인간'이 등장해 일종의 좀비처럼 공포스럽게 활동한다. 상처가 나면 재생 치료를 받아 신체적 능력이 강화되지만, 인간다운 미덕이나 행복의 증진과는 무관하다. 한 사람의 육체에 깃든 영혼의 조화라는 개념이 존재하지도, 존중되지도 않는다.

5   닉 보스트롬은 인간의 일반 지능을 능가하는 기계 두뇌를 만들면, 이 새로운 초지능(superintelligence)이 매우 강력한 존재가 되리라고 예견한다. 인류의 운명이 기계초지능의 행동에 의존하게 된다고 전망한 것이다(닉 보스트롬, 『슈퍼인텔리전스』, 11쪽). 미래학자 레이 커즈와일에 따르면 이러한 기술의 진화 속도는 '수확가속의 법칙(Law of Accelerating Returns)'에 따라 증폭될 것이다(이혜

영 외, 『트랜스휴머니즘과 포스트휴머니즘』, 5쪽).

6   테드 창, 『당신 인생의 이야기』, 김상훈 옮김, 엘리, 2016.

7   원매, 『자불어』, 박정숙 옮김, 지식을만드는지식, 2015, 133쪽.

8   이상의 내용은 袁枚, 「僵尸」, 『子不語全译』, 陆海明等 译, 上海古書出
    版社, 2012, 684~685頁을 요약한 것이다.

9   紀曉嵐, 『阅微草堂笔记』, 新文化書社, 1933, 8頁; 중국국가도서관
    DB 참고(http://read.nlc.cn/allSearch/searchDetail?searchType=all
    &showType=1&indexName=data_416&fid=12jh005324).

10 선행연구에서는 중국 후난성에 전해오는 강시 전설에 대해 다음
    과 같이 소개하고 있다. '강시는 원래 변방에서 군역을 살다가 굶
    어 죽거나 얼어 죽어 딱딱하게 굳어버린 시체를 말한다. 부패하지
    않은 시체로 사지가 굳어 신체를 자유자재하게 움직일 수 없다.
    이 시체들을 고향으로 운반하기 위해 도사가 부적과 주문과 같은
    비술을 이용해 한 줄로 세워 이동하게 했다. 이로부터 영화 속의
    강시는 두 발로 뛰어 움직이는 형상으로 등장하게 된다. 죽어서
    굳은 시체라 무릎을 굽히지 못하기 때문이다(안창현, 「살아있는 시
    체 좀비와 강시 캐릭터 비교 연구」, 『동아시아문화연구』 68, 한양대 동아
    시아문화연구소, 2017, 193쪽의 요약). 이 논문에서도 『열미초당필기』
    의 강시 관련 기록이 제시되는데, 필자가 찾은 내용과 해석이 조
    금 다르다.

11 紀曉嵐, 『阅微草堂笔记』, 120~121頁.

12 紀曉嵐, 『阅微草堂筆記』, 新文化書社, 1933, 12頁; 중국국가도서관
    DB 참고.(http://read.nlc.cn/allSearch/searchDetail?searchType=all
    &showType=1&indexName=data_416&fid=12jh005324).

13 이 영화의 흥행 수입은 2009만 홍콩달러이고, 1985년 홍콩 박스오피스 5위이다. 시리즈 2편인 〈강시가족〉은 흥행 수입이 1700만 홍콩달러이고 특히 일본에서 인기가 많았다. 참고로 중화권에서 영화의 인기 척도는 한국처럼 관객수가 아니라 흥행 수입이다.

14 한국어 자막에는 '강시는 담기가 많은 시체'라고 되어 있어 의미가 모호하다. 영화의 원 대사를 직역하면 이렇다. "시체가 변해서 강시가 되는 것은 숨이 조금 남았기 때문이다.""사람이 죽기 전에 답답하거나 분노해서 울분을 토하지 못하면, 죽을 때 기가 목구멍에 남게 되지."

15 이 영화의 흥행 수입은 1500만 홍콩달러이고, 홍콩에서 상영된 당시 박스오피스 1위를 한 적도 있다. 홍콩뿐 아니라 대만, 싱가포르, 한국, 미국, 일본 등 여러 나라에서 상영되었다.

16 후지타 나오야, 『좀비 사회학』, 선정우 옮김, 요다, 2018, 8쪽.

17 김보영·박상준·심완선, 『SF 거장과 걸작의 연대기』, 돌베개, 2020, 192~193쪽.

18 초기 좀비 영화에서 좀비는 발이 느리고 지능이 낮으며 이성이 없지만, 21세기 좀비는 발이 빠르고 지능이 높으며 이성이 있기도 하고, 인간과 공존할 수도 있다(후지타 나오야, 『좀비 사회학』, 11쪽).

19 좀비 청년과 인간 소녀의 로맨스를 다룬 〈웜 바디스〉(2013), 좀비처럼 사는 남주인공이 좀비가 된 친구와 별다른 변화 없이 살아가는 〈새벽의 황당한 저주〉(2004), 노동자 좀비를 구매하여 소통하게 되는 〈피도〉(2007) 등이 이에 속한다(후지타 나오야, 『좀비 사회학』, 86~110쪽 참조). 게임 영역에서는 좀비 형상이 변형되어 괴기스러운 '고어적' 특징이 사라지고 귀여운 캐릭터로 인기를 끌고

있다(같은 책, 133~136쪽). 스마트폰 앱스토어에서 'zombie'를 입력하면 다양한 좀비 게임이 검색된다. 후지타 나오야는 드라큘라의 출현을 손으로 쓰는 수기(手記)의 시대에서 타이프라이터로 이행하는 미디어 갱신기의 공포와 불안, 매혹의 투영으로 해석한 미디어 연구자 프리드리히 키틀러(Friedrich A. Kittler)의 사유 방식을 차용해, '미소녀 좀비'의 탄생에 대해 유저의 자발성으로 캐릭터가 변형, 재생산되는 현상을 미디어믹스, 또는 미디어 컨버전스 시대의 불안과 공포의 투영으로 해석한 바 있다(같은 책 120~123; 135~138쪽).

20 같은 책, 55; 110쪽을 참조.

21 과학적 학설의 채택되는 과정에 자본과 권력이 개입하는 헤게모니 쟁투의 과정에 대해서는 N. 캐서린 헤일스가 『우리는 어떻게 포스트휴먼이 되었는가』, 3장에서 소개한 '메이시 회의'에서의 논쟁 및 거기서 제출된 과학기술 이론들이 산업 표준으로 채택되는 과정을 참조할 수 있다. 예컨대, 이 회의에서는 과학적 학설로서 정보의 맥락성을 인정해야 한다는 입장과 정보 호환의 효율성을 위해 맥락성을 배제해야 한다는 논쟁이 대립했지만, 편리성, 효율성을 중시하는 산업 표준으로는 맥락성을 배제하자는 입장이 채택되었다고 한다. 이론이 산업에 적용되고 표준화되는 과정에는 이론 자체의 타당성이라는 학술적 판단보다 산업적 판단이 우세하게 작용한 것으로 보인다. 물론 후자의 입장에서는 그 자체가 학술적 판단이라고 주장할 것이다. 과학자에 대한 기업의 연구 지원과 그에 따른 연구 윤리의 문제는 영화 〈레플리카〉(2018)에서도 다루어진 바 있다.

22 이에 관해서는 Choe, Key-sook, 'Media Cultural Politics and Politics of Sympathy-*Queen Seondeok*: Dramatized Conspiracy Theory as "power Narrative,"' *The Review of Korean Studies* Vol.19. No.1., Academy of Korean Studies, 2016, pp.112-120을 참조.

23 원작은 스웨덴에서 2004년에 출간되었다(John Ajvide Lindqvist, *Låt den rätte komma in*, Ordfront, 2004). 이 글에서는 한국어 번역본(욘 아이비데 린드크비스트, 『렛미인』, 최세희 옮김, 문학동네, 2009)을 대상으로 분석하되, 필요한 경우 영어 번역본(John Ajvide Lindqvist, *Let the Right One in*, trans. by Ebba Segerberg, Thomas Dunne Books; ST. Martin's Griffin, 2007)을 참고했다.

24 욘 아이비데 린드크비스트, 『렛미인』 1, 246쪽.

25 같은 책, 327쪽.

26 줄리아 크리스테바, 『공포의 권력』, 서민원 옮김, 동문선, 2001, 25쪽.

27 김은주, 『생각하는 여자는 괴물과 함께 잠을 잔다』, 봄알람, 2017, 161~162쪽.

28 비체에 대한 줄리아 크리스테바의 설명은 이현재, 「포스트모던 도시화와 비체 되기: 젠더 '행하기(doing)'와 젠더 '허물기(undoing)의 역동」, 『도시인문학연구』 9-1, 서울시립대 도시인문학연구소, 2017, 55~159쪽을 참조.

29 김은주, 『생각하는 여자는 괴물과 함께 잠을 잔다』, 162~163쪽.

30 줄리아 크리스테바, 『공포의 권력』, 30쪽.

31 욘 아이비데 린드크비스트, 『렛미인』 1권, 265쪽.

32 같은 책, 2권, 199쪽.

33 같은 책, 1권, 232쪽.

34 특이점이라는 용어는 1953년에 수학자 존 폰 노이만이 최초로 언급한 용어로, 수학자 스타니스와프 울람과의 대화에서 개략적으로 제시된다. 기술적 특이점(technological singularity)이란 인공적인 초지능의 발명이 기술적 성장을 촉발시켜 인류 문명에 이해할 수 없는 형태의 변화를 가져온다는 이론이다(유수연·김예원, 「트랜스휴머니즘」, 이혜영 외, 『트랜스휴머니즘과 포스트휴머니즘』, 24쪽; 닉 보스트롬, 『슈퍼인텔리전스』, 459쪽의 각주를 참조). 미래학자 레이 커즈와일은 『특이점이 온다』(김명남·장시형 옮김, 김영사, 2007)에서 2045년을 기술적 특이점의 도래 시기로 예측했다.

35 지능 폭발은 지능 대확산이라고도 번역된다. 닉 보스트롬은 '슈퍼인텔리전스(초지능)'라는 개념으로 지능 폭발의 동역학과 초지능의 형태, 능력, 초지능적 주체의 전략에 관한 연구를 수행했다(닉 보스트롬, 『슈퍼인텔리전스』, 12쪽 참조).

36 같은 책, 65쪽.

37 작은따옴표 안의 문구는 N. 캐서린 헤일스, 『우리는 어떻게 포스트휴먼이 되었는가』, 허진 옮김, 플래닛, 2013, 346~347쪽에서 차용했다.

38 이 글에서는 한국어 번역본 『안드로이드는 전기양을 꿈꾸는가?』, 박중서 옮김, 폴라북스, 2013과 영어본 *Do Android Dream of Electronic Sheep?*, Del Roy, 2017[1968]을 대상으로 삼는다.

39 소설과 영화에 대한 비교는 이서연, 「『안드로이드는 전기양을 꿈꾸는가?』와 〈블레이드 러너〉에 그려진 인간과 기술의 관계, 숙명여

자대학교 대학원 석사학위논문, 2018에 상세하다. 그 핵심은 '소설이 안드로이드를 은퇴시키면서 비인간화되어가는 인간 데커드의 딜레마에 보다 중점을 둔다면, 영화는 인간보다 더 인간적인 기계를 표현함으로써 인간과 기계 사이의 경계를 희석시키는 데 보다 중점을 둔다'(41쪽)는 것이다. 이 책에서는 '안드로이드의 역설'을 논증하는 방식으로 데커드 스스로 '비인간화되어가는 과정'을 인지하고 자각하는 대응과 성찰성에 주목한다.

40 이에 대한 분석은 Choe, Keysook, *Classic Korean Tales with Commentaries*, Hollym, 2018, pp. 194-195를 참조.

41 "태양계 전체에 있는 남성과 여성을 단일한 실체로 융합하는 것입니다. 그런데 이 실체는 이른바 머서의 텔레파시에서 목소리를 통해서 운영이 가능하죠. 이 점을 기억하시기 바랍니다. 어떤 야심 가득한, 정치에 뜻이 있는, 미래의 히틀러가 나타난다면-"(필립 K. 딕, 『안드로이드는 전기양을 꿈꾸는가?』, 315~316쪽).

42 트랜스휴머니즘을 영성적 관점에서 접근하기도 하는데, 영적인 뇌를 탐구하는 영적 신경과학(spiritual neuroscience), 또는 종교적 신경과학(neuroscience of religion)이 이에 속한다. 새로운 종교를 개척하기보다는 기독교와 불교 등 기존의 종교 개념을 이어가는 경향이 있다(유수연·김예원, 「트랜스휴머니즘」, 55~58쪽을 참조).

43 인간 수준의 기계기능, 초인간 수준의 기계지능은 닉 보스트롬의 용어다. 닉 보스트롬, 『슈퍼인텔리전스』, 22~23쪽을 참조.

44 이 책에서는 한국어 번역본인 필립 K. 딕, 『유빅』, 김상훈 옮김, 폴라북스, 2012를 대상으로 하되, 필요할 경우, 영어본 원작인 Philip K. Dick, *UBIK*, Mariner Books, 2002[1969]를 참조한다.

45 필립 K. 딕, 『유빅』, 12쪽의 옮긴이 각주를 참조.

46 '한 달에 한 번꼴로 반생명 활동 상태로 각성하게 될 테지. 쇠퇴하고, 약해지고, 점점 희미해져가면서……' (같은 책, 137쪽).

47 캐서린 헤일스에 따르면, 사이버네틱스 3단계 연구에서는 우주가 본질적으로 정보로 구성되었다면, '생명체'는 생명의 형태, 즉 정보 코드를 가진 생물이다. 이 이론을 인간에게 적용하면, 호모 사피엔스의 개념과 목적이 현저히 다르므로, '포스트휴먼'으로 명명해야 한다고 주장한다(N. 캐서린 헤일스, 『우리는 어떻게 포스트휴먼이 되었는가』, 38쪽의 내용을 원서 N. Katherine Hales, *How We Became Posthuman*, The University of Chicago Press, 1999, p. 11를 참조해 필자가 재번역함).

48 필립 K. 딕, 『유빅』, 224쪽. 원작에서는 "The man contains-not the boy-but earlier men"(Philip K. Dick, *UBIK*, p. 139)으로 표현되었다. 시간이 섞이는 미래가 오면, 인간은 소년에서 성장해 어른이 되는 것이 아니라 예전부터 이미 어른이었던 사람이 현실에서 다른 경험을 쌓아가는 것일 뿐이라는 의미. 『유빅』이 상정한 미래에는 시간의 순서와 밀도가 섞이므로, 인간의 선형적 성장뿐만 아니라, 직선적 역사관 또한 와해된다.

49 같은 책, 264쪽.

50 이에 대해서는 이 장의 주 21번을 참조.

51 포스트휴먼에서 보는 인간의 개념과 정체성에 대한 논의는 N. 케서린 헤일스 『우리는 어떻게 포스트휴먼이 되었는가』, 그리고 로지 브라이도티, 『포스트휴먼』, 이경란 옮김, 아카넷, 2015를 참조.

52 '죠리'를 유빅의 악으로 보는 관점은 김경옥, 「SF적 상상력과 종

료적 스토리텔링: 『안드로이들은 전기 양을 꿈꾸는가?』와 『유빅』
을 중심으로」, 『문학과종교』 25-2, 한국문학과종교학회, 2020,
63~64쪽을 참조.

53 필립 K. 딕, 『유빅』, 354~355쪽.

54 같은 책, 357쪽.

55 인체 냉동보존의 연구와 실행을 담당하는 알코어 생명연장재단
(Alcor Life Extension Foundation)은 비영리재단으로, 수면 냉동
과 시신 냉동을 관리한다. 몸 전체를 필요시까지 보존하는 비용
은 20만 달러이고, 8만 달러를 내면 이른바 뇌환자(neuro-patient)
가 된다. 머리만 분리해 석화(石化)하고 쇠 용기에 넣어 나중에 뇌
(또는 마음)를 인공 몸에 업로드할 수 있도록 냉동보존하는 것이
다. 2018년 현재 117명(유수연·김예원, 「트랜스휴머니즘」에서는 149명
[30쪽])이 냉동 보존되어 있다. 시술의 과학적 근거는 희박하며 거
의 이론적 상상에 가깝다(마크 오코널, 『트랜스휴머니즘』, 44~46쪽).

56 필립 K. 딕, 『유빅』, 356쪽; Philip K. Dick, *UBIK*, p.225.

57 같은 책, 56쪽.

58 4장에서 다룬 저예산 제작의 웹드라마 〈태자비승직기〉와 달리 〈몽
회〉는 확실한 투자가 뒷받침된 웰 메이드 형식이다. 특히 중국 청
대를 배경으로 황실 공간인 자금성, 궁녀 처소인 내무부 저수궁의
세트와 인테리어, 의상, 소품 등이 정교하고 아름답다. 황실 의상
의 색감도 뛰어나다. 전자가 B급 감성이라면 후자는 정통 멜로 감
성을 재현한다.

59 킵손이 이 영화에 관여한 내용은 킵손, 『인터스텔라의 과학』, 전대
호 옮김, 까치, 2015를 참조.

1   전뇌(全腦) 에뮬레이션(whole brain emulation) 또는 전뇌 업로딩
    (uploading)이라고도 한다. 이는 생물학적 뇌의 연산 구조를 정밀
    하게 관찰하고, 이를 모형화함으로써 지능적 소프트웨어를 만드는
    것이다. 그 과정은 인간의 뇌를 충분하고 상세하게 스캔하여 사후
    뇌 조직을 유리화(vitrification)하여 안정화하고, 그 자료를 컴퓨터
    의 자동 이미지 처리장치에 투입하여 뇌에서 인지를 담당하는 뉴
    런 네트워크를 삼차원적 이미지로 재구성하는 것이다. 이 과정을
    신경 연산 구조의 자료를 충분히 처리 가능한 강력한 성능의 컴퓨
    터로 실행하는 것이다. 스캐닝, 전이(transition, 자동화된 이미지 분
    석 기법), 시뮬레이션의 첨단 기술이 요구된다(닉 보스트롬, 『슈퍼인
    텔리전스』, 66~69쪽).

2   장 보드리야르가 『시뮬라시옹』에서 제안한 개념이다. 예컨대, 감옥
    은 우리가 사회라는 감옥에 감금되었다는 사실을 은폐하는 일종
    의 저지 기계이며, 디즈니랜드는 현실이 허구적이지 않다는 것을
    사람들에게 재생해주기 위해 설치한 하이퍼리얼 저지 기계다.

3   페이팔 공동창립자이자 페이스북 투자자 피터 틸은 여러 수명연
    장 사업을 후원하고 있으며, 구글은 노화 문제의 해결을 목표로
    하는 생물공학 자회사 칼리코를 설립했다. 스티븐 호킹은 초인공
    지능 때문에 인류가 절멸할 것이라고 경고한 바 있다(마크 오코널,
    『트랜스휴머니즘』, 21쪽).

계류자들

**요괴에서 좀비, 영혼 체인지, 포스트휴먼까지
아시아 귀신담의 계보**

1판 1쇄 2022년 4월 4일

지은이 최기숙
펴낸이 김수기

펴낸곳 현실문화연구
등록 1999년 4월 23일 / 제2015-000091호
주소 서울시 은평구 불광로 128, 302호
전화 02-393-1125 / 팩스 02-393-1128 / 전자우편 hyunsilbook@daum.net
ⓗ blog.naver.com/hyunsilbook ⓕ hyunsilbook ⓘ hyunsilbook

표지 디자인 워크룸
표지 그림 이강훈

ISBN 978-89-6564-275-6 (03910)

이 책은 아모레퍼시픽재단의 연구 지원을 받아 출판되었습니다.